Alexandre Fernandes de Moraes

REDES DE COMPUTADORES

FUNDAMENTOS

CB043661

8ª edição
2020

saraiva | érica
EDUCAÇÃO

Av. Paulista, 901, 3º andar
Bela Vista – São Paulo – SP – CEP: 01311-100

SAC | Dúvidas referentes a conteúdo editorial,
material de apoio e reclamações:
sac.sets@saraivaeducacao.com.br

Direção executiva	Flávia Alves Bravin
Direção editorial	Renata Pascual Müller
Gerência editorial	Rita de Cássia S. Puoço
Editora de Aquisições	Rosana Ap. Alves dos Santos
Edição	Paula Hercy Cardoso Craveiro
	Silvia Campos Ferreira
Produção editorial	Laudemir Marinho dos Santos
Projetos e serviços editoriais	Breno Lopes de Souza
	Josiane de Araujo Rodrigues
	Kelli Priscila Pinto
	Laura Paraíso Buldrini Filogônio
	Marília Cordeiro
	Mônica Gonçalves Dias
Preparação	Gilda Barros Cardoso
Revisão	Julia Pinheiro
Projeto gráfico e diagramação	Ione Franco
Capa	Tiago Dela Rosa
Impressão e acabamento	Edições Loyola

DADOS INTERNACIONAIS DE CATALOGAÇÃO NA PUBLICAÇÃO (CIP)
ANGÉLICA ILACQUA CRB-8/7057

Moraes, Alexandre Fernandes de
   Redes de computadores / Alexandre Fernandes de Moraes.
– 8. ed. – São Paulo: Érica, 2020.
   248 p.

   Bibliografia
   ISBN 978-85-365-3296-7

   1. Redes de computadores 2. Comunicações digitais 3.
Sistemas de transmissão de dados I. Título

20-1526
                CDD 004.6
                CDU 004.65

Índice para catálogo sistemático:
1. Redes de computadores

8ª edição
2ª tiragem, 2022

CO	690385	CL	642528	CAE	726594

Dedicatória

Em memória dos meus avós Irman e Zezinho e do meu pai Edison.

Sabei que o Senhor opera maravilhas em quem é fiel!

O Senhor me escuta, quando o invoco.

Sl 4,4

Agradecimentos

A todos os meus alunos e ex-alunos do Unifieo, pela oportunidade de compartilhar o conhecimento refletido neste livro.

Sobre o Autor

Alexandre Fernandes de Moraes é engenheiro, mestre em Segurança da Informação pela Escola Politécnica da Universidade de São Paulo (Poli/USP), pós-graduado em Redes de Computadores pelo Laboratório de Arquitetura e Redes de Computadores (Larc/Poli/USP), pós-graduado em Redes de Computadores pelo Larc/Poli/USP, pós-graduado em Administração de Empresas pela Fundação Getulio Vargas (FGV/SP), CISSP (Certified Information Systems Security Professional), Certified Ethical Hacking e GCIH (Giac Certified Incident Handling) pelo SANS Institute.

Atua há 25 anos em projetos de redes corporativas, backbones e segurança. Desenvolveu sua experiência profissional em empresas nacionais e multinacionais, como Cylance, Thales Group, HP Tipping Point, McAfee, Lucent Technologies, Prolan, Hitech e Anixter do Brasil. Atualmente, é gerente técnico para América Latina na Cylance e docente licenciado dos cursos de graduação e pós-graduação do Centro Universitário Unifieo (Fundação Instituto de Ensino para Osasco). Autor de diversos livros na área de redes de computadores e segurança de redes, publicados pela Editora Érica. Possui vários cursos de especialização em redes e segurança nos Estados Unidos e já palestrou em eventos de segurança nos Estados Unidos, no México, na Venezuela e no Chile.

Prefácio

Indicado a estudantes de cursos técnicos, de tecnologia, engenharias, computação e profissionais da área de Telecomunicação, este livro é resultado de um intenso trabalho desenvolvido nos cursos de Redes de Computadores e de Infraestrutura de Redes, cujo intuito é preparar o aluno com a teoria fundamental para que este possa realizar estudos avançados de algum fabricante de mercado, como uma certificação.

A obra apresenta os conceitos de redes de computadores, o modelo OSI (Open Systems Interconnection), as topologias e os métodos de transporte. Destaca as principais mídias de transmissão, como cabos UTP, fibra óptica e wireless. Trata de Ethernet e outras tecnologias de redes locais, como o token ring e o FDDI. Explica a tecnologia de switching, que trata do funcionamento do switch, suas características, os tipos de switches e VLANs. Faz uma breve introdução à tecnologia ATM e apresenta a questão da segurança em redes, tema bastante atual e que a cada dia é mais abordado nos cursos da área. Discorre, ainda, sobre temas como redes de longa distância (WAN) e sistemas de comunicação; e novas tecnologias, como Ethernet 10 Gigabits, WiFi 802.11n e noções de IP versão 6; cabeamento estruturado; arquitetura Cloud; tecnologias 40 Gb e 100 Gb Ethernet; e novos aplicativos para comunicação usando tecnologia VoIP.

Na oitava edição, foram incorporadas as tecnologias de modulação CMDA e OFDM, bem como os avanços na área de cabeamento estruturado. Também são abordados os novos padrões de interfaces, como a interface USB e tecnologias de rede Ethernet 40 G e 100 G; e os novos padrões de rede sem fio WiFi 802.11 ax/ac/ad/af. Houve, ainda, acréscimo de temas relacionados a segurança de redes, conceitos de malware (vírus), principais técnicas anti-vírus, e sistemas em nuvem, assuntos que deixaram a obra atualizada com as novas tecnologias.

Sumário

Capítulo 1 – Conceitos de Sistema de Comunicação **13**

1.1 Modelo de comunicação 13

    1.1.1 Transmissão analógica 14

    1.1.2 Transmissão digital 14

1.2 Modulação e codificação 15

    1.2.1 Tipos de modulação 15

    1.2.2 Codificação 18

    1.2.3 Degeneração dos sinais 18

1.3 Transmissão de sinais 19

    1.3.1 Transmissão síncrona 20

    1.3.2 Transmissão assíncrona 20

1.4 Capacidade de largura de banda 21

1.5 Multiplexação 22

    1.5.1 Multiplexação por divisão de frequência 23

    1.5.2 Multiplexação por divisão de tempo 23

    1.5.3 Multiplexação por divisão de tempo estatístico 24

    1.5.4 Multiplexação por divisão de código 24

    1.5.5 Multiplexação por divisão de frequência ortogonal 25

Atividades 26

Capítulo 2 – Mídias de Transmissão **27**

2.1 O que são mídias de transmissão? 27

2.2 Cabeamento 29

    2.2.1 Cabo coaxial fino – 10 base 2 29

    2.2.2 Cabo coaxial grosso – 10 base 5 30

    2.2.3 Cabo de par trançado blindado 31

    2.2.4 Cabo UTP (Unshielded Twist Pair) – 10 base T/100 base TX/1000 base TX ... 31

    2.2.5 Cabo de fibra óptica 33

2.3 Wireless – redes sem fio 36

Atividades 39

Capítulo 3 – Padrões de Comunicação **41**

3.1 Órgãos de padronização 41

    3.1.1 Padronização da indústria 43

    3.1.2 Padronização de fato 45

3.2 Padronização de interfaces DTE/DCE 46

3.3 Dispositivos de comunicação e padrões 50

Atividades 53

Capítulo 4 – Introdução a Tecnologias LAN **55**

4.1 Rede local 55

4.1.1 Histórico e benefícios da rede..56

4.1.2 Comunicação de dados e redes de computadores 57

4.2 Padrões de rede 58

4.2.1 Camada física 59

4.2.2 Camada enlace 59

4.2.3 Camada rede 59

4.2.4 Camada transporte 60

4.2.5 Camada sessão 60

4.2.6 Camada apresentação 60

4.2.7 Camada aplicação 60

4.3 Métodos de transporte 60

4.4 Topologias 61

4.4.1 Barramento 61

4.4.2 Anel 62

4.4.3 Estrela 63

4.4.4 Topologias híbridas 63

4.5 Dispositivos de rede 66

4.5.1 Placa adaptadora de rede 66

4.5.2 Hub 67

4.5.3 Switch 68

4.5.4 Estação cliente 68

4.5.5 Estação servidora 69

4.5.6 Estação de gerência 69

Atividades 71

Capítulo 5 – LAN – Tecnologias de Frame **73**

5.1 Introdução 73

5.2 Ethernet 74

5.2.1 Endereçamento MAC 76

5.2.2 Método de acesso ao meio 76

5.2.3 Frame Ethernet 78

5.3 Token ring 79

5.3.1 Frame token ring 82

5.4 FDDI (Fiber Distributed Data Interface) 83

5.4.1 Tolerância a falhas 83

5.4.2 Acesso ao meio 84

5.4.3 Frame FDDI 84

Atividades 85

Capítulo 6 – Switching **87**

6.1 Switch 87

6.1.1 Congestionamento da rede 89

6.1.2 Colisão 90

6.1.3 Backbone da rede e rede colapsada 92

6.2 Tecnologias de switching 97

6.2.1 Tecnologias de comutação 97

6.2.2 Capacidade de comutação 98

6.2.3 Switches multicamada 99

6.2.4 Gerenciamento 99

6.2.5 ATM 100

6.2.6 Switches ATM 102

6.3 VLANs 102

6.3.1 Outros tipos de VLAN 106

Atividades 107

Capítulo 7 – TCP/IP e Roteamento 109

7.1 Protocolos 109

7.1.1 Protocolos de aplicação 110

7.1.2 Protocolos de transporte 110

7.1.3 Protocolos de rede 110

7.1.4 Protocolos de redes locais 111

7.2 TCP/IP 111

7.2.1 Comparação entre TCP/IP e OSI 112

7.2.2 Endereçamento IP 113

7.2.3 Máscara de rede 113

7.2.4 Protocolos de transporte do TCP/IP 114

7.3 Roteamento 115

7.3.1 Roteadores 117

7.4 IP Versão 6 120

7.4.1 Novo cabeçalho IPv6 121

7.4.2 Suporte nativo a IPSec 122

7.4.3 Melhor suporte à priorização de dados 122

7.4.4 Novo protocolo de descoberta de nós (NDP) 122

Atividades 123

Capítulo 8 – Redes de Longa Distância (WAN) 125

8.1 Introdução 125

8.2 Técnicas de comutação 126

8.2.1 Comutação de circuitos 127

8.2.2 Comutação de pacotes 127

8.2.3 Comutação de células 128

8.3 Tecnologias WAN 129

8.3.1 Linhas discadas e privativas 129

8.3.2 Redes digitais de serviços integrados (ISDN) 131

8.3.3 Circuitos E1 132

8.3.4 X.25 132

8.3.5 Frame relay 133

8.3.6 Commited Information Rate (CIR)...136

8.3.7 Assynchronous Transfer Mode (ATM)..136

8.3.8 Redes IP 137

8.3.9 Redes MPLS..137

8.3.10 Terabit Ethernet...138

Atividades 139

Capítulo 9 – Soluções de Acesso Remoto e VPN (Virtual Private Networks)....................................141

9.1 Introdução 141

9.2 Modems – Acesso...142

9.3 RAS (Remote Access Server)..143

9.4 Servidor de autenticação Radius ou TACACS 144

9.5 VPN (Virtual Private Network) 145

9.5.1 Protocolos...147

Atividades 152

Capítulo 10 – Redes Wireless (Wi-Fi) 155

10.1 Introdução 155

10.2 Benefícios 156

10.3 Tipos de redes sem fio..156

10.3.1 Infravermelho..157

10.3.2 Radiofrequência (micro-ondas)..157

10.3.3 Sistemas com base em laser 159

10.4 Métodos de acesso 160

10.4.1 Frequency Hopping...160

10.4.2 Direct Sequence 161

10.5 Alcance 161

10.6 Performance 162

10.7 Elementos da solução 162

10.8 Topologias da rede sem fio...164

10.8.1 Topologia estruturada...164

10.8.2 Topologia ad hoc 164

10.9 Padronização de redes wireless..164

10.9.1 IEEE 802.11 164

10.9.2 Roaming 165

10.9.3 IEEE 802.11b..165

10.9.4 IEEE 802.11a...166

10.9.5 IEEE 802.11g..166

10.9.6 IEEE 802.11e...167

10.9.7 IEEE 802.1f – Inter-Access Point Protocol...............................167

10.9.8 IEEE 802.11 i – Security 167

10.9.9 IEEE 802.11n – Alta velocidade...168

10.9.10 IEEE 802.11ax...169

10.9.11 IEEE 802.11 ac 169

10.9.12 IEEE 802.11 ad 169

10.9.13 IEEE 802.11 af 169

10.10 Internet das Coisas (IoT) 169

Atividades 171

Capítulo 11 – Convergência de Redes e VoIP (Voz sobre IP) 173

11.1 Introdução 173

11.2 VoIP 174

11.3 Elementos da solução 175

11.3.1 Terminal 175

11.3.2 Media Gateway 175

11.3.3 Media Gateway Controler ou Gatekeeper 176

11.4 Funcionamento do VoIP 176

11.4.1 Conversão do sinal 176

11.4.2 Montagem dos frames 177

11.4.3 Frames para pacotes 177

11.4.4 Terminal destino 178

11.5 Principais problemas encontrados 178

11.5.1 Atraso 178

11.5.2 Eco 179

11.5.3 Jitter 179

11.5.4 Pacotes perdidos 179

11.5.5 Pacotes fora da sequência 179

11.6 Protocolos de comunicação VoIP 180

11.6.1 H.323 180

11.6.2 SIP 182

11.6.3 Comparação de H.323 com SIP 183

11.6.4 Megaco H.248 183

11.6.5 RTP 184

11.7 Asterisk 184

11.8 Skype 185

11.9 WhatsApp 185

11.10 Segurança em redes VoIP 186

11.10.1 Negação de serviço (Denied of Service) 187

11.10.2 Ataque de QoS (Qualidade de Serviço) 187

11.10.3 Algumas técnicas de proteção 187

Atividades 188

Capítulo 12 – Segurança de Redes 189

12.1 Introdução 189

12.2 Hackers e crackers 189

12.3 Serviços de segurança 190

12.3.1 Integridade 190

12.3.2 Confidencialidade 190

12.3.3 Disponibilidade 190

12.4 Soluções para garantia de segurança 190

12.4.1 Criptografia 191

12.4.2 Tipos de criptografia 196

12.4.3 Sistemas biométricos 200

12.4.4 Firewalls 201

12.4.5 Proxy 205

12.4.6 Principais portas TCP/IP 211

12.4.7 Detecção e prevenção de intrusão 212

12.4.8 Vírus e malware 216

Atividades 219

Capítulo 13 – Sistemas de Cabeamento Estruturado 221

13.1 Cabeamento 221

13.1.1 Planejamento para o cabeamento estruturado 222

13.1.2 Como tratar as mudanças? 223

13.2 Cabeamento horizontal 225

13.3 Cabeamento vertical 227

13.4 Área de trabalho 229

13.5 Sala de equipamentos 231

13.5.1 Cross connect 232

13.5.2 Equipamento de testes de cabeamento estruturado 233

13.6 Testes em cabos de cobre 233

13.6.1 Testes de conexão ou link 233

13.6.2 Testes do canal 234

13.6.3 Teste em cabo de fibra óptica 235

Atividades 236

Capítulo 14 – Sistemas em Cloud (Nuvem) 239

14.1 Conceitos de arquitetura 239

14.2 Nuvens privadas 240

14.3 Nuvens públicas 241

14.3.1 Ambientes virtuais 242

14.4 Principais benefícios da arquitetura em cloud 242

14.4.1 Capacidade Ilimitada de armazenamento 243

14.5 Principais problemas da arquitetura em cloud 244

14.6 O futuro da computação em nuvem 245

Atividades 246

Referências Bibliográficas...247

Conceitos de Sistema de Comunicação

1.1 Modelo de comunicação

Para realizar uma comunicação entre duas estações, é preciso utilizar um sistema de comunicação. Tal sistema é o conjunto de mecanismos que possibilita processar e transportar a informação desde a origem até o destino.

O sistema de comunicação possui uma série de componentes:

▸ **Mídia de transporte utilizada na comunicação:** corresponde ao meio físico empregado para a transmissão das mensagens. Ela afeta diretamente os outros componentes de um sistema de comunicação.

▸ **Técnicas de codificação e modulação dos sinais:** são utilizadas para converter ou modular um sinal digital (composto por 1 e 0 e compreendido pelos computadores) para um sinal analógico, que é, basicamente, uma onda que vai trafegar na mídia de transporte. Essa onda analógica, ao alcançar o destino, é "reconvertida" ou demodulada para um sinal digital, para que possa ser compreendida pela estação destino.

▸ **Protocolos de comunicação:** são regras e procedimentos utilizados no sistema de comunicação para permitir a troca de informações entre si Em geral, um protocolo de comunicação sinaliza uma etapa em que será estabelecida uma conexão, na qual ocorre a troca ordenada das mensagens e, quando termina essa troca, existe o envio da mensagem, liberando o sistema de comunicação para que outras mensagens sejam enviadas.

▸ **Equipamento de acesso à mídia de transporte:** é um dos principais componentes do sistema de comunicação. Sua função é a implementação dos protocolos de comunicação. A troca de mensagens e a codificação e decodificação dos sinais ficam por conta desse equipamento. Em uma rede local do tipo barramento, o equipamento de acesso à mídia de transporte, ou seja, ao cabo, é uma placa adaptadora de rede, enquanto em uma rede de longa distância baseada em fibra óptica, o roteador pode ser o equipamento que desempenha esse importante papel.

A transmissão em um sistema de comunicação pode ocorrer de formas analógica e digital.

1.1.1 Transmissão analógica

É o tipo mais comum quando utilizamos cabos ou mesmo o ar como meio de transmissão. A transmissão analógica envia a mensagem, gerando ondas elétricas ou eletromagnéticas, que possuem variação na amplitude do sinal, na frequência e na fase, de acordo com o tipo de modulação empregado com variação de amplitude. A Figura 1.1 apresenta um sinal analógico com variação da amplitude.

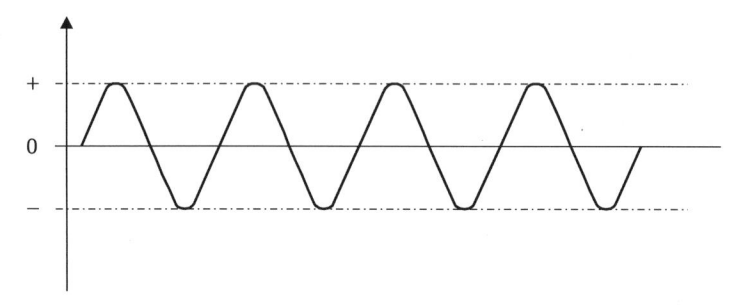

Figura 1.1 Onda utilizada na transmissão analógica.

A transmissão analógica foi inicialmente utilizada nos sistemas de telefonia, que ainda hoje trabalham com sinais analógicos na faixa de frequência de 4 KHz no acesso, ou seja, até a casa do assinante.

Os sistemas telefônicos analógicos, quando usados para comunicação de dados, são muito limitados, principalmente no que diz respeito à "largura de banda" (velocidade da comunicação), além de estarem sujeitos à distorção do sinal se a comunicação for realizada em longas distâncias.

Os sistemas de comunicação analógicos telefônicos são constituídos por uma série de dispositivos que garantem o nível de qualidade mínima do serviço, como bobinas de pupinização, repetidores, equalizadores, supressores e canceladores de eco.

O baixo custo é uma das principais vantagens do uso de sistemas de transmissão telefônicos, entretanto, não é um meio apropriado para a transmissão de dados, principalmente em razão da baixa velocidade. Além disso, a qualidade da transmissão tende a piorar quanto maior for a distância entre os nós.

1.1.2 Transmissão digital

A transmissão digital é baseada no envio pelo canal de comunicação de sinais digitais com um nível finito de amplitude, geralmente dois: 0 ou 1. No caso da utilização de um cabo como meio de transmissão, os dois são níveis de tensão discretos. Esse tipo de transmissão é comum em sistemas de transmissão de dados. A Figura 1.2 apresenta uma onda de transmissão digital.

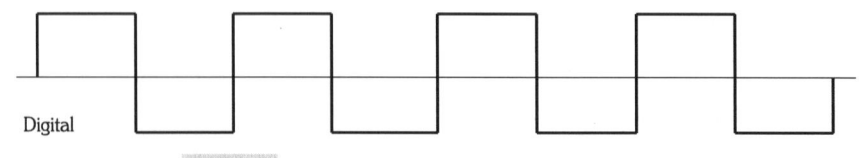

Figura 1.2 Onda de transmissão digital com duas amplitudes.

A transmissão digital pode requerer sincronização (um sinal de tempo que deve ser conhecido e compartilhado entre as partes) a cada determinado espaço de tempo. Nos dias de hoje, a maior parte das tecnologias de redes de longa distância trabalha diretamente com transmissão digital, utilizando modems digitais, efetuando alguma técnica de modulação.

Os modems digitais são necessários uma vez que o sinal digital possui um alcance pequeno. A solução é o sinal passar por uma modulação com uma portadora mais adequada ao meio de transmissão.

1.2 Modulação e codificação

Um sinal analógico pode ter um comportamento no qual apresenta infinitos valores de amplitude. Essa característica é muito explorada por sistemas de telefonia e televisão. A Figura 1.3 apresenta uma onda com comportamento de múltiplas amplitudes.

Além da amplitude, um sinal analógico pode ainda apresentar variações e valores infinitos de frequência e de fase. Para garantir que a transmissão analógica ocorra de modo mais uniforme, utilizamos a "modulação".

Modulação é o processo pelo qual uma onda portadora analógica pode ser alterada isoladamente ou em conjunto com outras ondas, de forma a seguir um padrão uniforme para a transmissão de dados.

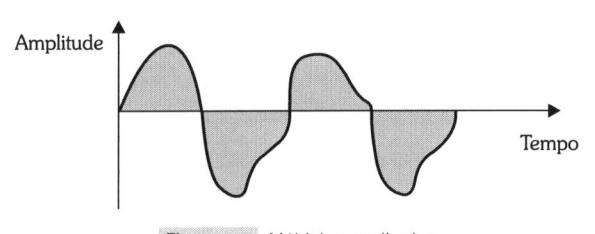

Figura 1.3 Múltiplas amplitudes.

Por que a onda precisa ser modulada?

Porque, no caso da utilização de irradiações eletromagnéticas, as antenas devem possuir um diâmetro de, no mínimo, um décimo do comprimento da onda. Imaginemos que a onda não fosse modulada e utilizássemos uma onda com sinal de 100 Hz. Haveria a necessidade de uma antena com 300 quilômetros de comprimento para receber esse sinal, entretanto, quando o mesmo sinal é irradiado com frequências na faixa do FM, ou seja, de 88 MHz a 108 MHz, uma antena de um metro já é suficiente.

As técnicas de modulação são capazes também de reduzir o ruído e a interferência do sinal. Para isso, são usadas portadoras com frequências superiores ao sinal original. Além disso, as técnicas de modulação permitem transmitir várias ondas no mesmo canal simplesmente as modulando em frequências diferentes. Esse é o princípio das técnicas de modulação baseadas em frequência.

1.2.1 Tipos de modulação

Existem várias técnicas de modulação da onda portadora, nas quais ela ocorre de forma contínua, em que a portadora é diretamente alterada de acordo com o sinal que está sendo transmitido.

Os principais tipos de modulação são os seguintes:

▶ modulação por chaveamento de amplitude, também chamada de **ASK** (Amplitude Shift Keying);

▶ modulação por chaveamento de frequência, também denominada **FSK** (Frequency Shift Keying);

▶ modulação por chaveamento de fase, também conhecida como **PSK** (Phase Shift Keying);

▶ modulação digital por pulsos, também chamada de **PCM** (Pulse Code Modulation). Nesse tipo, o sinal modulado é transmitido por pulsos em intervalos de tempo distintos.

1.2.1.1 ASK – modulação por amplitude

Nesse tipo de modulação, a portadora é modulada em amplitude de acordo com o sinal a ser transmitido. A amplitude da portadora se modifica conforme o sinal modulado, podendo adotar dois níveis de amplitude, como observamos na Figura 1.4.

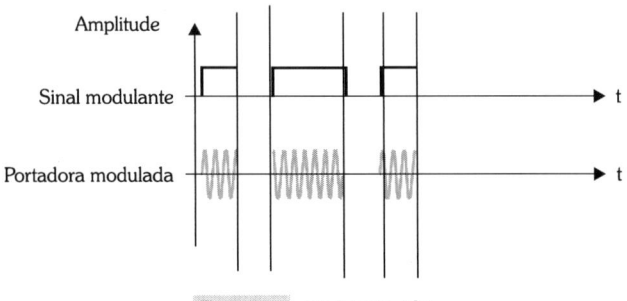

Figura 1.4 Modulação ASK.

1.2.1.2 FSK – modulação por frequência

A portadora é modulada em frequência de acordo com o sinal a ser transmitido. A frequência da portadora modifica-se de acordo com o sinal modulado. Esse comportamento pode ser observado na Figura 1.5.

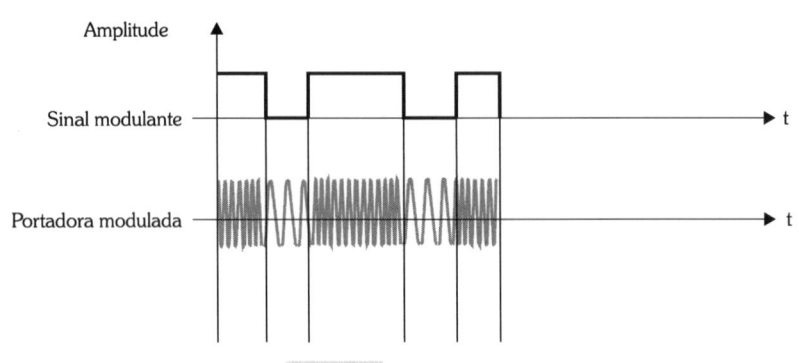

Figura 1.5 Modulação FSK.

1.2.1.3 PSK – modulação por fase

A portadora é modulada por alternância de fase, conforme o sinal a ser transmitido. A fase da portadora modifica-se de acordo com o sinal modulado, como indica a Figura 1.6.

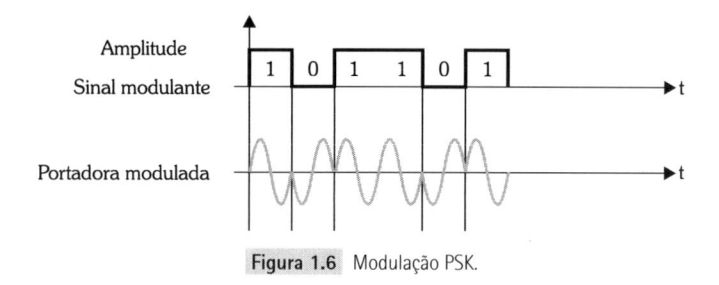

Figura 1.6 Modulação PSK.

1.2.1.4 PCM – modulação por código de pulso

Cada amostra do sinal a ser transmitido é codificada em pulsos digitais com diferentes níveis de amplitude. Os pulsos são conhecidos como PAM, entretanto, existe um espaço entre os pulsos, que permite ao receptor da mensagem executar o processo inverso e obter o sinal transmitido.

Esse mecanismo, por possuir diversos níveis de amplitude, facilita que os pulsos sejam regenerados durante a transmissão, minimizando alguns efeitos que prejudicam o sinal na transmissão, como a atenuação e o ruído. A Figura 1.7 apresenta a técnica de modulação por PCM com 3 bits de PAM, o que equivale a oito níveis de amplitude.

Os fabricantes de sistemas de telefonia descobriram que com 128 amplitudes diferentes do PAM é possível a regeneração do sinal de voz transmitido, permitindo, inclusive, separar os sinais de voz de ruídos tão eficientemente como nos sistemas analógicos telefônicos mais antigos.

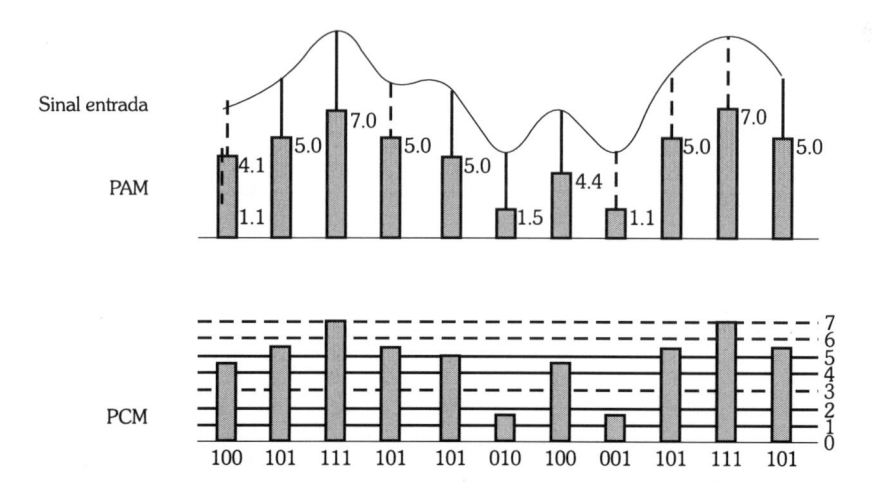

Figura 1.7 Exemplo de modulação por código PCM com 3 bits de PAM.

1.2.2 Codificação

Enquanto a modulação é empregada por sistemas de transmissão analógicos, a codificação é utilizada por sistemas digitais. A codificação é necessária para converter sinais digitais seguindo formatos necessários à transmissão e, principalmente, incluindo no sinal digital o sincronismo de clock indispensável para a transmissão síncrona, que veremos no item 1.3 deste capítulo. Na Figura 1.8 podemos notar claramente a diferença entre modulação e codificação: a modulação sendo utilizada para a transmissão analógica e a codificação para a transmissão digital.

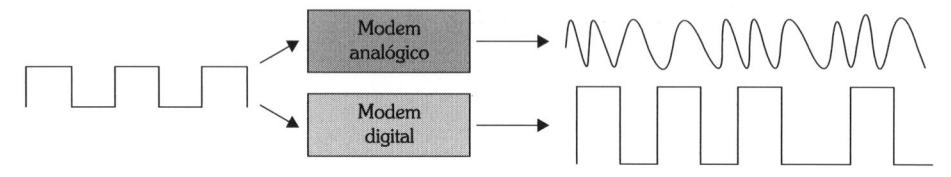

Figura 1.8 Modulação e codificação.

1.2.3 Degeneração dos sinais

Os sinais analógicos e digitais transmitidos no meio de comunicação estão sujeitos a diversos fenômenos físicos que os degeneram, gerando erros na transmissão. Os principais fenômenos que afetam o meio e a qualidade da transmissão são:

▶ **Atenuação:** corresponde à perda da intensidade ou amplitude do sinal transmitido com a distância. Imagine um sinal elétrico que foi transmitido em um cabo com uma tensão de +48 V. À medida que esse sinal vai sendo transmitido, ele vai sofrendo atenuação, e a tensão de chegada até o destino acaba sendo menor que os +48 V. No entanto, o receptor só consegue distinguir o nível de sinal se ele chegar ao destino com uma tensão mínima, por exemplo, +40 V. Se o sinal chegar com um nível menor, ocorre um erro de transmissão. A Figura 1.9 apresenta o efeito da atenuação em um sinal digital.

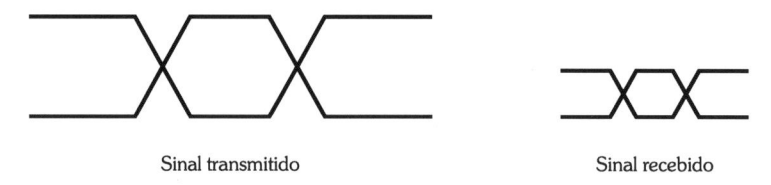

Sinal transmitido   Sinal recebido

Figura 1.9 Efeito da atenuação no sinal transmitido.

▶ **Distorção:** ocorre pela alteração do sinal devido a uma resposta imperfeita do sistema. Não é um ruído e muito menos uma interferência, mas uma alteração no sinal devido a problemas no sistema de transmissão. A Figura 1.10 apresenta o efeito da distorção no sinal.

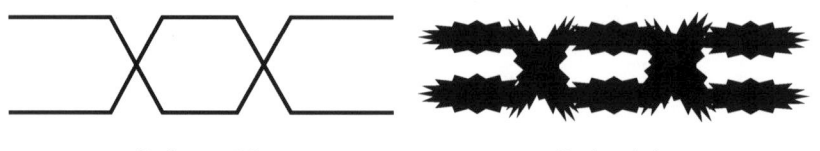

Sinal transmitido   Sinal recebido

Figura 1.10 Efeito da distorção no sinal.

▶ **Interferência:** provocada pela contaminação do sinal transmitido por outros sinais estranhos do mesmo tipo e da mesma frequência do sinal transmitido. A interferência é muito frequente quando utilizamos o ar como meio de transmissão. Ondas de rádio de frequência muito próximas podem afetar a qualidade do sinal transmitido.

▶ **Ruído:** sinal de comportamento aleatório, que pode ser gerado internamente ou externamente ao sistema. O ruído pode mascarar o sinal da portadora, impedindo a comunicação. É uma das características mais difíceis de serem eliminadas.

Todas essas degenerações dos sinais acabam provocando erros nos sinais transmitidos. As falhas são detectadas por meio do emprego de técnicas de detecção de erros, que verificam os dados e a integridade. Existem alguns métodos mais simples, porém com menor confiabilidade, e outros mais complexos e seguros. Os principais métodos de verificação de erros são:

▶ métodos de verificação de paridade (par ou ímpar, ou paridade combinada);

▶ métodos de verificação polinomial, também conhecidos como CRC;

▶ códigos de hamming;

▶ FEC (Forward Error Correction – em português, correção antecipada de erros).

1.3 Transmissão de sinais

A comunicação na mídia ou no meio de transmissão pode ocorrer em três modos:

▶ **Simplex:** quando a comunicação acontece apenas em um sentido. Da mesma maneira que ocorre nos sistemas de televisão, apenas recebemos a programação, mas não conseguimos interagir porque a comunicação ocorre em apenas um sentido no canal.

▶ **Half duplex:** nesse caso, a comunicação pode ocorrer nos dois sentidos, mas não simultaneamente. Não podemos transmitir ou receber mensagens ao mesmo tempo e, além disso, é necessária uma sinalização para liberar o canal. É o caso de quando usamos walkie-talkies. Existe um sinal, que é o câmbio, usado para liberar o canal.

▶ **Full duplex:** quando a comunicação pode ocorrer simultaneamente no canal, ou seja, podemos transmitir e receber mensagens ao mesmo tempo. É o caso do telefone, no qual podemos falar e escutar ao mesmo tempo a comunicação.

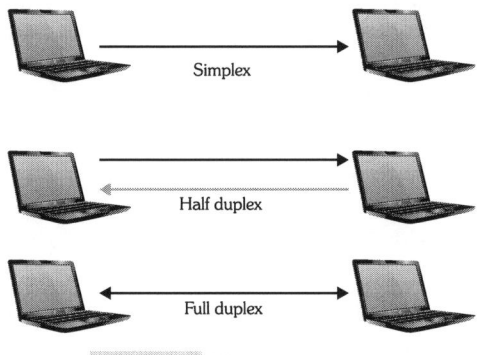

Simplex

Half duplex

Full duplex

Figura 1.11 Modos de transmissão.

Os sinais são modulados e demodulados por equipamentos destinados a esse fim, chamados modems. Basicamente, existem dois tipos de transmissão de sinais distintos e que utilizam modems diferentes:

> **Transmissão síncrona:** utiliza modems síncronos. Esse tipo de transmissão é mais eficiente, porém necessita de clock de sincronismo e de um meio de transmissão mais confiável, em virtude de os dados serem transferidos em blocos.

> **Transmissão assíncrona:** utiliza modems assíncronos. É mais adaptável à velocidade e à qualidade da linha e não necessita de sincronismo. Por conta do overhead de caracteres de controle, é menos eficiente do que a transmissão síncrona.

1.3.1 Transmissão síncrona

Foi criada no início dos anos 1970, pela IBM, com o lançamento do SDLC (Synchronous Data Link Control). É um protocolo de camada de enlace para a transmissão em enlaces síncronos. A ISO padronizou o HDLC (High-level Data Link Control), que é muito similar ao SDLC, usado nas redes locais (Ethernet, token ring e FDDI) para a transmissão de quadros.

A transmissão síncrona é baseada na transmissão de blocos de informação de uma única vez, entretanto, os blocos de informação não podem ser transmitidos a qualquer instante, mas apenas no momento determinado pelo sinal do clock de sincronismo. Esse tipo de transmissão tem uma série de vantagens, como o overhead ser muito pequeno e possuir caracteres de sincronismo entre blocos de informação e não mais para cada byte, como na transmissão assíncrona.

Além de suportar o transporte de mais informação em velocidades mais altas, a estrutura em bloco facilita o controle dos dados pelos modems. A desvantagem é que os circuitos e os modems síncronos em geral custam mais caro. A verificação de erros é feita com uma técnica de CRC e, no caso de erro no bloco, todo ele necessita ser retransmitido. A Figura 1.12 apresenta um quadro de transmissão síncrona.

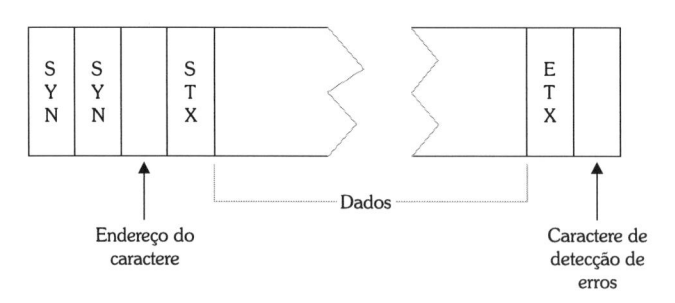

Figura 1.12 Transmissão síncrona.

1.3.2 Transmissão assíncrona

A transmissão é considerada assíncrona por não ser sincronizada, ou seja, ela não ocorre em intervalos predeterminados de tempo. Nesse tipo de transmissão, quando um byte é transmitido, há o seguinte padrão para a formação da sequência de bits:

> **Start bit:** é o bit de início, que indica ao receptor que dados estão sendo enviados. Cada byte a ser transmitido deve ser precedido por um start bit e, no final, deve ser inserido um stop bit, para indicar o final de byte enviado.

- **Bits de dados:** é a informação que será enviada, ou os 8 bits que compõem o byte.
- **Bit de paridade:** é um bit extra inserido junto com o byte para a verificação de erros de transmissão.
- **Stop bit:** é o bit que indica que o byte já foi transmitido.

A Figura 1.13 mostra o modelo da transmissão assíncrona, que apresenta como principais vantagens o baixo custo e a fácil configuração, porém possui limitações quanto à velocidade do canal de comunicação e à baixa eficiência, visto que para cada byte enviado é preciso enviar 12 bits (2 start, 8 dados e 2 stop) em vez de 8, o que significa um overhead de 33%.

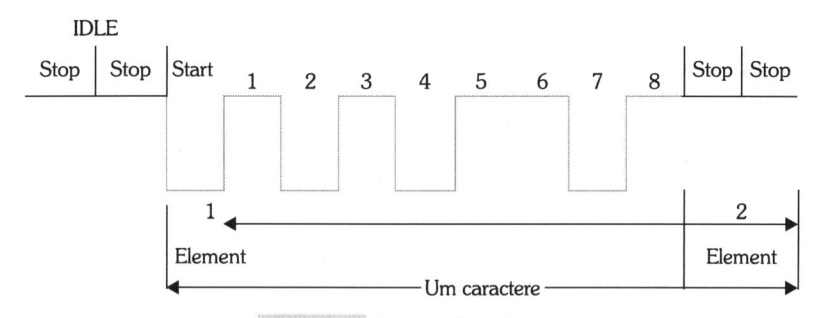

Figura 1.13 Transmissão assíncrona.

1.4 Capacidade de largura de banda

A capacidade de largura de banda deve-se a uma série de fatores que afetam a transmissão de dados. São eles:

- **Frequência permitida pela mídia de transmissão:** cada mídia suporta uma determinada frequência de transmissão. Em geral, podemos dizer que quanto maior for a frequência que podemos injetar em um meio de transmissão, maior será a velocidade que alcançamos nele.
- **Taxa de erro do canal:** se trabalhamos com um meio de transmissão muito sujeito a erros, como linhas com cabos de cobre, somos obrigados a incluir um overhead muito grande de controle de erros nos pacotes que são transmitidos. Isso faz com que a velocidade de transmissão e a largura de banda sejam reduzidas. Um exemplo desse fator é quando comparamos as redes X.25 com as redes frame relay (esses protocolos de WAN serão apresentados no Capítulo 8). O frame relay não tem todo o controle de erro existente no X.25 porque o meio possui baixa taxa de erros, por isso, o frame relay consegue operar com velocidades em torno de 34 Mbps, enquanto o X.25, que trabalha em um meio com alta taxa de erros, não opera acima de 256 Kbps.
- **Overhead do protocolo de transporte:** existem tecnologias que garantem largura de banda superior, uma vez que, na montagem de seus quadros para transmissão, não é perdida tanta informação com cabeçalhos e sinais de controle. Por exemplo, no ATM (Assynchronous Transfer Mode, essa tecnologia será apresentada no Capítulo 8) trabalhamos com células de 53 bytes, sendo 48 bytes para dados e 5 bytes para cabeçalho.

Significa que para cada 48 bytes enviados, precisamos enviar mais 5 de controle, ou uma eficiência de 89%, um overhead considerável se comparado à tecnologia POS (Packet Over Sonet). Nessa tecnologia, um pacote IP pode possuir 1.500 bytes com apenas um cabeçalho de 20 bytes, o que dá uma eficiência de 98%.

Existe uma classificação de canais de comunicação baseada na velocidade do canal, também chamada largura de banda do canal de comunicação, que pode ser caracterizada da seguinte maneira:

- ▶ **Voice band:** é a banda do canal de voz dos sistemas telefônicos. A linha telefônica oferece um canal de frequência de 4 KHz, que podemos utilizar, por exemplo, para realizar uma conexão assíncrona com um provedor e acessar a internet com velocidade de até 56 Kbps.

- ▶ **Narrow band:** também conhecida como canal de banda estreita, corresponde aos circuitos de dados que trabalham com velocidades de até 64 Kbps. São circuitos de baixa velocidade, que trabalham com transmissão síncrona, ainda muito utilizados por corporações e bancos para aplicações específicas de dados.

- ▶ **Broad band:** conhecida como banda larga, corresponde aos circuitos e às tecnologias de dados que trabalham com velocidades acima de 64 Kbps. Os serviços de acesso à internet em alta velocidade que usam modems ADSL são broad band e podem atingir velocidades de até 6 Mbps. Os circuitos banda larga também trabalham com transmissão síncrona.

Entre 2000 e 2020, as operadoras de telecomunicação vêm investindo massivamente na criação de redes de acesso banda larga, principalmente em razão da necessidade cada vez maior de banda que os usuários de internet têm. As novas aplicações, como a digitalização de músicas em padrão MP3 e o uso de aplicações de vídeo e voz na internet, têm gerado uma demanda muito elevada por acessos em alta velocidade.

Nos Estados Unidos, o mercado de banda larga é muito expressivo. No Brasil, a banda larga cresceu a taxa de 13% ao ano em 2019 e representa um mercado de 15 bilhões de dólares ao ano de receitas.

1.5 Multiplexação

É uma técnica utilizada para que um mesmo canal de comunicação possa ser compartilhado por vários usuários ao mesmo tempo. A multiplexação representa uma otimização da infraestrutura física das redes.

Multiplexadores são os equipamentos de comunicação responsáveis por combinar os sinais dos vários usuários em um único canal de comunicação. Eles também executam a operação inversa, chamada demultiplexação, que consiste em receber os sinais de um único canal e separá-los de novo nos diversos canais que foram multiplexados.

Com o uso da multiplexação, é possível reduzir consideravelmente os investimentos em canais de comunicação. O preço final por usuário de um canal multiplexado é bem inferior ao de um canal dedicado.

As principais técnicas de multiplexação são:

▶ **FDM (Frequency Division Multiplexing):** multiplexação por divisão de frequência;

▶ **TDM (Time Division Multiplexing):** multiplexação por divisão de tempo;

▶ **STDM (Statistical Time Division Multiplexing):** multiplexação por divisão de tempo estatístico;

▶ **CDMA (Code Division Multiplexing Access):** multiplexação por divisão de código;

▶ **OFDM (Orthogonal Frequency Division Multiplexing):** multiplexação por divisão de frequência ortogonal.

1.5.1 Multiplexação por divisão de frequência

Essa técnica de multiplexação é baseada na divisão da frequência total de transmissão do canal em vários subcanais. Nesse tipo de multiplexação, os canais estão 100% do tempo disponíveis para transmitir, pois são alocados subcanais fixos para eles.

A técnica de multiplexação é a mais adequada para a transmissão de sinais analógicos, e é muito utilizada em operadoras de telefonia para multiplexar linhas telefônicas em um canal de maior capacidade. A Figura 1.14 apresenta a multiplexação em frequência e sua aplicação para a telefonia.

As operadoras de televisão a cabo também utilizam a multiplexação em frequência para inserir os diversos canais no cabo.

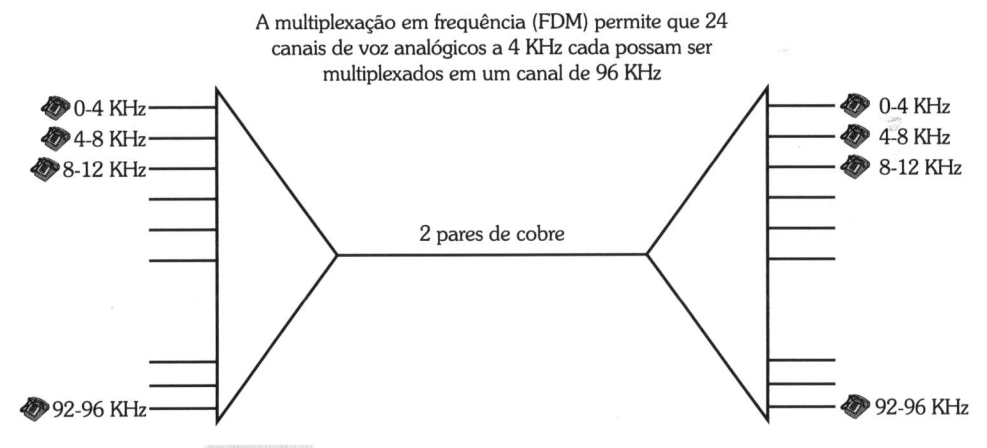

Figura 1.14 Aplicação da multiplexação em frequência para a telefonia.

1.5.2 Multiplexação por divisão de tempo

Essa técnica de multiplexação é baseada na divisão do tempo de transmissão do canal em pequenos slots. Cada canal ocupa um slot fixo em determinado instante.

É a técnica mais adequada para a transmissão de sinais digitais. Uma das desvantagens do TDM é que se um dos slots ou subcanais não está sendo utilizado, ocorre o desperdício de banda, pois a alocação é fixa. A Figura 1.15 apresenta a multiplexação em tempo e sua aplicação para serviços de dados.

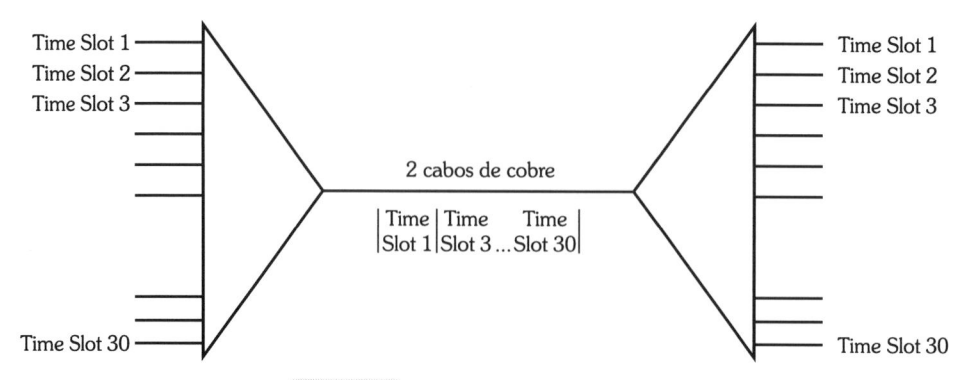

Figura 1.15 Multiplexação baseada no tempo.

Essa multiplexação é utilizada quando compramos circuitos de dados fracionados, n × 64 Kbps. Por exemplo, quando compramos um circuito de 128 Kbps, a operadora aloca dois time slots de um circuito E1 que ela tem disponíveis. Com a multiplexação, ela pode oferecer outros time slots para outros clientes, otimizando o uso da infraestrutura.

1.5.3 Multiplexação por divisão de tempo estatístico

Essa técnica de multiplexação é mais moderna e funciona como a multiplexação TDM, entretanto, ela aproveita o fato de que de 10% a 30% do tempo os usuários não estão transmitindo no canal, e usa essa banda livre para enviar dados de outro slot, portanto, não há o desperdício de banda, como ocorre com o TDM puro.

A Figura 1.16 mostra a multiplexação por divisão de tempo estatístico.

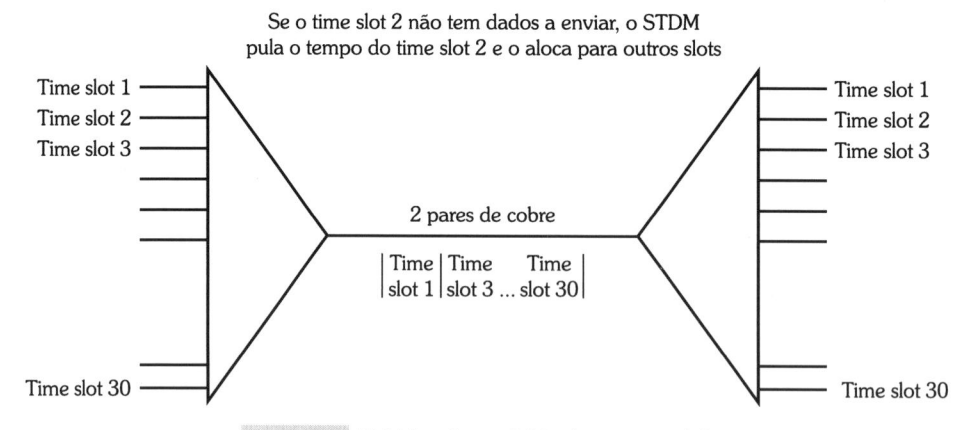

Figura 1.16 Multiplexação por divisão de tempo estatístico.

1.5.4 Multiplexação por divisão de código

No CDMA, cada usuário recebe um código único, usado para codificar o sinal enviado; quando o receptor recebe o código, ele o decodifica para recuperar os dados. Essa tecnologia é interessante porque todos os usuários usam a mesma frequência ao mesmo tempo, mas com um código distinto.

Nessa tecnologia, portanto, os usuários não são separados por slots de tempo ou de frequência, porém normalmente esses sistemas utilizam mais energia para transmitir, uma vez que a banda para se enviar um sinal tem de ser muito maior, pois os dados codificados são maiores do que os dados originais. O processo de codificação traz mais segurança para esse método de comunicação.

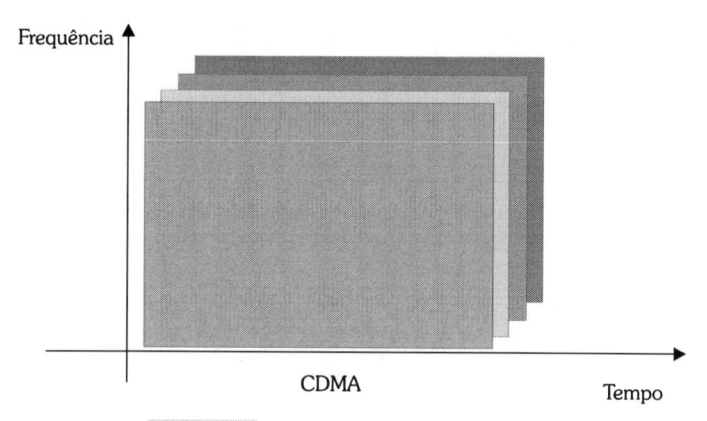

Figura 1.17 Multiplexação por divisão de código.

1.5.5 Multiplexação por divisão de frequência ortogonal

O OFDM é uma técnica de multiplexação na qual um único fluxo de dados é dividido em canais com diferentes frequências para reduzir o cross talk e a interferência. Ao invés de termos um único fluxo serial de dados, estes são transmitidos em um fluxo paralelo com múltiplos canais separados. A separação dos canais é de 0,25 ns.

Essa técnica foi criada nos anos 1960 com o objetivo de minimizar o impacto da interferência entre canais e limpar o canal de dados.

O OFDM utiliza um conjunto de portadoras ortogonais que não são correlacionadas, permitindo, portanto, a sobreposição. Dessa maneira, torna-se possível aumentar a eficiência de uso do espectro.

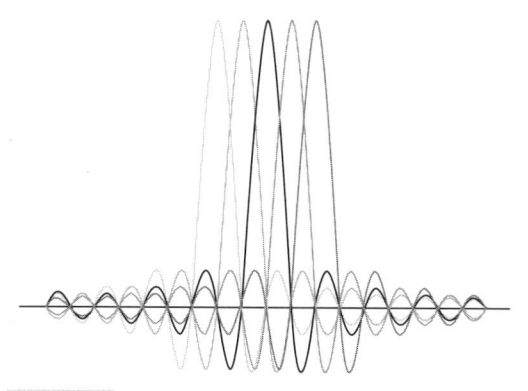

Figura 1.18 Multiplexação por divisão de frequência ortogonal.

Considerações finais

Este capítulo apresentou o modelo de comunicação, a transmissão analógica, a transmissão digital, as técnicas de modulação e codificação, a degeneração dos sinais, os tipos de transmissão e a classificação dos canais e a multiplexação.

Atividades

1. Indique quais dos itens seguintes não são mídias de transporte de dados:

    a) Ar.

    b) Cabo coaxial.

    c) Fibra óptica.

    d) Cabos elétricos.

    e) Nenhuma das alternativas anteriores.

2. A afirmativa "Modem é um equipamento de acesso à mídia de transporte" é verdadeira ou falsa?

3. Quais são os tipos de transmissão que você conhece?

4. Quais são os tipos de modulação que você conhece?

5. Qual é a diferença entre modulação e codificação?

6. Relacione as colunas:

    a) Perda de intensidade do sinal de acordo com a distância.

    b) Alteração do sinal devido a problemas na transmissão.

    c) Fenômeno mais difícil de combater.

    (   ) Ruído

    (   ) Distorção

    (   ) Atenuação

7. Quais são as técnicas de detecção de erros que você conhece?

8. Defina transmissão síncrona e transmissão assíncrona. Qual é a mais eficiente? Por quê?

9. Qual é a diferença entre narrow band e broad band?

10. Quais são as técnicas de multiplexação que você conhece?

Mídias de Transmissão

2.1 O que são mídias de transmissão?

É o "meio" de transporte que permite transmitir dados. Os meios são os canais físicos que usamos para a realização da comunicação de dados.

As mídias diferem entre si basicamente por:

▶ velocidades suportadas;

▶ suporte a conexões ponto a ponto ou ponto multiponto;

▶ imunidade a ruído;

▶ taxa de erros;

▶ disponibilidade;

▶ confiabilidade;

▶ atenuação;

▶ limitação geográfica.

Esses meios possuem características físicas específicas que interferem diretamente na velocidade da comunicação e na distância máxima do enlace de comunicação.

As principais mídias de comunicação que utilizamos são:

▶ **Par de cobre trançado:** para uso em ambiente de redes locais.

▶ **Cabos coaxiais:** para conexão de links de comunicação de dados E1/E3 e também nas redes locais, baseadas em barramento (essa tecnologia será apresentada no Capítulo 4).

‣ **Fibra óptica:** para os equipamentos de redes de longa distância e metropolitana, e também nas redes locais quando a distância limite do cabeamento de cobre não permite alcançar determinado ponto com o qual desejamos nos comunicar.

‣ **Radiodifusão:** transmissão de dados via ondas de rádio.

‣ **Enlaces de micro-ondas:** para conectar localidades em que não existe a disponibilidade de cabos de cobre ou cabos ópticos.

‣ **Infravermelho:** usado principalmente para conectar dois edifícios próximos e para ambientes internos ou de escritório. Esse meio não pode ser usado em distâncias superiores a 50 metros. Existe ainda a necessidade de visada entre os equipamentos.

‣ **Transmissão de ondas via satélite:** para localidades remotas em que não existe outro meio de comunicação senão pelo uso do satélite. Os satélites são usados ainda como redundância dos sistemas de comunicação por cabo.

Na verdade, para cada projeto existe um tipo de mídia ou conjunto de mídias que podemos escolher. A opção pela mídia correta depende de uma análise técnica e financeira das soluções disponíveis.

Em geral, quando trabalhamos com uma rede de longa distância (WAN) que envolve diversos pontos dentro do país, ou mesmo no mundo, podemos utilizar inúmeras dessas mídias de forma transparente.

 Exemplo

A filial da Empresa XYZ possui um escritório em São Paulo, que está conectado usando a mídia fibra óptica com o escritório no Rio de Janeiro. Já a conexão com a matriz da empresa em Nova York, nos Estados Unidos, é feita pela mídia satélite. A empresa possui ainda um depósito localizado em uma região de difícil acesso no Rio de Janeiro, que está conectado ao escritório usando links de rádio de micro-ondas, e o usuário da rede do escritório utiliza a mídia cabo de par trançado para ler seus e-mails e trabalhar em rede.

Resumindo: quando trabalhamos com uma rede grande, como a rede da Empresa XYZ, temos um ambiente heterogêneo, no qual só é possível a completa conexão de todas as unidades na rede da empresa a partir da utilização das diversas mídias de comunicação já citadas. Na Figura 2.1, podemos observar a rede da Empresa XYZ com as diversas mídias de comunicação.

Cada uma das mídias de transmissão apresenta vantagens e desvantagens. Qualquer que seja a mídia utilizada, o objetivo é o mesmo, ou seja, que o sinal digital 0 ou 1 seja convertido em ondas analógicas de acordo com o meio utilizado e chegue ao destino, sendo, então, decodificado novamente no sinal digital com a menor taxa de erros possível.

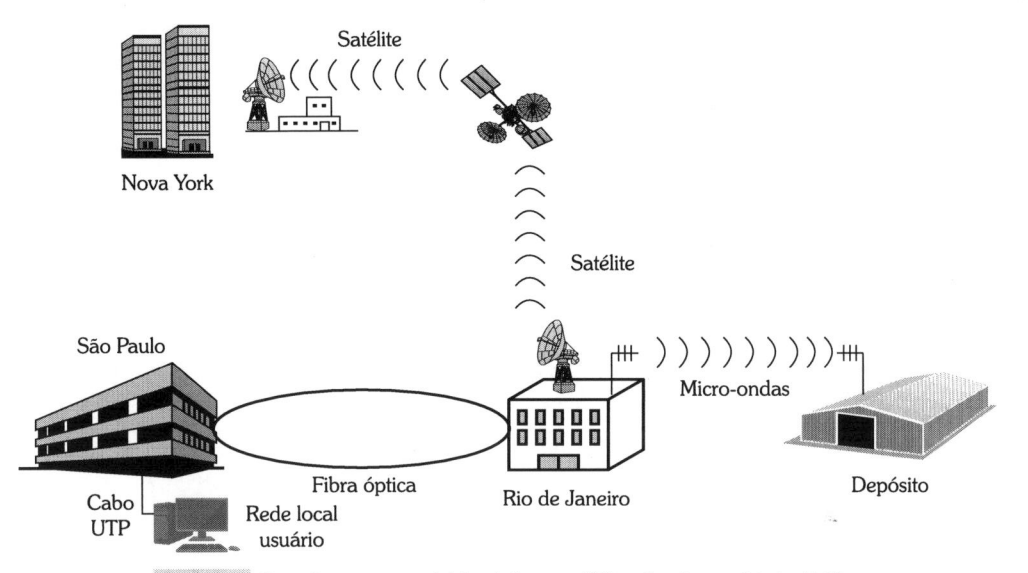

Figura 2.1 Conexão entre os escritórios da Empresa XYZ no Brasil e nos Estados Unidos.

2.2 Cabeamento

O termo cabeamento é utilizado dentro de um conceito conhecido de cabeamento estruturado. O cabeamento estruturado é um padrão especificado pela norma EIA/TIA 568, em que são definidas as mídias de transmissão para as redes locais. As mídias definidas pela norma são:

- ▸ cabo coaxial fino com blindagem simples (10 base 2);
- ▸ cabo coaxial grosso com blindagem dupla (10 base 5);
- ▸ cabo STP (Shielded Twisted Pair) – cabo trançado blindado;
- ▸ cabo UTP de par trançado (10 base T, 100 base TX, 1000 base TX);
- ▸ cabo de fibra óptica (10 base F, 100 base FX, 1000 base LX, 1000 base SX, 10000 base LR, 10000 base ER e 10000 base ZR);
- ▸ wireless.

2.2.1 Cabo coaxial fino – 10 base 2

O cabo coaxial fino foi muito utilizado quando se iniciaram as redes locais em topologia de barramento, principalmente pela facilidade de expansão da rede e por conta da melhor relação custo/benefício. Quando foram lançadas novas topologias com base em anel e estrela (as topologias de rede serão apresentadas no Capítulo 4), essa solução caiu em desuso. Com o advento do hub, a solução em estrela, que utiliza cabos UTP, acabou substituindo as instalações que usavam cabo coaxial fino.

A Figura 2.2 exibe o cabo coaxial fino junto com o conector em "T" empregado para conexão das placas de rede.

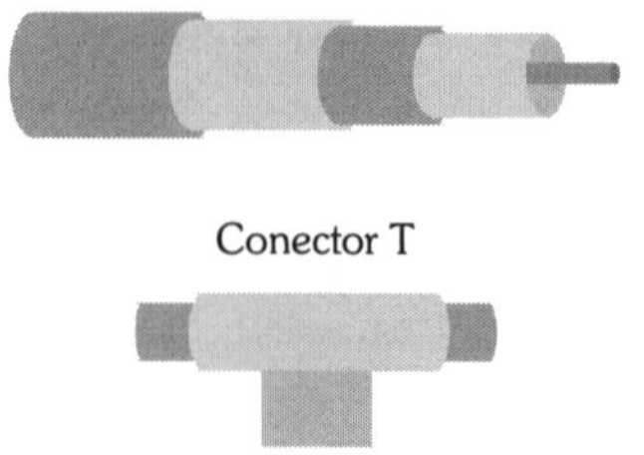

As principais características desse tipo de cabo são:

▶ alcance máximo de 185 metros entre estações;

▶ velocidade máxima de transmissão de 10 Mbps;

▶ blindagem simples;

▶ resistência de 50 ohms;

▶ distância de 0,5 metro entre as estações ou múltiplos deste valor;

▶ utilização de conector BNC "T", permitindo conectar a estação e o cabo;

▶ cabo com flexibilidade razoável;

▶ no máximo 30 computadores no barramento;

▶ seu uso é indicado com o Ethernet.

Conector T

Figura 2.2 Cabo coaxial fino.

2.2.2 Cabo coaxial grosso – 10 base 5

O cabo coaxial grosso foi muito utilizado em redes de computadores em ambientes industriais sujeitos a interferências eletromagnéticas e, principalmente, onde a distância entre os equipamentos de rede seja superior a 200 metros. Como o cabo possui dupla blindagem, ele tem imunidade superior a interferências eletromagnéticas e justamente pelo sinal elétrico nele ter maior rigidez, consegue alcançar distâncias de até 500 metros entre as estações.

Com a evolução das redes, esse cabo foi sendo adotado no backbone das redes, principalmente porque na época o custo do cabo de fibra óptica era muito elevado. Ainda é muito utilizado em ambiente industrial para redes específicas de chão de fábrica. A Figura 2.3 apresenta o cabo coaxial com dupla blindagem. Observe também o transceiver utilizado para ligar o cabo com um conector vampiro na placa de rede.

Transceiver/conector vampiro

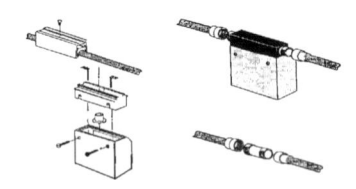

Figura 2.3 Cabo coaxial grosso.

As principais características desse cabo são:

▶ alcance máximo de 500 metros entre estações;

▶ velocidade máxima de 10 Mbps;

▶ blindagem dupla;

▸ utilização de conector vampiro;

▸ distância de 2,5 metros entre as estações ou múltiplos deste valor;

▸ resistência de 50 ohms;

▸ boa imunidade a ruídos;

▸ cabo pouco flexível, o que dificulta a instalação;

▸ permite, no máximo, 100 computadores no barramento;

▸ utilizado tanto em redes Ethernet como token ring.

2.2.3 Cabo de par trançado blindado

É um tipo especial de par trançado com uma excelente blindagem e imunidade a interferências eletromagnéticas. Devido a essas propriedades, é muito utilizado em transmissões de alta velocidade em longas distâncias.

A blindagem (STP) traz vantagens, mas também tem desvantagens, deixando o cabo mais grosso e menos flexível, o que torna a instalação mais difícil. Além disso, a blindagem chega a custar mais caro do que o cabo. Esse cabo era muito utilizado nos backbones das redes token ring.

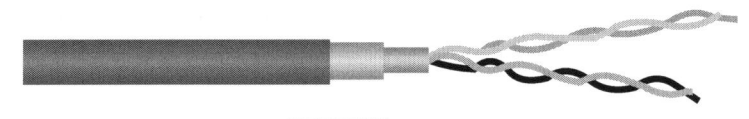

Figura 2.4 Cabo STP.

As principais características desse cabo são:

▸ alcance máximo de 150 metros entre estações;

▸ velocidade máxima de transmissão de até 100 Mbps;

▸ blindagem reforçada, o que garante excelente imunidade a ruídos;

▸ resistência de 150 ohms;

▸ cabo muito duro, o que dificulta a instalação;

▸ aplicação à rede token ring com velocidades de 4/16 Mbps.

2.2.4 Cabo UTP (Unshielded Twist Pair) – 10 base T/100 base TX/1000 base TX

O cabo de par trançado UTP possui fios de cobre recobertos por uma capa de vinil. Os fios são trançados entre si de modo a torná-los menos sujeito a ruído, especialmente o de crosstalk (interferência cruzada). O cabo pode conter 1, 2, 4 ou 25 pares de fios de cobre. Em razão da inexistência da blindagem, esses cabos são mais sujeitos a ruído.

O cabo de par trançado é o mais barato para aplicação em redes locais e, hoje, é o mais utilizado. Com a invenção do hub e as topologias em estrela, esses cabos dominaram o mercado de cabeamento estruturado. A distância entre as estações e o hub ou switch é de até 100 metros e permite trabalharmos com velocidades escaláveis de 10 Mbps (Ethernet), 100 Mbps (Fast Ethernet) ou

1 Gbps (Gigabit Ethernet). Os cabos UTP possuem classificação especial, chamada categorias, que são determinadas de acordo com características de qualidade do cabo, como baixo crosstalk entre os pares, baixa atenuação, largura da banda passante, indutância etc. De acordo com essa classificação, um cabo UTP pode ser:

▸ **Categoria 3:** para o uso em Ethernet na velocidade máxima de 10 Mbps.

▸ **Categoria 4:** para o uso em token ring com velocidades máximas de 16 Mbps.

▸ **Categoria 5:** para o uso com Fast Ethernet em redes com velocidades máximas de 100 Mbps.

▸ **Categoria 6:** para o uso com Gigabit Ethernet em redes com velocidade máxima de 1 Gbps.

▸ **Categoria 7:** cabo utilizado também para Gigabit Ethernet, permite trabalhar com frequências de até 600 MHz. É recomendado para uso até 10 Gbps. O cabo categoria 7 é blindado, de modo a evitar o efeito do crosstalk existente nas categorias 5 e 6, o que nos permite chegar a distâncias de 100 metros a 10 Gbps.

▸ **Categoria 8:** cabo que pode ser utilizado para Gigabit Ethernet a 25 Gbps e 40 Gbps. Trabalha com frequências de até 2.000 Mhz. Assim como o cabo categoria 7, o categoria 8 também é blindado para evitar crosstalk, mas, por conta da alta frequência, permite enlaces de até 30 metros. Devido às inovações e às capacidades desse cabo, ele também apresenta o maior custo.

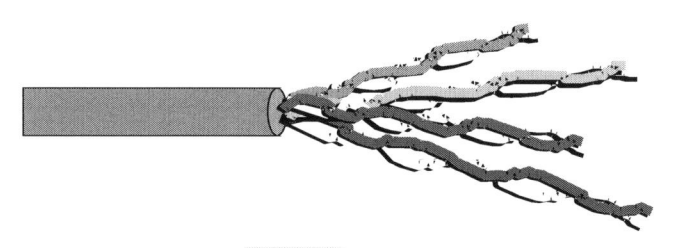

Figura 2.5 Cabo UTP.

As principais características desse cabo são:

▸ alcance máximo de 100 metros entre estações;

▸ velocidade variada, dependendo da categoria do cabo, podendo chegar a 1 Gbps;

▸ não tem blindagem e está sujeito a ruídos; no caso dos cabos mais modernos (categoria 7 e 8), apresenta blindagem;

▸ flexível e de fácil instalação;

▸ de fácil conectorização, utiliza conectores RJ 45 para Ethernet e RJ 11 para voz;

▸ aplicado tanto para Ethernet, Fast Ethernet e Gigabit Ethernet (1 Gbps, 10 Gbps, 25 Gbps, 40 Gbps) quanto para o token ring e o ATM;

▸ baixo custo.

2.2.5 Cabo de fibra óptica

Esse cabo é completamente diferente de todos os cabos já apresentados. Inicialmente, um cabo de fibra óptica não transporta elétrons como os cabos elétricos, mas sinais luminosos (fótons). As fibras ópticas são compostas por fios muito finos de sílica, vidro ou plástico, revestidos por uma casca de material com o índice de refração da luz diferente do miolo da fibra. As fibras utilizam o conceito da reflexão da luz, ou seja, o raio luminoso é refletido na casca da fibra e fica confinado em seu núcleo. A Figura 2.6 mostra seu funcionamento.

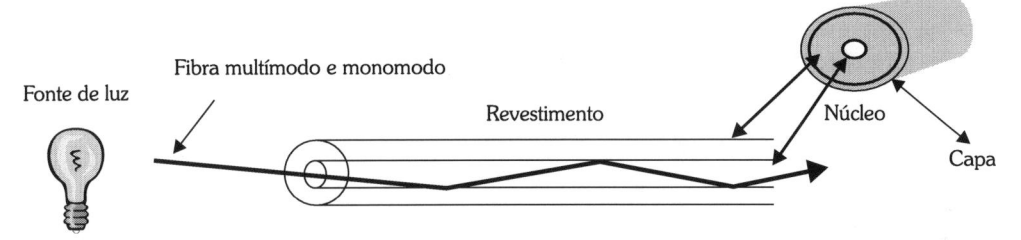

Figura 2.6   Reflexão do sinal na fibra óptica.

Com a reflexão do sinal luminoso no núcleo da fibra, ele ficará confinado no núcleo da fibra, podendo alcançar longas distâncias. Outra característica importante é que o cabo de fibra óptica é flexível.

Existem duas classificações de fibra óptica de acordo com o diâmetro do seu núcleo:

▸ fibras multímodo;

▸ fibras monomodo.

2.2.5.1 Fibras multímodo

Possuem o diâmetro do núcleo maior na faixa de 50 µm a 200 µm. Esse tipo de fibra está mais sujeito à dispersão modal, pois, como o diâmetro é considerado grande, permite a transmissão de diversos modos na mesma fibra. A Figura 2.7 exibe o corte de uma fibra multímodo.

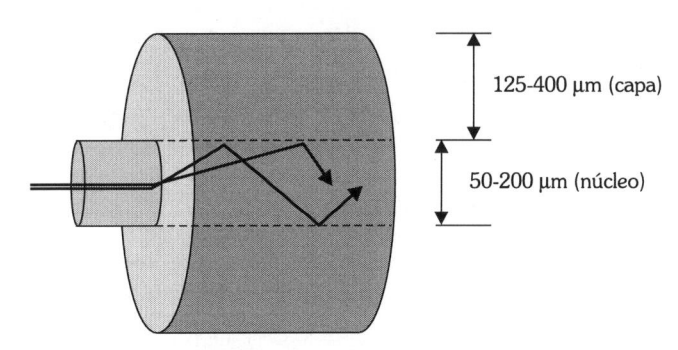

Figura 2.7   Corte da fibra multímodo.

As principais características da fibra multímodo são:

▸ alcance do sinal de até dois quilômetros;

▸ velocidade máxima de transmissão de 1.2 Gbps;

▶ usa LED como fonte de luz, o que significa dispositivos mais baratos nas pontas;

▶ a conectorização é mais simples nas pontas;

▶ atenuação de 1 db/Km a 6 db/Km;

▶ banda passante de 20 MHz a 1.2 GHz.

2.2.5.2 Fibras monomodo

As fibras monomodo possuem um núcleo com proporções muito mais reduzidas. O diâmetro chega a ser inferior ao comprimento da onda utilizada; essa característica faz com que o sinal luminoso fique completamente confinado no núcleo da fibra, trafegando no mesmo eixo longitudinal do cabo e, com isso, praticamente não sofre o fenômeno da reflexão.

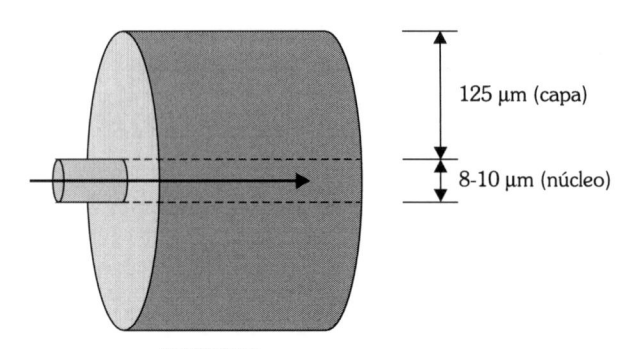

Figura 2.8 Corte da fibra monomodo.

As principais características da fibra monomodo são:

▶ alcance de até 100 quilômetros;

▶ velocidade máxima de 100 Gbps;

▶ usa o laser de alta capacidade como fonte de luz uniforme e pontual;

▶ a conectorização é um processo mais complexo, necessitando de microscópio. Na maioria dos casos, para não aumentar muito a atenuação na emenda, é utilizada a fusão em vez da conectorização;

▶ atenuação de 0,25 db/Km a 0,45 db/Km;

▶ banda 10 a 100 GHz.

2.2.5.3 Tecnologia 10 Gigabits Ethernet

Essa tecnologia permite a transmissão do sinal Ethernet à velocidade de 10 Gigabits por segundo em cabos de fibra óptica ou em cabos UTP, categoria 7. O cabo categoria 7 permite alcançar 10 Gigabits em 100 metros.

As conexões em 10 Gigabits Ethernet também podem ser feitas com cabo de fibra óptica multímodo no padrão 10 G Base SR, alcançando distâncias de até 82 metros, ou fibra óptica monomodo no padrão 10 G Base LR, alcançando distâncias de até 10 quilômetros. Existe, ainda, o padrão 10 G Base ER, que pode alcançar até 40 quilômetros em um enlace de fibra monomodo. E, por fim, o padrão 10 G Base T, que alcança 100 metros.

2.2.5.4 Tecnologia 25 Gigabits Ethernet

Essa tecnologia permite a transmissão de sinal Ethernet à velocidade de até 25 Gbps usando cabos categoria 8 ou fibra óptica. É uma opção com custo mais otimizado, principalmente para a conexão de servidores. A tecnologia de transmitir Ethernet a velocidades de 25 Gbps está estandardizada pelo padrão 802.3 bq.

A Ethernet a 25 Gbps usa a mesma tecnologia de transmissão que está sendo desenvolvida para o novo padrão 100 Gbps Ethernet e maximiza a eficiência na interconexão de switches com servidores em datacenters e em grandes provedores de sistemas em nuvem.

Quando utilizamos o cabeamento UTP categoria 8, a distância máxima que alcançamos é de 30 metros, o que demonstra a vocação desse tipo de tecnologia para a conexão de servidores.

Com o uso da fibra óptica, existem dois padrões estabelecidos:

- **25 Gbase – LR:** definido em 2017 pelo padrão 802.3cc, conector LC, com fibra monomodo (1.295 nm a 1.325 nm), alcançando 10 quilômetros.
- **25 Gbase – ER:** também definido pelo 802.3cc, conector LC, com fibra monomodo (1.550 nm), alcançando 40 quilômetros.

2.2.5.5 Tecnologia 40 Gigabits e 100 Gigabits Ethernet

As tecnologias de Gigabit Ethernet a 40 Gbps e 100 Gbps foram desenvolvidas pelo grupo de trabalho do IEEE 802.3ba. Esse padrão começou a ser especificado em 2008, e sua primeira versão foi ratificada em 2010. O grande desafio está justamente na camada física dessa tecnologia, na qual a especificação de padrões de comunicação entre os backplanes dos switches e o cabeamento suportado estão sendo discutidos.

O uso da fibra óptica foi uma premissa para tais tecnologias, principalmente em razão da alta frequência necessária para a transmissão. No caso do uso da fibra multimodo, consegue-se alcançar distâncias de 150 metros e, com o uso de fibra monomodo, 10 quilômetros (1.295 nm a 1.325 nm) e 40 quilômetros (1.550 nm).

As aplicações com o uso de cabos de cobre limitam a distância a, no máximo, 7 metros no 100 Gbps (usando cabo twinax) e 30 metros no 40 Gbps (usando cabo UTP CAT 8) por conta da alta frequência necessária para a transmissão a tais velocidades.

As principais interfaces físicas padronizadas são:

- **40 Gbase-T:** 30 metros sobre cabo categoria 8 UTP.
- **100 Gbase-CR10:** 7 metros sobre cabo Twinax.
- **40 Gbase-SR4:** 100 metros em fibra multímodo OM3 ou 125 metros em fibra multímodo OM4.
- **100 Gbase-SR4:** 100 metros em fibra multímodo OM3 ou 125 metros em fibra multímodo OM4.
- **40 Gbase-LR4:** 10 quilômetros em fibra monomodo (1.295 nm a 1.325 nm).
- **100 Gbase-LR4:** 10 quilômetros em fibra monomodo (1.295 nm a 1.325 nm).
- **40 Gbase-ER4:** 40 quilômetros em fibra monomodo (1.550 nm).
- **100 Gbase-ER4:** 40 quilômetros em fibra monomodo (1.550 nm).

A melhor solução é fibra óptica ou cabo elétrico?

A resposta para esta pergunta depende muito das necessidades específicas do projeto e das seguintes considerações:

▶ A fibra óptica é 100% imune a radiações eletromagnéticas. Por isso, pode ser instalada em ambiente ruidoso, podendo, inclusive, ser instalada junto a cabos elétricos.

▶ A fibra não transmite sinal elétrico, logo, ela isola eletricamente as duas pontas. Portanto, elimina-se a necessidade de os cabos UTP manterem o mesmo referencial elétrico para funcionar, ou seja, o terra em comum.

▶ A fibra alcança maiores distâncias, pois tem baixa atenuação e baixa taxa de erro. O cobre, no entanto, não pode transportar frequências muito elevadas, uma vez que a atenuação aumenta muito com a frequência.

▶ A fibra é mais segura e dificulta grampear o sinal.

▶ A fibra possui alta banda, sendo muito mais leve que o cabo de cobre, o que facilita a instalação.

▶ O custo da fibra é mais elevado do que o do par de cobre, é mais difícil de instalar e requer cuidados principalmente no manuseio.

A emenda da fibra é um processo complicado, que envolve a fusão com um equipamento especial, que gera um arco fotovoltaico ao redor da fibra. Esse processo necessita de microscópios e equipamentos especiais de fusão e, por consequência, possui custo elevado.

A fibra auxilia muito, principalmente projetos em que as distâncias são maiores e não é possível atender com cabos de cobre.

As operadoras de telecomunicações já possuem uma rede de fibra óptica de grande capilaridade nas maiores cidades brasileiras, conseguindo disponibilizar links de dados de melhor qualidade e com maior banda para os usuários corporativos. O padrão utilizado pelas operadoras é a fibra óptica monomodo.

Atualmente, o fator custo já não é mais um problema para a implantação de fibras ópticas. Em virtude da diminuição dos preços ocorrida de 2010 a 2020, um par de fibra óptica tem seu preço próximo ao de um cabo de cobre, em torno de 15 centavos de dólar por metro. Uma das suas principais contribuições para as fibras ópticas são utilizadas em redes locais, em enlaces de curta e longa distâncias, no entroncamento de centrais telefônicas digitais e em cabos submarinos, que conectam todos os continentes do mundo.

2.3 Wireless – redes sem fio

As redes sem fio utilizam o ar como meio de transmissão e podem ser fundamentadas no uso de:

▶ laser para distâncias de 200 metros a 500 metros;

▶ infravermelho para distâncias de até 50 metros;

▶ micro-ondas para enlaces de até 70 quilômetros.

O laser e o infravermelho são muito eficientes para enlaces de rede de distâncias pequenas. Para os demais enlaces, é necessário utilizar ondas de rádio, como micro-ondas. As tecnologias de rádio usam uma técnica de modulação chamada spread spectrum, que garante uma boa relação sinal/ruído mesmo em enlaces de grande distância.

As redes que utilizam rádio podem ser de duas topologias:

▸ **Ponto a ponto:** nessa topologia, existe um enlace de rádio ponto a ponto entre dois locais. Para esses enlaces, é necessário visada das antenas.

▸ **Ponto multiponto:** nessa topologia, a partir de um ponto, é possível transmitir as ondas de rádio para múltiplos pontos.

A Figura 2.9 apresenta a arquitetura de uma rede wireless metropolitana com diversos enlaces.

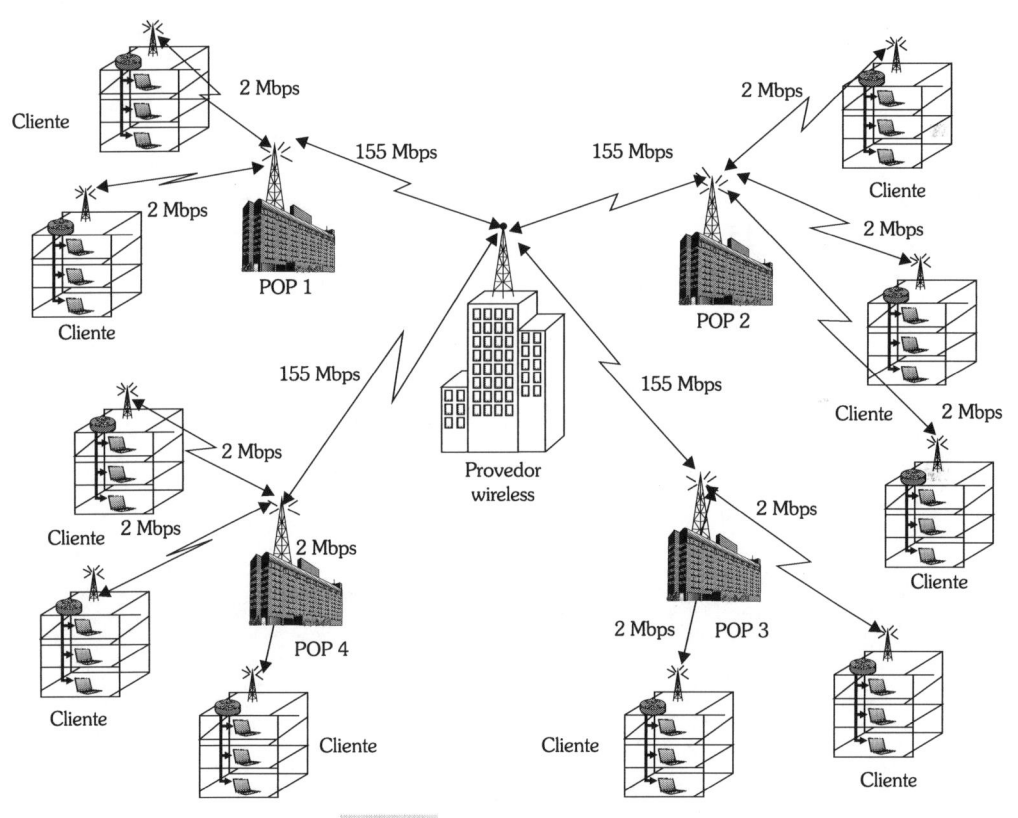

Figura 2.9 Rede wireless metropolitana.

Os enlaces de rádio em wireless podem ser escaláveis a diversas velocidades. Existem rádios que fornecem velocidades desde 2 Mbps até 622 Mbps, dependendo, evidentemente, da faixa de frequência de operação.

As redes locais sem fio, chamadas wireless LAN, possuem funcionamento parecido com o da Ethernet, entretanto, utilizam o ar como meio físico.

As redes wireless LAN são padronizadas pela norma IEEE 802.11 e podem operar a velocidades de até 108 Mbps em uma célula com alcance de até 150 metros. São muito eficazes em ambientes em que a necessidade de mudança de layout é frequente e os custos com o cabeamento são elevados. Uma das vantagens desse tipo de rede é a rapidez com que é instalada e disponibilizada.

A Figura 2.10 apresenta uma rede wireless LAN. O Capítulo 10 tratará especificamente dessas redes.

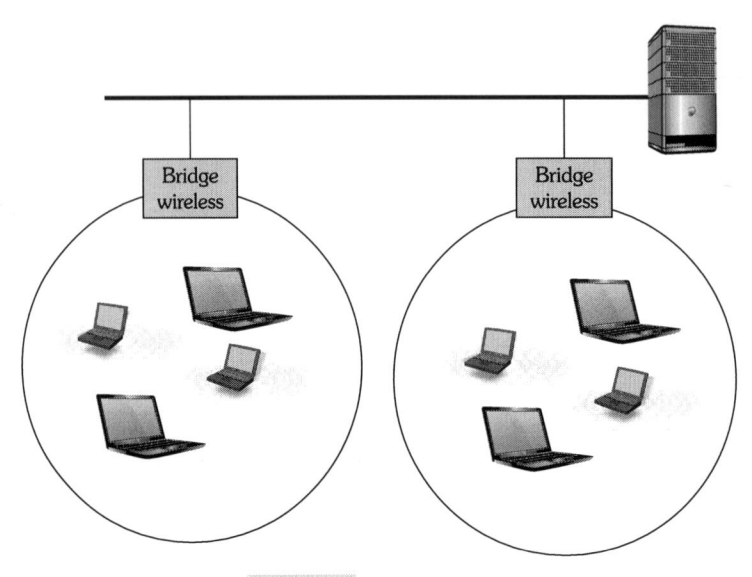

Figura 2.10 Rede wireless LAN.

Na Tabela 2.1, podemos observar os principais padrões do grupo 802.11.

Tabela 2.1 Padrões do grupo 802.11

Padrão	Publicação	Frequência	Velocidade máxima	Alcance máximo
802.11	junho/1997	2.4 Ghz	2 Mbps	100 metros
802.11a	setembro/1999	5 Ghz	54 Mbps	120 metros
802.11b	setembro/1999	2.4 Ghz	11 Mbps	140 metros
802.11g	junho/2003	2.4 Ghz	54 Mbps	140 metros
802.11n	outubro/2009	2.4 Ghz ou 5 Ghz	150 Mbps	250 metros
802.11ac	dezembro/2013	5 Ghz	666,7 Mbps	–
802.11ad	dezembro/2012	60 Ghz	6,75 Gbps	–

Considerações finais

Este capítulo apresentou mídias de transmissão, incluindo o cabeamento coaxial, 10 Base 2, 10 Base 5, UTP, STP e fibra óptica (monomodo e multímodo). Também foram abordadas as redes locais sem fio e as wireless LAN.

Atividades

1. Assinale a opção que não corresponde a uma mídia de transmissão:

   a) Ar.

   b) Cabo de fibra óptica.

   c) Transdutores.

   d) Fios de cobre.

   e) UTP.

2. O sinal elétrico sofre menos atenuação na fibra óptica e, por isso, consegue ser transportado a distâncias maiores e com taxas maiores do que o cabo de cobre. Essa afirmação é verdadeira ou falsa?

3. Onde se aplica o uso de satélites para a transmissão?

4. O que a norma EIA/TIA 568 especifica?

   a) Um padrão de transmissões eletromagnéticas.

   b) Uma técnica de multiplexação.

   c) Normas e padrões de um sistema de cabeamento estruturado.

   d) Redes sem fio.

   e) Nenhuma das alternativas anteriores.

5. Associe as distâncias suportadas:

   a) 10 Base 2   (   ) 500 m.

   b) 10 base 5   (   ) 100 m.

   c) 10 base TX   (   ) 2 km.

   d) 10 base FX multímodo   (   ) 185 m.

   e) 10000 base ER   (   ) 40 km.

6. O cabo STP possui dupla blindagem e é adequado a ambientes do tipo chão de fábrica, sujeito a interferências eletromagnéticas. Essa afirmativa é verdadeira ou falsa?

7. Qual é a velocidade máxima especificada no padrão IEEE 802.11?

    a) 1 Mbps.

    b) 10 Mbps.

    c) 100 Mbps.

    d) 11 Mbps.

    e) Nenhuma das alternativas anteriores.

8. Cite as vantagens do uso de redes sem fio.

9. Qual é o nível de segurança de uma rede wireless LAN?

Padrões de Comunicação

3.1 Órgãos de padronização

A padronização das redes de computadores foi essencial no início da década de 1980, sendo um dos principais motivos do crescimento observado nas redes. Antes da criação do modelo OSI (Open Systems Interconnection) pela International Organization for Standardization (ISO – em português, Organização Internacional para Padronização), em 1982, todos os sistemas tinham por base soluções proprietárias e não permitiam a interoperabilidade dos fabricantes. Tal fato gerava desconforto aos usuários da tecnologia, que ficavam atrelados a soluções de um único fabricante. Se eles decidissem comprar a solução de determinada marca, eram obrigados a expandir com a mesma marca, o que era ótimo para o proprietário e péssimo para o cliente, principalmente na hora de negociar valores.

Os padrões foram criados para permitir que uma solução tecnológica única e padronizada pudesse ser implementada por diferentes fabricantes. Inicialmente, os fabricantes acreditavam que a padronização limitasse a expansão tecnológica, mas, ao longo dos anos, os fabricantes implementavam o padrão e ofereciam-no a seus clientes como uma solução de valor agregado e avanços tecnológicos, como uma "extensão ao padrão". Essa extensão ao padrão, no entanto, não era padronizada.

As extensões ao padrão foram, então, se incorporando. Por isso, os padrões de comunicação não são fixos, ou seja, estão sempre sofrendo constantes atualizações propostas pelos fabricantes e pelos desenvolvedores de tecnologias. No caso específico de protocolos, antes da adoção de padrões, era necessário o uso de gateways de comunicação, que realizavam a conversão de protocolos. Se existisse um sistema com um protocolo proprietário, ele só conseguiria se comunicar com um sistema que possuísse um protocolo proprietário B, se houvesse um gateway que compreendesse os dois protocolos e que possibilitasse a interconectividade.

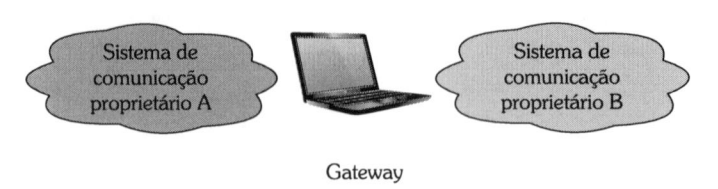

Gateway

Figura 3.1 O papel do gateway é possibilitar a interconectividade entre sistemas.

A padronização em redes de computadores pode ser dividida em dois tipos:

▸ padronização da indústria;

▸ padronização de fato.

 Exemplo

Imagine que na empresa ABC o gerente de Tecnologia da Informação (TI) tem um problema grave: seus sistemas não interoperam, ou seja, eles não conseguem trocar informações entre si. Na rede local, foi escolhido usar protocolos DECNET, que não são padrão; assim, não existe interoperabilidade com o mainframe que trabalha com o SNA, que também é uma arquitetura proprietária. A solução para esse problema seria adotar um padrão aberto, como o TCP/IP, tanto no mainframe como na rede local. A Figura 3.2 esquematiza o problema da empresa ACME. Já a Figura 3.3 apresenta a solução de interconectividade usando, para isso, o padrão de comunicação TCP/IP.

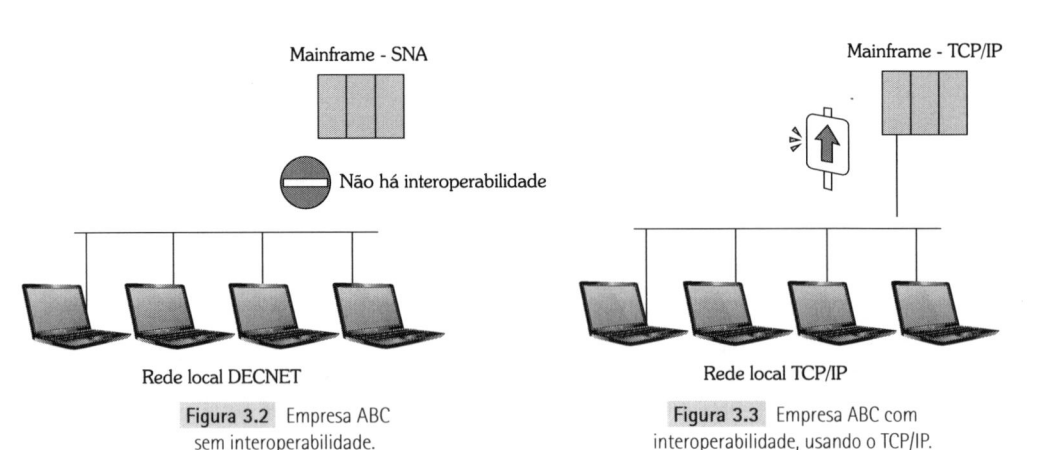

Figura 3.2 Empresa ABC sem interoperabilidade.

Figura 3.3 Empresa ABC com interoperabilidade, usando o TCP/IP.

3.1.1 Padronização da indústria

É o tipo de padronização formal. Em geral, esses padrões são desenvolvidos por entidades de padronização que funcionam como um grande fórum, do qual fazem parte:

▶ **Representantes das indústrias:** funcionários das empresas que desenvolvem tecnologia são indicados para o fórum. Além de representar os interesses das empresas, eles propõem extensões a padrões existentes desenvolvidos pela empresa e trazem inovações definidas pelo fórum, para que sejam internamente desenvolvidas, de modo que seus produtos fiquem aderentes ao padrão.

▶ **Representantes dos governos:** o governo, com seus departamentos de pesquisa e desenvolvimento, é, além de um grande usuário das tecnologias, interessado no desenvolvimento e em padrões. O fortalecimento de padrões e do desenvolvimento tecnológico é uma relevante fonte de recursos para um país, daí a participação e a preocupação estratégica dos governos nos órgãos de padronização. O governo dos Estados Unidos, por exemplo, atua constantemente nos fóruns de definição de protocolos de segurança e criptografia. O objetivo vai muito além da questão da padronização; há interesse político de que alguns novos algoritmos de criptografia não sejam exportados a nações hostis aos Estados Unidos.

▶ **Representantes de laboratórios de universidades:** as atividades de pesquisa e o desenvolvimento tecnológico que ocorrem nas universidades representam um movimento constante. Muitas vezes, uma nova tecnologia é criada e a padronização nasce exatamente a partir da participação dos pesquisadores do fórum.

▶ **Representantes dos usuários:** correspondem a grupo de usuários de determinada tecnologia, que, em geral, são os grandes clientes dos fabricantes. Os usuários utilizam a tecnologia diariamente e conseguem opinar sobre o melhor uso e sobre as mudanças que podem ocorrer para facilitar o dia a dia de quem utiliza a solução.

Os principais organismos de padronização em sistemas de comunicação são:

▶ Institute of Electrical and Electronics Engineers – IEEE (em português, Instituto dos Engenheiros Elétricos e Eletrônicos);

▶ American National Standards Organization – ANSI (em português, Organização Nacional Americana de Padrões);

▶ International Organization for Standardization – ISO (em português, Organização Internacional para Padronização);

▶ International Telecomunication Union – ITU-T[14] (em português, união Internacional de Telecomunicação).

3.1.1.1 IEEE

A contribuição do IEEE, que conta com a participação de engenheiros elétricos e eletrônicos de praticamente todos os países, é muito significativa na definição de padrões. O IEEE sempre esteve

---

1   O ITU-T era, anteriormente, conhecido como Consultative Commitee International Telegraph and Telephone (CCITT) – em português, Comitê Consultivo Internacional de Telégrafo e Telefone.

atento e alinhado a tudo o que ocorre nos laboratórios de desenvolvimento tecnológico das grandes universidades, tanto estadunidenses quanto europeias. No Brasil, desenvolve muitos trabalhos com as universidades públicas.

Para cada padrão IEEE, existe um grupo de trabalho que desenvolve e aprimora os padrões, criando inovações. Os principais padrões definidos pelos grupos do IEEE são:

▸ **IEEE 802.1:** descreve as tecnologias de interoperabilidade de redes de computadores (internetworking).

▸ **IEEE 802.2:** descreve o controle de enlace lógico (LLC – Logic Link Control).

▸ **IEEE 802.3:** descreve a rede local Ethernet e as variantes Fast Ethernet, Gigabit Ethernet e 10 Gigabits Ethernet.

▸ **IEEE 802.4:** descreve a rede local do tipo token bus.

▸ **IEEE 802.5:** especifica a rede local do tipo token ring.

▸ **IEEE 802.6:** descreve redes metropolitanas (MAN – Metropolitan Area Network).

▸ **IEEE 802.7:** define especificações para a banda larga.

▸ **IEEE 802.8:** define especificações para a fibra óptica.

▸ **IEEE 802.9:** determina especificações para redes integradas multisserviço (voz, dados e imagem).

▸ **IEEE 802.10:** define especificações para segurança de redes.

▸ **IEEE 802.11:** descreve redes locais sem fio.

▸ **IEEE 802.12:** descreve redes locais do tipo 100 VG-AnyLAN.

▸ **IEEE 802.13:** define cabos de cobre categoria 6 para 10 Gb Ethernet.

▸ **IEEE 802.14:** descreve serviços IP multimídia sobre rede de TV a cabo.

▸ **IEEE 802.15:** define redes PAN (Personal Area Network), como o Bluetooth.

▸ **IEEE 802.16:** descreve redes metropolitanas sem fio, como o WiMax.

3.1.1.2 ANSI

É um órgão de padronização criado nos Estados Unidos, em 1918. Possui aproximadamente 1.000 associados entre empresas, organizações, agências de governo e instituições internacionais. A ANSI trabalha em parceria com a International Electrotechnical Commission (IEC – em português, Comissão Internacional de Eletrotécnica), responsável pela especificação de padrões eletroeletrônicos. Além disso, representa os Estados Unidos na ISO.

Uma das maiores contribuições da ANSI à indústria de redes foi a padronização do FDDI (Fiber Distributed Data Interface).

3.1.1.3 ISO

Considera a maior organização internacional de padronização, a ISO desenvolve e estabelece padrões em diversas áreas do desenvolvimento tecnológico e é formada por diversas organizações de diferentes países.

Sua contribuição mais relevante para indústria de redes foi a padronização do modelo de referência OSI, em 1984. Esse padrão, também chamado de "padrão para sistemas abertos"", permite a interoperação entre sistemas de comunicação de diferentes fabricantes. Atualmente, é a principal referência utilizada por toda a indústria para o desenvolvimento tecnológico na área de redes de computadores.

3.1.1.4 CCITT – atualmente, ITU-T

O CCITT, atualmente conhecido como ITU-T, tem sede na Suíça e é parte integrante de uma das agências das Nações Unidas. No ITU-T, governos e indústrias discutem e coordenam padrões e ações no mercado de telecomunicações.

O ITU é dividido em três departamentos:

▸ **ITU-T:** responsável pela padronização em telecomunicações;

▸ **ITU-R:** responsável pela parte de radiocomunicação;

▸ **ITU-D:** responsável pelo desenvolvimento da indústria.

O ITU-T possui 14 grupos de estudo voltados a diversas áreas de telecomunicações, como Sistemas Multimídia, Operação de Redes, Sinalização, Redes de Transporte, Redes de Dados e Redes de Telefonia.

Uma das suas principais contribuições para a indústria de redes foi o Livro 10, capítulo 25, que estabelece o padrão para redes de pacotes X.25.

Exemplo de outras padronizações definidas pelo ITU-T:

▸ padrões para conectores e interfaces DTE e DCE;

▸ padrões de modulação dos modems V.24, V.34, V.90 e V.92. Todos fazem parte do Livro 5 da padronização ITU-T e representaram relevante contribuição para a comunicação de dados via modem;

▸ modelo de referência para gerência integrada de redes no modelo TMN.

3.1.1.5 Outras organizações

Existem, ainda, outros padrões muito utilizados em redes de computadores, criados pelas seguintes corporações/organizações:

▸ **Electronic Industries Alliance (EIA):** padronização de interfaces RS 232, 449 e 530.

▸ **International Business Machines (IBM):** padronização do token ring e do SNA.

▸ **DEC:** padronização do Decnet.

▸ **Hewlett Packard (HP):** padronização do 10 Base T.

▸ **AT&T:** padronização do T1, T3.

▸ **Department of Defense (DoD – Departamento de Defesa do governo dos Estados Unidos):** padronização do TCP/IP.

3.1.2 Padronização de fato

A padronização de fato trata das tecnologias que viraram padrões porque o produto "ganhou" mercado. Como exemplos temos: SNA, da IBM; Windows, da Microsoft; e Unix.

3.2 Padronização de interfaces DTE/DCE

As interfaces DTE e DCE são dois dispositivos de comunicação, como modems. Esses padrões definem:

▷ os níveis dos sinais elétricos das interfaces;

▷ os tipos de conectores a serem utilizados;

▷ a pinagem desses conectores.

3.2.1 DTE (Data Terminal Equipment)

DTE refere-se ao tipo de interface no equipamento terminal. Por exemplo, um microcomputador conectado a um modem é um equipamento terminal.

3.2.2 DCE (Data Communications Equipment)

O termo DCE é relativo ao tipo de interface do equipamento de comunicação. Por exemplo. a porta serial do modem, que é um equipamento DCE.

3.2.3 Padrão RS-232

A recomendação RS-232 foi aprovada pela EIA, em 1969, como um padrão de comunicação serial. Em 1987, foi lançada uma extensão do padrão – chamado EIA-232 D –, com a junção da EIA com a Telecommunications Industry Association (TIA – em português, Associação da Indústria de Telecomunicações). O padrão recebeu o nome EIA/TIA-232-E.

O padrão EIA/TIA RS-232 especifica dois tipos de conector: com 25 pinos do tipo DB 25 e com 9 pinos do tipo DB-9. Ambos são utilizados por uma série de dispositivos de comunicação, tanto seriais como paralelos.

O conector DB-9 é muito utilizado como primeira porta serial do microcomputador (COM1), usado utilizado, principalmente, para a conexão do mouse.

A Figura 3.4 mostra os conectores DTE e DCE DB-25, do EIA/TIA 232.

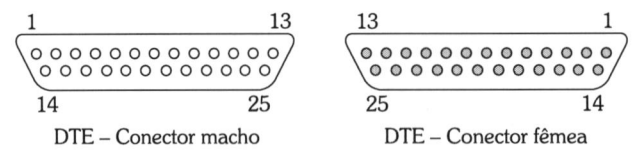

DTE – Conector macho   DTE – Conector fêmea

Figura 3.4 Conectores DB-25 da interface EIA/TIA 232.

Os sinais da pinagem do conector DB 25 dessa interface são:

▷ **Pino 1:** Shield Ground.

▷ **Pino 2:** Transmit Data (DTE).

▷ **Pino 3:** Receive Data (DCE).

▷ **Pino 4:** Request to Send (DTE).

▷ **Pino 5:** Clear to Send (DCE).

▷ **Pino 6:** Data Set Ready (DCE).

▷ **Pino 7:** System Ground.

▷ **Pino 8:** Carrier Detect (DCE).

▷ **Pino 9:** reservado.

▷ **Pino 10:** reservado.

▷ **Pino 11:** Select Transmit Channel (DTE).

▷ **Pino 12:** Secondary Carrier Detect (DCE).

▷ **Pino 13:** Secondary Clear to Send (DCE).

▷ **Pino 14:** Secondary Transmit Data (DTE).

▷ **Pino 15:** Transmission Signal Element Timing (DCE).

▷ **Pino 16:** Secondary Receive Date (DCE).

▷ **Pino 17:** Receiver Signal Element Timing (DCE).

▷ **Pino 18:** Local Loop Control (DTE).

▷ **Pino 19:** Secondary Request to Send (DTE).

▷ **Pino 20:** Data Terminal Ready (DTE).

▷ **Pino 21:** Remote Loop Control (DTE).

▷ **Pino 22:** Ring Indicator (DCE).

▷ **Pino 23:** Date Signal Rate Selector (DTE).

▷ **Pino 24:** Transmit Signal Element Timing (DTE).

▷ **Pino 25:** Test Indicator (DCE).

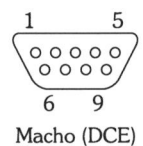

Macho (DCE)

Figura 3.5 Conector DB-9 da interface EIA/TIA 232.

Os sinais da pinagem do conector DB-9 dessa interface são:

▷ **Pino 1:** Carrier Detect (DCE).

▷ **Pino 2:** Receive Data (DCE).

▷ **Pino 3:** Transmit Data (DTE).

▷ **Pino 4:** Data Terminal Ready (DTE).

▷ **Pino 5:** System Ground.

▷ **Pino 6:** Data Set Ready (DCE).

▷ **Pino 7:** Request to Send (DTE).

▸ **Pino 8:** Clear to Send (DCE).

▸ **Pino 9:** Ring Indicator (DCE).

O RS-232 é especificado para velocidades de até 38.400 bps a uma distância máxima de três metros de cabo.

3.2.4 Padrões RS–422 e RS–423

Embora a EIA-232 continue sendo um dos padrões mais utilizados na comunicação serial, a EIA criou alguns sucessores. São eles: o RS-422 e o RS-423. Os novos padrões são compatíveis com os padrões EIA-232.

As principais mudanças do RS-422 e do RS-423 quando comparados ao EIA-232 são:

▸ suporte a velocidades superiores;

▸ maior imunidade quanto a interferências elétricas.

Essas interfaces podem ser configuradas para trabalhar com velocidades de até 2 Mbps. O RS-422 suporta múltiplas conexões, enquanto o RS-423 tem o mesmo comportamento do EIA-232, ou seja, ponto a ponto.

3.2.5 Padrão RS–485

Criado pela EIA como um padrão para comunicação serial multiponto, o RS-485 suporta uma série de conectores, incluindo o DB-9 e o DB-37. Ele é similar ao RS-422, porém com capacidade para suportar mais nós por linha em razão do uso de baixa impedância.

O padrão RS-485 também trabalha com velocidades de até 2 Mbps.

3.2.6 Padrão V.35

O V.35 é um padrão de interface de alta velocidade síncrona, definido pela ITU-T. Esse tipo de interface é padrão, incorporada pela maioria dos roteadores do mercado para a conexão de circuitos do tipo E1 a 2 Mbps.

A interface V.35 pode ser utilizada em velocidades menores, em links com taxas acima de 64 Kbps até 2 Mbps.

3.2.7 Padrão USB

O padrão USB (Universal Serial Bus) é uma tecnologia fundamentada no conceito plug--and-play, que permite adicionar dispositivos para comunicação serial com computadores de uma maneira simples e transparente. Normalmente, usa-se a interface para conectar pen drivers ou qualquer outra unidade de armazenamento, celulares/smartphones, câmeras, impressoras, scanners, teclados, mouses, entre outros dispositivos. As interfaces USB mais utilizadas são a USB 1.0, USB 2.0, USB 3.0 e a USB C.

Uma das grandes vantagens desse tipo de interface é ser completamente hot-swapping, ou seja, os dispositivos podem ser conectados e desconectados a qualquer momento sem a necessidade de desligar o computador.

O padrão USB nasceu do esforço de grandes fabricantes do mercado, como Nortel, NEC, Microsoft, HP, Intel e IBM, e atualmente está disponível em computadores e dispositivos de todos os fabricantes, sem custo adicional de patente. Desde 1996, sistemas operacionais, como o Windows, já vêm equipado com drivers USB, sendo, portanto, uma interface utilizada globalmente em todos dispositivos e periféricos.

Ao longo dos anos, ocorreram grandes avanços com a interface serial USB. A versão 1.0 estava limitada a suportar transferências a velocidade de 12 Mbps, mas, com o lançamento da versão 2.0, a velocidade de comunicação já havia sido ampliada em 40 vezes, suportando uma velocidade teórica de 480 Mbps. Em 2008, começaram os esforços para a criação do padrão USB 3.0, que tem a impressionante capacidade de ser 10 vezes mais rápido do que o padrão USB 2.0, podendo realizar transmissões a velocidades teóricas de 5 Gbps.

Na Figura 3.6, podemos observar o conector USB-A amplamente utilizado.

ullstein bild/Getty Images

Figura 3.6 Conector USB-A.

Em 2014, foi lançado e padronizado um novo conector, conhecido como o USB-C, que suporta os novos padrões lançado em 2013, como o USB 3.1, que permite trabalhar a velocidades de 10 Gbps, e o USB 3.2, lançado em 2017, que suporta velocidades de até 20 Gbps.

Uma vantagem relevante do conector C é a capacidade de suportar até 100 Watts de potência, permitindo transmitir energia para a maior parte dos computadores pessoais, suportando tanto energia quanto dados em um conector compacto. Na Figura 3.7 podemos observar o conector USB-C.

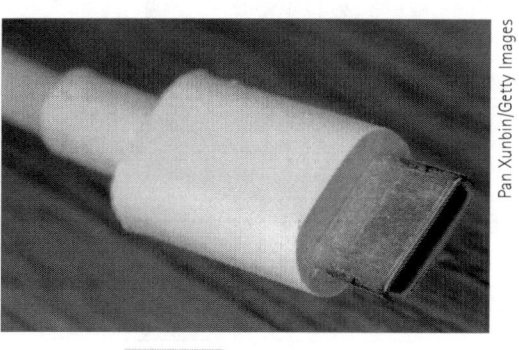

Pan Xunbin/Getty Images

Figura 3.7 Conector USB-C.

3.3 Dispositivos de comunicação e padrões

Um dos principais dispositivos de comunicação, usado principalmente para adaptação de sinais aos meios, é o modem. Ele realiza a conversão de sinais digitais em sinais analógicos, criando diversos níveis de sons, que são enviados pelo meio de transmissão analógico, como uma linha telefônica.

Na recepção do sinal, esses sons são novamente recodificados no sinal digital transmitido. O processo de conversão de sinal digital em sina analógico é denominado "modulação" e o processo de conversão do sinal analógico em sinal digital é chamado "demodulação".

Quando acessamos a internet em casa, podemos fazer uso de diferentes tecnologias que empregam vários tipos de modem. Quando usamos um serviço de acesso remoto, estamos utilizando a linha telefônica como meio de transmissão.

Nesse processo, o modem é responsável por executar as seguintes tarefas:

▸ verificar o sinal de portadora da linha. Essa etapa é importante para verificar se a linha se encontra ocupada ou muda;

▸ discagem para o número de telefone do provedor;

▸ estabelecimento da conexão física;

▸ troca de mensagens ocorrida durante a comunicação;

▸ desconexão ao término do uso do acesso.

Esses modems comuns, utilizados para o acesso discado à internet, são analógicos de baixo custo e amplamente usados. Atualmente, todo computador fabricado já vem com um modem analógico instalado. Esse tipo de modem utiliza o canal de voz de 4 KHz para suas transmissões.

Como o sistema telefônico permite a transmissão até 8 KHz, os modems trabalham com dois canais, sendo um de recepção e outro de transmissão.

Na Figura 3.8, podemos observar a filtragem do canal de voz a 4 KHz e o aproveitamento da banda extra pelo modem para a criação do canal de upstream.

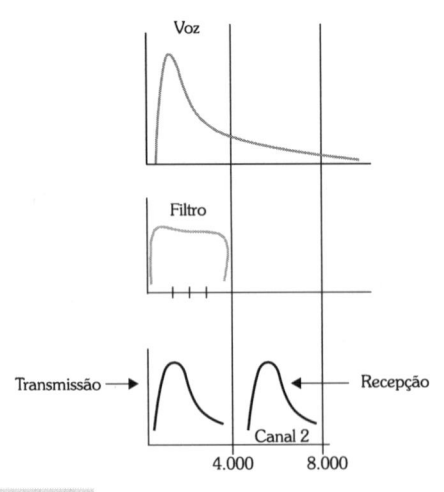

Figura 3.8   O canal de voz e sua utilização pelo modem.

Os modems analógicos trabalham de acordo com os padrões definidos pela ITU-T. Os padrões mais comuns são: V.34, V.34 bis, V.90 e V.92.

Além dos modems analógicos, existem novas tecnologias que permitem o acesso à internet em alta velocidade com base em modems xDSL. Essas tecnologias exploram toda a banda disponível no par de cobre metálico dos telefones, disponibilizando larguras de banda de até 8 Mbps, contra os 56 K, que é a velocidade máxima alcançada por um modem tradicional V.90.

3.3.1 Padrão V.34

Lançado em 1994, o padrão V.34 especifica um modelo de transmissão síncrono ou assíncrono, que trabalha com velocidades de 28.8 K. Posteriormente, esses modems foram substituídos pelos modems V.34 bis e V.90.

3.3.2 Padrão V.34 bis

O V.34 bis é um modem padrão V.34 que trabalha com técnicas de compressão de dados V.42 bis, o que permite ao modem alcançar velocidades em torno de 33.6 Kbps. Esse padrão opera com transmissão assíncrona.

3.3.3 Padrão V.90

Os modems V.90 trabalham com velocidades superiores aos outros padrões, alcançando até 56 Kbps. Essa tecnologia pressupõe que uma das pontas esteja conectada a uma central telefônica digital. Entretanto, se alguma central por onde a chamada passou não for digital, o modem não conseguirá conexão a essa velocidade. A Figura 3.9 apresenta a topologia do V.90.

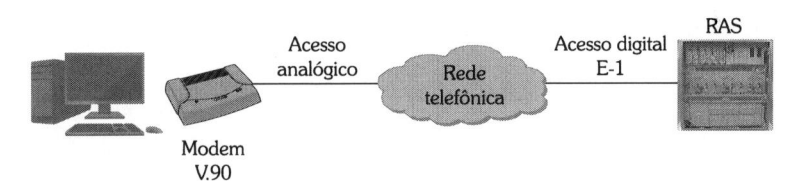

Figura 3.9 Topologia do V.90.

A comunicação em um modem V.90 é assimétrica. Isso significa que a velocidade de recepção de dados é de 56 K, entretanto, a velocidade de transmissão de arquivos é de 33,6 K. Como, na internet, recebemos muito mais informações do que enviamos, essa particularidade não afeta muito o serviço.

A velocidade de 56 Kbps nem sempre é atingida, pois a distância máxima do modem até a central não pode exceder quatro quilômetros, para que o modem trabalhe nessa velocidade.

3.3.4 Padrão V.92

O padrão V.92 é uma evolução do V.90, que também trabalha com velocidades de 56 Kbps, entretanto, esse padrão traz algumas inovações:

▸ a velocidade de transmissão upload passa de 33.600 bps para 40 Kbps;

▸ o modem possui conexão mais rápida – como o V.92 armazena algumas características da conexão, ele consegue, em uma segunda conexão, fazê-la mais rapidamente;

> ▸ o modem possui algumas características extras, como modem on hold, que permite a sinalização ao usuário quando a linha recebe uma chamada, possibilitando a suspensão temporária da conexão e a retomada após o atendimento da chamada.

3.3.5 Padrão xDSL

Padrão para linha digital no assinante, essa tecnologia permite que o mesmo par de cobre usado na conexão telefônica possa ser utilizado para transmitir dados em frequências mais elevadas. As tecnologias xDSL, como o ADSL, alcançam velocidades de até 6 Mbps, ou 100 vezes maior do que a velocidade de um modem analógico. O serviço de acesso xDSL fica conectado 24 horas por dia e, além disso, essa tecnologia permite que a linha telefônica fique livre para receber e realizar chamadas. As tecnologias ADSL para assinantes domésticos vêm tornando-se cada dia mais acessíveis, o que justifica a grande migração de usuários que utilizavam o acesso discado (modem) para a banda larga.

3.3.6 Padrão GPON fibra óptica

O padrão GPON (Gigabit Passive Optical Network) é um sistema de transmissão com base em cabeamentos de fibra óptica, muito utilizado para o uso de sistemas de links de internet fibra óptica para empresas e para usuários domésticos, também conhecido como FTTH (fiber to the home; em português, fibra até a sua casa).

O GPON termina em um dispositivo óptico eletrônico como um switch óptico, e na ponta do usuário, um modem óptico. O limite da velocidade é estabelecido pelo switch, uma vez que a fibra apresenta capacidade muito superior às velocidades oferecidas.

Esse padrão utiliza o conceito de comutação de células, ou seja, no ATM (Assynchronous Transfer Mode), normalmente suportando enlaces ópticos de 155 Mbps ou 622 Mbps.

Uma das principais vantagens do GPON é ser um sistema simétrico, portanto, é possível termos a mesma velocidade de upload e download. Além disso, é um sistema ideal para atuar como triple-play, que significa oferecer dados, voz e TV a cabo em uma mesma mídia. Com a grande capacidade da fibra, podemos transmitir múltiplos canais em alta resolução, navegar na internet em banda larga e realizar chamadas de voz com qualidade e precisão.

Como todas as operadoras possuem hoje grandes backbones fundamentados em rede IP e Ethernet, existe um processo contínuo de substituição do GPON com base em tecnologia ATM, de comutação de células para o EPON, que usa quadros Ethernet na transmissão e não mais células.

Considerações finais

Neste capítulo, abordamos a importância da padronização, incluindo os padrões de indústria e os padrões de fato. Também apresentamos os principais organismos de padronização, os padrões das interfaces de comunicação serial e de modems.

Atividades

1. Qual foi a grande contribuição do modelo OSI para a indústria de redes?

2. Qual é a função de um gateway de comunicação?

3. Indique qual dos representantes seguintes não faz parte das entidades de padronização:

   a) Representantes das indústrias.

   b) Representantes dos governos.

   c) Representantes de empresas de energia.

   d) Representantes de universidades.

   e) Nenhuma das alternativas anteriores.

4. Indique todos os organismos que realizam a padronização de redes:

   a) IEEE.

   b) ISO.

   c) BTU.

   d) PWC.

   e) ANSI.

5. Qual dos grupos do IEEE padronizou a tecnologia Ethernet?

6. Qual é a diferença entre os padrões RS-232 e RS-422?

7. Qual é a diferença entre os padrões RS-422 e RS-423?

8. Qual é a largura de frequência utilizada por um modem analógico?

9. A afirmativa "Um modem V.90 consegue alcançar velocidades de 56 K se, e somente se, pelo menos em uma das pontas a conexão for digital" é verdadeira ou falsa?

10. Quais são os benefícios do uso do V.92 em comparação com o V.90?

Introdução a Tecnologias LAN

4.1 Rede local

O termo rede local (LAN) é uma das taxonomias do termo redes. Quando confinadas a uma região física limitada, como um prédio, as redes são conhecidas como redes locais. Em geral, apresentam alto desempenho (velocidades acima de 10 Mbps), chegando, em algumas tecnologias, a até 1 Gbps. As estações são conectadas entre si, usando como meio físico o cabo UTP, ou mesmo a fibra óptica.

Fica mais fácil entender o que é rede se compreendermos seus principais componentes. Uma rede local é composta pelos seguintes elementos:

- **Placa adaptadora de rede:** também chamada NIC (Network Interface Card), é instalada nas estações que desejamos que façam parte da rede. Sua função é, basicamente, serializar os dados que serão transmitidos em quadros especiais, com base no protocolo que a rede utilizará; o mais comum é o Ethernet.

- **Driver da placa de rede:** esse driver precisa ser instalado no computador em que a placa foi instalada, de modo a permitir que o sistema operacional utilize a placa de rede para as comunicações.

- **Sistema operacional de rede:** é o sistema operacional que será executado na estação. Esse sistema deve suportar os serviços de transmissão e recepção pela rede. Um exemplo é a plataforma Microsoft Windows, que já vem preparada para trabalhar em rede.

- **Cabo ou meio de transporte:** em geral, é o cabo UTP ou cabo de par trançado. É responsável por disponibilizar o meio de transporte aos dados. Os dados são modulados em sinais elétricos e, então, transmitidos pelo cabo até o equipamento de concentração: um hub ou um switch. O meio de transporte também pode ser uma fibra óptica e, nesse caso, os dados são modulados em sinais luminosos em vez de sinais elétricos. A diferença de utilizar cabo UTP ou fibra é, basicamente, relacionada à distância e à rigidez do sinal. Enquanto um cabo UTP permite a transmissão do sinal de Ethernet 100 Mbps a uma distância de até 100 metros, a fibra permite que a distância seja expandida a até dois quilômetros.

▸ **Equipamento de concentração:** é responsável por receber os sinais das diversas estações conectadas na rede, regenerá-los e enviá-los às estações destino da mensagem. Esse equipamento de concentração pode ser um hub ou um switch.

▸ **Servidor:** máquina que presta serviços para a rede. O servidor pode ser, por exemplo, um servidor de arquivos que presta serviços a outras máquinas diretamente conectadas na rede. Entre os principais servidores, destacam-se os de e-mail, de páginas HTML, de banco de dados etc.

4.1.1 Histórico e benefícios da rede

No início da década de 1980, com a introdução dos microcomputadores no mercado pela IBM, pela Apple e por outros fabricantes, surgiu um novo modelo de computador para as empresas em geral. O PC (personal computer – em português, computador pessoal) era uma opção de baixo custo se comparado aos mainframes antigos e, como a própria denominação esclarecia, tratava-se de uma máquina de uso pessoal. Inicialmente, os PCs substituíram os terminais de mainframe e as antigas máquinas de escrever. Com o advento do editor de texto, a capacidade exclusiva da nova ferramenta de edição de textos e alterações sem que fosse necessário redigitar toda a página foi uma quebra de paradigma e gerou aumento substancial da produtividade nas empresas.

A planilha eletrônica foi outra aplicação que revolucionou e contribuiu muito para o crescimento do mercado dessas novas máquinas. Nesse primeiro momento, já se pensava em métodos para interligar as novas máquinas para que estas pudessem comunicar-se entre si, algo que antes já era muito utilizado no ambiente de mainframes. Dessa necessidade surgiram as primeiras redes locais com base no uso de cabos coaxiais para interligar computadores.

A oportunidade para as redes era uma palavra mágica que estava fora do conceito de computador pessoal e individual: "compartilhamento". Antes das redes, os computadores eram unidades únicas. Cada uma necessitava de sua unidade de disco, sua própria impressora, seu próprio modem para conexão a outras máquinas e possuir em seu disco rígido todos os programas que precisava executar.

Nessa época, o disco rígido tinha preço elevado. Os winchesters com capacidades de armazenamento de 5 Megabits ou 10 Megabits chegavam a custar mais do que 60% do preço final da máquina. Surgiu, então, a oportunidade para as redes locais. A partir do advento da rede, não existia mais a necessidade de discos rígidos de média e alta capacidades nas estações; elas poderiam acessar um servidor (servidor de arquivos), que possuía os discos de alta capacidade compartilhados entre todas as estações da rede. Os acessos às informações eram feitos pela rede e geravam economia substancial no investimento final pela empresa. Dessa época vêm os primeiros sistemas operacionais de rede como o Lantastic e o Netware.

Outra vantagem desse modelo é que o backup dos arquivos poderia ocorrer de modo centralizado, sendo que, antes, ele dependia da política de uso de cada usuário. Foi um grande avanço, pois o hardware disponível na época apresentava grandes taxas de erros, e o servidor podia ser uma máquina de maior capacidade e mais redundante do que as outras estações que acessavam a rede.

Começaram a surgir, também, os servidores de impressão. O empresário podia comprar uma impressora rápida de bom desempenho, permitindo que ela fosse compartilhada com todos os usuários da rede, o que gerava uma economia substancial se comparado a cada usuário que utilizava sua própria impressora.

Com a rede, surgiram novos sistemas de banco de dados fundamentados em rede. Com isso, a base de dados ficava centralizada em um único servidor, permitindo que acessos, alterações de registro e integridade fossem mantidos. Nos sistemas anteriores em que não havia rede, quando ocorria uma atualização na base, ela devia ser replicada manualmente em todas as estações em que a aplicação tivesse sido instalada, o que era um grande incômodo. A base centralizada de dados em um servidor permite garantir segurança e confiabilidade das operações.

Essas novas aplicações e softwares, e a evolução dos PCs em rede, permitiram que muitas aplicações que antes necessitavam de mainframe fossem migradas para sistemas de computadores em rede. Nessa época, surgiu o conceito de downsizing (termo utilizado para designar a transformação que ocorreu da migração dos sistemas de antigos mainframes para a baixa plataforma, como servidores e estações de redes locais).

Todos os benefícios trazidos pelas redes levaram as empresas a adotarem as redes locais muito rapidamente. As pessoas se acostumaram tanto a usar os recursos da rede que, atualmente, diz-se que as empresas não são operacionais se não possuírem uma rede de comunicação.

4.1.2 Comunicação de dados e redes de computadores

Desde o início, uma das principais finalidades da rede não era apenas o compartilhamento de recursos como discos, impressoras ou arquivos. Ficava claro que a vantagem mais relevante de seu uso era a comunicação de dados e a troca de mensagens entre os usuários. Os sistemas de correio eletrônico foram os que mais proliferaram depois do advento das redes de computadores. O benefício de manter documentos eletrônicos e enviá-los pela rede foi uma mudança de paradigma nas empresas, que antes estavam acostumadas a trabalhar com memorandos e "montanhas" de papel para a comunicação interna. A rede permitiu que a informação fosse enviada instantaneamente e com muito menos burocracia, além da economia substancial de papel.

As corporações perceberam a grande ferramenta que possuíam em suas mãos e começaram a interligar as redes corporativas, expandindo esses benefícios a todos os usuários da empresa. Assim, um usuário da filial de uma empresa no Rio de Janeiro podia mandar um documento para ser impresso na impressora da matriz em São Paulo, algo que antes envolvia o despacho via malote, com risco de atraso na entrega e todos os custos envolvidos no envio do documento. Surgiu, então, a necessidade de interligar as redes locais, as chamadas redes de computadores de longa distância, conhecidas como WAN (Wide Area Networks).

A internet foi um dos maiores avanços na cultura organizacional, disponibilizando às empresas e aos usuários acesso, envio e requisição de documentos de empresas parceiras localizadas em todo o mundo.

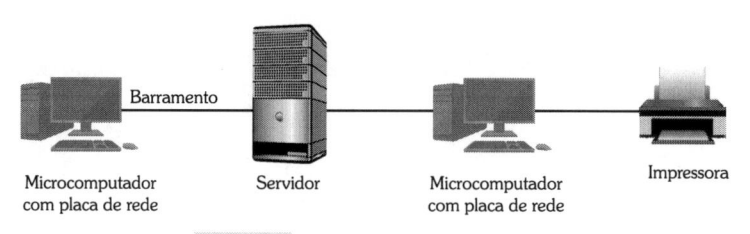

Figura 4.1 Principais componentes da rede.

4.2 Padrões de rede

A padronização sempre foi um dos maiores problemas em todas as indústrias, e não poderia ser diferente no mercado de redes. No início dos anos 1980, houve um considerável crescimento na área de redes, porém, existia o problema da quantidade de padrões existentes, ou seja, cada fabricante possuía suas soluções com um padrão proprietário, o que obrigava o cliente a adotar as soluções fechadas de um único fabricante, visto que as soluções de diferentes fabricantes não interoperavam.

Em razão dessa dificuldade, os maiores fabricantes e representantes da indústria se reuniram em uma comissão especial da ISO e, após alguns meses de estudo, criaram o modelo OSI. Por ter sido definido como um padrão em que sistemas de diferentes fabricantes pudessem interoperar, esse modelo foi um dos primeiros a levar o nome de "sistema aberto".

| Camada 7 aplicação |
| Camada 6 apresentação |
| Camada 5 sessão |
| Camada 4 transporte |
| Camada 3 rede |
| Camada 2 enlace |
| Camada 1 física |

Figura 4.2 Camadas do modelo OSI.

O modelo OSI é composto por sete camadas: física, enlace, rede, transporte, sessão, apresentação e aplicação.

O funcionamento da hierarquia em camadas é relativamente simples: uma camada faz uso dos serviços da camada diretamente inferior e presta serviços à camada diretamente superior. Por exemplo, a camada enlace faz uso dos serviços da camada física para enviar os sinais no meio de transmissão e presta serviços à camada rede para disponibilizar o enlace fim a fim.

Quando um dado é transmitido, cada uma das camadas recebe os dados da camada superior, acrescenta as informações necessárias dessa camada e envia para a inferior. Quando o dado é recebido do outro lado, ocorre o procedimento contrário. A Figura 4.3 ilustra o processo. Esse processo de adicionar informações às camadas é chamado encapsulamento.

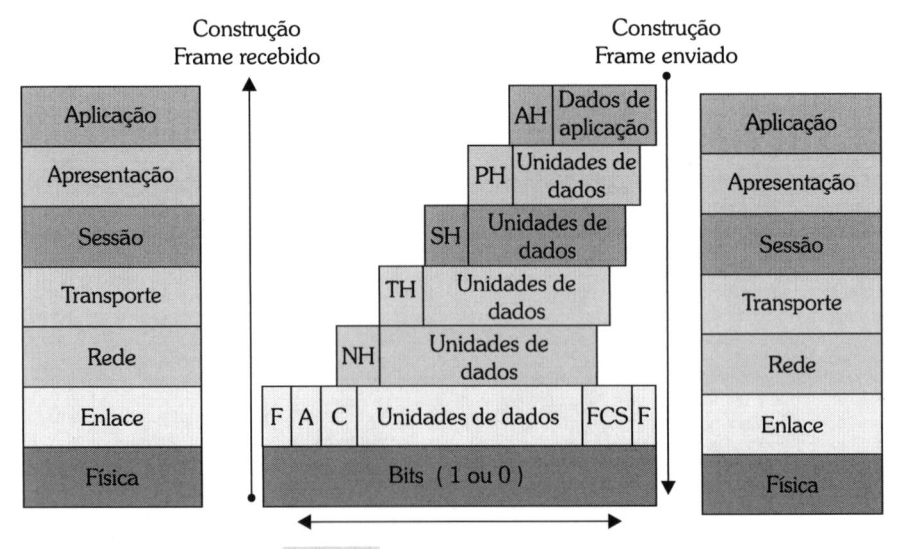

Figura 4.3 Processo de encapsulamento.

4.2.1 Camada física

Essa camada especifica todo o cabeamento, os sinais elétricos e luminosos a serem trocados no meio, as pinagens e os conectores da rede. Ela também é responsável pela modulação dos bits zeros e uns em sinais elétricos ou ópticos para serem transportados pelo meio físico. A camada física determina, ainda, características mecânicas das placas de rede e dos dispositivos.

Exemplos do que é padronizado pela camada física:

▸ cabo UTP categoria 5;

▸ fibra óptica;

▸ hubs.

4.2.2 Camada enlace

A camada enlace tem o papel de garantir a comunicação em uma conexão física. Ela é a responsável por montar os quadros, chamados frames, que serão transmitidos pela camada física. Os protocolos mais conhecidos da camada enlace são o Ethernet e token ring.

A camada enlace é dividida em duas subcamadas:

▸ **LLC:** realiza o controle lógico da conexão, como controle de erros e de fluxo.

▸ **MAC:** faz o controle de acesso ao meio. Essa subcamada realiza a comunicação direta da placa adaptadora da rede à camada física.

É importante notar que as duas subcamadas trabalham de maneira independente. A camada MAC é dependente do meio e a LLC não, portanto, existe uma camada MAC específica para o Ethernet, outra para o token ring e outra para o FDDI, como indica a Figura 4.4.

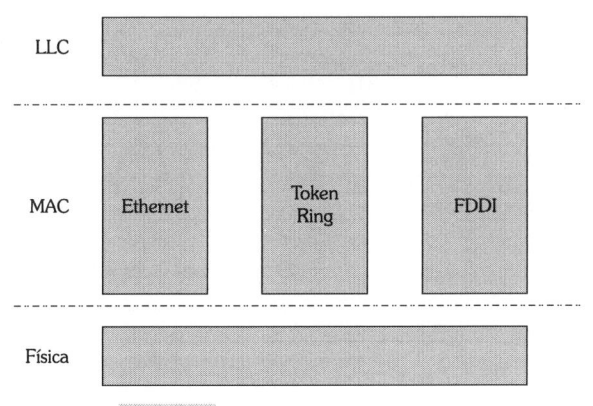

Figura 4.4 Subcamadas da camada enlace.

4.2.3 Camada rede

A camada rede é encarregada do envio das mensagens fim a fim. Opera basicamente com endereços de rede, que são globais por natureza, como o endereço IP. Essa camada é a responsável pelo roteamento dos dados, ou seja, o encaminhamento dos pacotes pela rede e é completamente independente do meio de transmissão, garantindo o roteamento dos pacotes por redes heterogêneas.

Ela também executa funções de controle de erro e de fluxo. O controle de fluxo permite controlar a banda transmitida dinamicamente, de modo a evitar que ocorram gargalos na rede.

Os protocolos da camada rede incluem o IPX do Netware e o IP do TCP/IP.

4.2.4 Camada transporte

É responsável por realizar a troca de pacotes entre os sistemas que estão se comunicando sem se preocupar com o roteamento, que é executado pela camada rede. Essa camada faz o controle de fluxo no caso de o receptor da mensagem não ter conseguido tratar a mensagem ou, caso haja a necessidade, controla retransmissões devido à perda de mensagens. As conexões de transporte podem ser baseadas em serviços orientados a conexão como o TCP (confiável e seguro) e não orientados a conexão como o UDP (rápido, mas não tão confiável).

A camada transporte também cuida da separação entre as camadas que tratam o meio físico (física, enlace e rede) e as que tratam a aplicação (sessão, apresentação e aplicação).

Os protocolos dessa camada são SPX do Netware e TCP e UDP da família TCP/IP.

4.2.5 Camada sessão

Uma das principais funções da camada sessão é sincronizar o diálogo, ou seja, a recepção com a transmissão. Essa camada tem a capacidade de recuperar conexões de transporte sem perder a conexão de sessão. Observa-se claramente essa capacidade quando se baixa um arquivo anexado ao e-mail e, por algum motivo, a conexão cai. Quando ela é restabelecida, o arquivo volta a ser baixado, partindo do ponto que parou e não do começo, ou seja, a conexão de sessão continuou ativa.

4.2.6 Camada apresentação

A camada apresentação tem a função de traduzir formatos e sintaxes, para que possam ser compreendidos pelos dois subsistemas que estão se comunicando. Por exemplo, a conversão dos caracteres do padrão EBCDIC do mainframe IBM para o padrão ASCII dos computadores pessoais, além de traduções de representações numéricas.

Outra função que pode ser executada pela camada é a compressão e a criptografia dos dados, de modo transparente à camada de aplicação.

4.2.7 Camada aplicação

Essa camada disponibiliza às aplicações os meios para acessar o ambiente de comunicação, realizando, portanto, a interface entre o protocolo de comunicação e o aplicativo utilizado na rede. Os serviços mais comuns incluem correio eletrônico, transferência de arquivos, serviço de diretório, acesso a bancos de dados e gerenciamento de rede.

4.3 Métodos de transporte

Existem diversos métodos de transporte em redes, mas, em geral, eles estão relacionados com as características físicas do meio de transporte. Os principais meios utilizados em redes são: cabos (cobre, coaxial, blindado), fibra óptica, ondas de rádio e satélite.

A comunicação nesses meios pode ocorrer, basicamente, por dois tipos de enlace:

▶ **Enlaces ponto a ponto:** nesses enlaces, existem apenas dois pontos na comunicação, ou seja, um em cada ponta.

▶ **Enlaces ponto multiponto:** podem existir três ou mais pontos de comunicação. Nesse caso, a mensagem enviada por um ponto pode ser recebida por duas ou mais estações. Esse tipo de enlace é muito utilizado por sistemas de broadcast, como Reuters, Agência Estado etc.

A comunicação nos enlaces pode ocorrer em três modos:

▶ **Simplex:** a comunicação ocorre apenas em um sentido no canal de comunicação. Exemplos desse sistema são a televisão tradicional e o rádio. Existe um canal ou enlace de comunicação, porém apenas recebemos os sinais, ou seja, só são transmitidos em uma única direção da emissora para os aparelhos de televisão.

▶ **Half duplex:** a comunicação pode ocorrer nos dois sentidos, porém não simultaneamente, ou seja, pode ocorrer apenas uma comunicação por vez. Por exemplo, os sistemas de comunicação por rádio portátil em que apenas um pode falar em determinado instante. Esses sistemas possuem mecanismos para sicronizar a comunicação. No caso do rádio portátil, o usuário fala "câmbio" para liberar o canal para que a outra ponta possa falar.

▶ **Full duplex:** o mesmo canal pode ser utilizado pelas duas pontas ao mesmo tempo, ou seja, pode-se falar e ouvir simultaneamente. Os sistemas telefônicos tradicionais e celulares são fundamentados em configurações do tipo full duplex.

4.4 Topologias

A topologia de rede está intimamente ligada à disposição dos computadores na rede, como e de que forma eles estão interligados. Vamos ver que, de acordo com a topologia empregada, existem mudanças em algumas características, como protocolos utilizados, sinalização, endereçamento, capacidade de reconfiguração e de redundância, velocidade, banda e performance.

Quando as topologias foram criadas, cada uma atendia a uma necessidade específica. Lembre-se de que estamos tratando de características de topologia física e da subcamada MAC da camada de enlace, portanto, para os protocolos de camadas superiores não fazem diferença o meio físico e a topologia que estão sendo empregados.

As três topologias de rede básicas que detalharemos são:

▶ barramento;

▶ estrela;

▶ anel.

4.4.1 Barramento

O barramento foi uma das primeiras topologias de rede lançadas. Por conta da facilidade de expansão de novas máquinas na rede, foi a tecnologia que mais prosperou. As redes Ethernet surgiram do barramento. Todas as estações ficam diretamente conectadas em um cabo, que é o meio físico compartilhado por todas elas. A inclusão de novas estações no cabo era uma tarefa relativamente simples; bastava incluir um conector do tipo T no cabo e inserir mais uma estação.

Nesse tipo de topologia, as estações precisam escutar o barramento para verificar se ele está livre, para iniciar a transmissão. Nesse processo, podem ocorrer alguns eventos como a colisão, que será estudada em detalhes no Capítulo 5, sobre tecnologias de frame. A Figura 4.5 mostra a disposição dos computadores conectados pelo barramento.

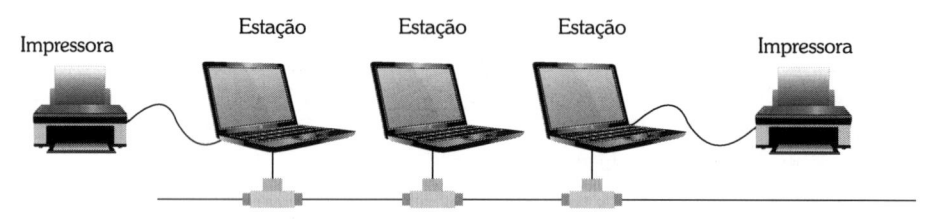

Figura 4.5 Estações conectadas no barramento.

A configuração em barramento auxilia a transmissão de pacotes do tipo broadcast, uma vez que todas as estações estão diretamente conectadas ao meio.

O desempenho de uma rede com base em barramento varia de acordo com o número de estações, o tipo do cabo utilizado e a utilização da rede pelas estações e aplicações.

4.4.2 Anel

A topologia em anel foi lançada pela IBM, com o surgimento do token ring. Nesse tipo de topologia de rede, as estações estão conectadas em um caminho fechado, diferentemente do barramento. A principal diferença entre as redes em anéis e em barramento é que a estação não pode transmitir no anel a qualquer momento, mas apenas quando recebe uma autorização chamada token ou bastão.

Geralmente, as mensagens são transmitidas em apenas um sentido no anel. Ocorre a mudança de sentido somente quando existe uma ruptura do anel. Nesse caso, os sistemas de proteção atuam permitindo que as mensagens trafeguem no sentido inverso.

Quando uma mensagem é colocada no anel, ela circula por ele até que a estação destino a retire, ou até retornar à estação que enviou a mensagem. Esse último procedimento é o que permite o envio de mensagens do tipo broadcast.

Esse tipo de arquitetura é mais complexo do que o barramento e uma das estações fica responsável por gerenciar o anel. Alguns erros de transmissão podem fazer com que a mensagem circule infinitamente no anel. Por outro lado, a grande vantagem do uso de uma arquitetura em anel é que não existe o processo de colisão. Como apenas uma mensagem trafega por vez no anel, não há como duas estações transmitirem ao mesmo tempo. A Figura 4.6 apresenta a topologia em anel.

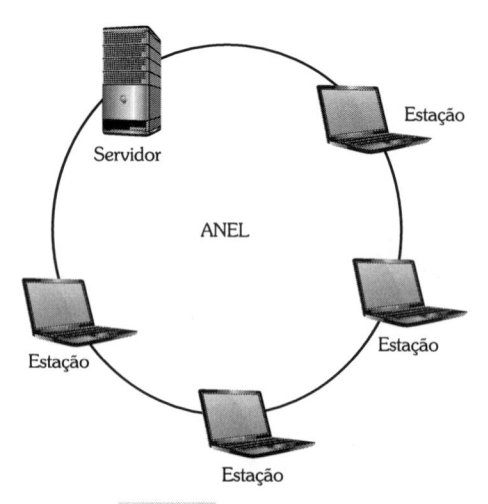

Figura 4.6 Topologia em anel.

4.4.3 Estrela

Na topologia em estrela, todas as estações estão diretamente conectadas ao equipamento central. A comunicação entre dois equipamentos passa obrigatoriamente pelo equipamento central, que realiza a comutação das mensagens com base em técnicas de pacotes ou por circuitos, além de realizar o controle e a supervisão da rede.

Nas redes abalizadas em estrela, se ocorre uma falha em uma estação, apenas aquela estação fica fora, não afetando a rede como um todo; entretanto, se ocorre uma falha e o nó central cai, a rede toda cai.

A expansão de novas estações na rede também fica limitada à quantidade de portas existentes no equipamento central da rede. Se não houver mais portas para expandir, o equipamento necessita ser substituído ou, então, precisamos agregar um novo equipamento à rede, conectando-o diretamente ao equipamento atual, de modo a expandir o número de portas disponíveis. Essa arquitetura centralizada apresenta uma série de vantagens, como o fácil gerenciamento e a supervisão da rede a partir do equipamento central.

Por outro lado, a performance da rede fica limitada à capacidade de esse equipamento central comutar os pacotes. Para facilitar a compreensão, esse equipamento central pode ser um hub ou um switch, que detalharemos no item dispositivos deste capítulo.

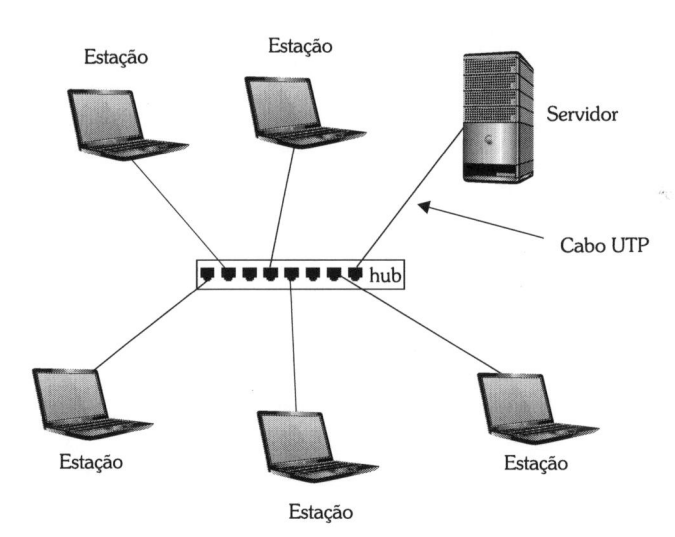

Figura 4.7 Topologia em estrela.

4.4.4 Topologias híbridas

As topologias híbridas utilizam duas das topologias anteriormente apresentadas. Um exemplo é a topologia anel estrela, que combina o anel com um equipamento central que gerencia e executa as comutações entre as estações. Nessa topologia, o equipamento central pode possuir relés de proteção, que automaticamente fecham o anel no caso de uma das estações ficar fora do ar, impedindo que a rede caia. As redes token ring trabalham desse modo e o equipamento localizado no ponto central da rede é conhecido como MAU (Media Access Unit).

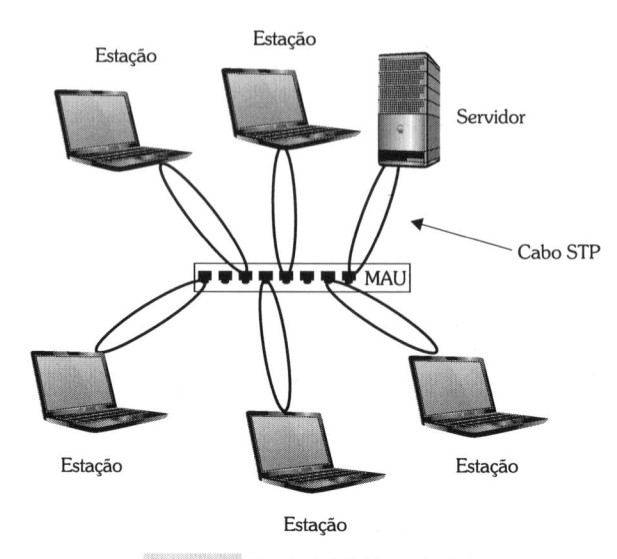

Figura 4.8 Topologia híbrida anel estrela.

Existem ainda topologias híbridas com base no barramento com a estrela, que é a topologia de rede mais utilizada no mercado. Os hubs e os switches têm o papel de criar uma estrela com uma conexão direta a cada estação de rede. O barramento que antes era representado por um único cabo continua a existir, porém, dentro do barramento do hub ou switch, essa característica facilita muito o gerenciamento centralizado da rede. A Figura 4.9 apresenta a topologia barramento em estrela. Observe no desenho que o barramento continua a existir, porém localizado internamente no equipamento.

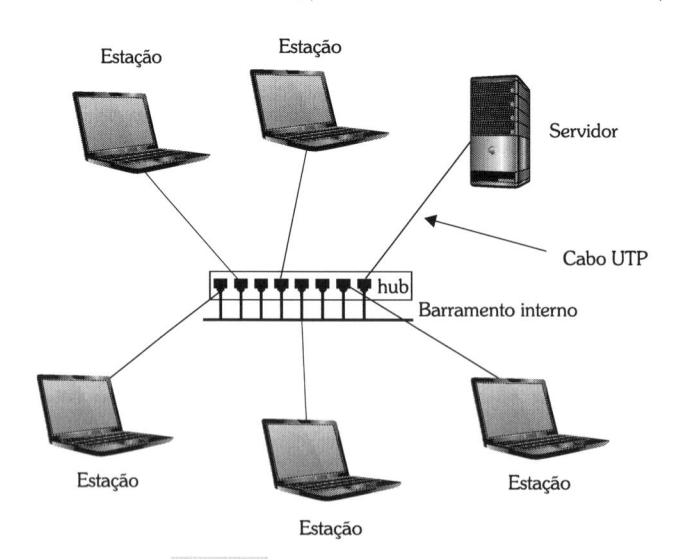

Figura 4.9 Topologia barramento estrela.

Para facilitar a compreensão dos benefícios e das fraquezas de cada uma das topologias, elas estão relacionadas na Tabela 4.1. No caso das topologias híbridas, conseguimos agregar os benefícios das duas topologias, de modo a criar uma solução mais robusta e adequada.

Tabela 4.1 Benefícios e fraquezas das topologias

TOPOLOGIA	BENEFÍCIOS	FRAQUEZAS
Barramento	A instalação é muito fácil e depende apenas da expansão do cabo com mais conectores.	Se o cabo partir, os pedaços da rede ficam completamente isolados.
	Existe uma economia substancial da quantidade de cabos necessária, comparando com a topologia em estrela.	A administração da rede é excessivamente complexa, porque fica difícil a identificação dos problemas.
	Baixo investimento para criação da rede.	Por conta das limitações da mídia utilizada, não trabalha com velocidades superiores a 10 Mbps.
		Está sujeita a colisões, o que diminui a performance.
		Não se pode controlar, administrar e priorizar o consumo da banda por determinado usuário.
Anel	A instalação já se torna um pouco mais complexa.	Dependendo do tipo de configuração, se não for baseada no transporte bidirecional ou mesmo possuir proteção no cabo, se uma estação parar, a rede toda para.
	Existe uma economia substancial da quantidade de cabos necessária, comparando com a topologia em estrela.	O controle de sinalização das mensagens no anel é complexo e, em caso de falhas, uma mensagem pode trafegar no anel infinitamente.
	Não existem a colisão e o desempenho da rede, portanto, é mais uniforme.	O desempenho de uma arquitetura em anel é médio e pode ser de 4 Mbps ou 16 Mbps no caso do uso do FDDI a 100 Mbps.
	Requer um cabo blindado de melhor qualidade e rigidez elétrica que no barramento.	O custo dos equipamentos é superior à adoção do barramento.
	É uma arquitetura com o comportamento mais controlado que no barramento.	
Estrela	A topologia é mais tolerante a falhas. Caso uma estação caia, a rede continua funcionando.	Custo maior de instalação porque requer mais cabos.
	A instalação é um processo simples, basta conectar o cabo da estação ao hub/switch.	Caso o equipamento central falhe, a rede toda cai.
	O gerenciamento das estações e dos cabos é mais fácil a partir do momento que possuímos um equipamento centralizado.	O investimento é mais elevado, porque o equipamento central possui o preço superior ao investimento no caso da topologia em barramento e em anel.
	O troubleshooting e a descoberta de problemas na rede são muito mais simples.	
	O desempenho é alto podendo trabalhar, no caso do Ethernet, em velocidades como 10 Mbps/100 Mbps/1.000 Mbps/10.000 Mbps.	

Por exemplo, no caso da topologia em barramento, se olharmos a referida tabela, vamos verificar que, se houver rompimento do cabo, os dois pedaços/segmentos ficam completamente isolados. Quando fazemos uma combinação da topologia em barramento com a topologia em estrela, esse problema não ocorre mais. No caso de um cabo partir, apenas a estação conectada a esse cabo cai; as outras estações continuam fazendo parte e funcionando corretamente no barramento.

O mesmo se aplica à configuração anel estrela. Se uma estação cair, o equipamento central (MAU) fica responsável por fechar o relé, mantendo a rede no ar. Na topologia em anel convencional, dependendo do modo, a rede toda podia cair.

4.5 Dispositivos de rede

Neste item vamos apresentar os principais dispositivos de rede, que eles:

- ▶ placa adaptadora de rede;
- ▶ hub;
- ▶ switch;
- ▶ estação cliente;
- ▶ estação servidora;
- ▶ estação e software de gerenciamento de rede.

4.5.1 Placa adaptadora de rede

A placa adaptadora de rede, também conhecida como NIC (Network Interface Card), é a responsável pela conexão do computador à rede. Todos os computadores e dispositivos que fazem parte da rede necessitam de uma placa de rede.

A placa de rede tem as seguintes funções: ela recebe os dados a serem transmitidos na rede pelo driver da placa; monta-os no frame correspondente ao protocolo de rede, por exemplo, no caso do barramento no padrão Ethernet, serializa as informações em níveis de 0 e 1; e envia pelo meio de transmissão.

Tomando como exemplo a Ethernet, devemos lembrar que a placa executa todas as funções do CSMA/CD (veja o Capítulo 5). A mensagem só é transmitida no meio se ele não estiver ocupado e, no caso de acontecer alguma colisão, a placa de rede se responsabiliza por controlar e retransmitir as mensagens.

Cada placa de rede possui um endereço MAC que é único, formado por um identificador do fabricante, como "3Com", seguido por um sufixo de identificação da placa, o que garante a unicidade do cartão, ou seja, cada placa de rede tem um endereço próprio.

A placa está sempre escutando o meio, porém só recebe os pacotes nos quais o endereço MAC destino corresponda ao seu endereço, a não ser os pacotes de broadcast que, devido à sua finalidade, são recebidos por todas as estações da rede.

A placa de rede se comunica com o computador instalado por um driver de comunicação, que se integra ao sistema operacional, realizando a troca de informações com ele.

Geralmente encontramos placas de rede com barramento PCI. Existem no mercado diferentes placas de redes, como adaptadores para Ethernet (10 Mbps), Fast Ethernet (10/100 – as placas mais comuns), Gigabit Ethernet, 10 Gigabits Ethernet, ATM, token ring, FDDI etc.

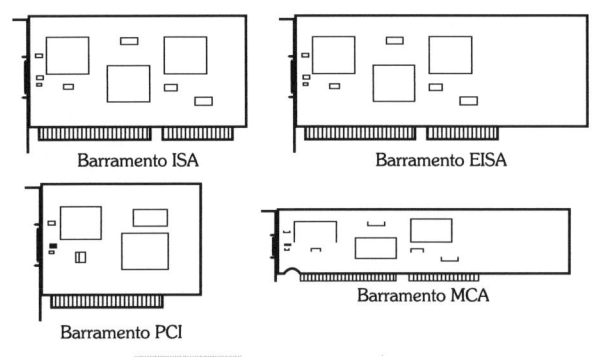

Barramento ISA

Barramento EISA

Barramento MCA

Barramento PCI

Figura 4.10 Placas adaptadoras de rede.

4.5.2 Hub

O hub foi o primeiro equipamento utilizado para implementar as redes na configuração estrela. Trata-se de um equipamento que amplifica, regenera e repete sinais elétricos. A arquitetura interna de um hub e seu funcionamento são muito simples: ele pode receber frames em todas as suas portas provenientes das estações conectadas na rede e sua função é regenerar e copiar para todas as outras portas do hub, criando o barramento na rede. Como o hub trata apenas o sinal elétrico, seu processamento é muito rápido, por isso, dizem que os hubs não inserem latência na rede.

Os hubs podem ser gerenciáveis e não gerenciáveis. Os gerenciáveis disponibilizam para a estação de gerenciamento algumas informações coletadas pelo agente de gerência, como status das portas, do hub e do particionamento. Como os hubs são simplesmente repetidores de sinais, não podem conviver com interfaces de diferentes velocidades. Isso significa que um hub que é puramente Ethernet 10 Mbps deve necessariamente ter todas as portas 10 Mbps, diferente de um switch que veremos adiante. Existem hubs Ethernet a 10 Mbps e Fast Ethernet a 100 Mbps.

Em geral, os hubs possuem módulos na parte traseira, nos quais podemos inserir um transceiver para conexão remota, usando fibra óptica. Os hubs são baratos e eficientes, porém devido à sua característica de replicar o tráfego em todas as portas, não são considerados equipamentos seguros. Eles facilitam a ação de hackers que utilizam softwares do tipo sniffer para coletar informações na rede.

Todas as portas de um hub pertencem a um mesmo domínio de colisão e de broadcast, justamente por se tratar de um barramento. A tendência natural é que, com a diminuição da diferença de preço entre hubs e switches, os hubs sejam substituídos por switches.

Chakrapong Worathat / EyeEm/Getty Images

Figura 4.11 Exemplo de hub.

4.5.3 Switch

O switch é um equipamento de rede que trabalha na mesma camada do modelo OSI do hub, a camada de enlace ou camada 2. Entretanto, enquanto o hub trabalha apenas como um repetidor de sinais, ou seja, todo o sinal que chega em uma porta é repetido para as outras, o switch trabalha de maneira mais inteligente: os frames de uma estação origem são copiados apenas para a porta em que se encontra a estação destino da mensagem, criando em cada porta do switch um domínio de colisão distinto.

Os Capítulos 5 e 6 apresentam a descrição detalhada dos switches e das diferentes tecnologias de switching. A Figura 4.12 mostra um switch departamental.

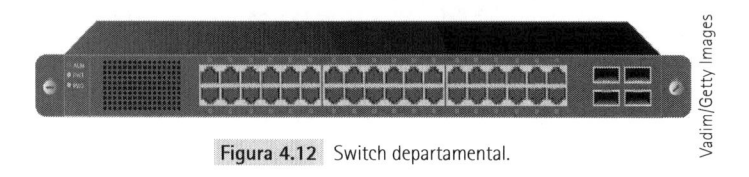

Figura 4.12 Switch departamental.

4.5.4 Estação cliente

Entende-se por estação cliente a estação de trabalho que se encontra conectada na rede. Essas máquinas devem possuir a interface adaptadora da rede. Uma máquina é uma estação cliente ou uma usuária da rede quando utiliza os serviços disponibilizados pela rede. Por exemplo, uma estação pode ser usuária de um serviço de e-mail disponibilizado pela rede, de um sistema de banco de dados, de um sistema de arquivos e diretórios.

Em geral, as máquinas que são clientes da rede não necessitam de disco nem de capacidade de memória muito grandes, pois, dependendo da aplicação que será executada nela, a maior parte do processamento será realizada pela máquina servidora e não pela cliente. Este é o princípio usado por todas as aplicações de rede embasada no modelo cliente/servidor. A Figura 4.13 mostra uma rede local com base em barramento com as estações cliente e o servidor.

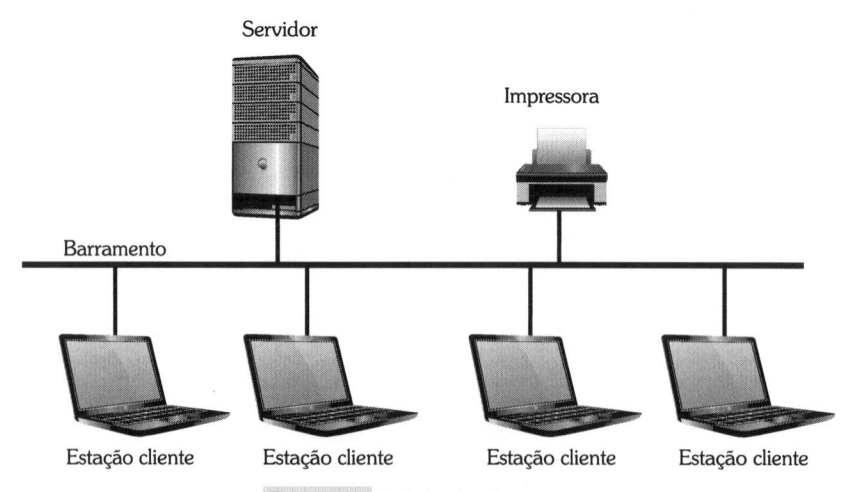

Figura 4.13 Rede local em barramento.

4.5.5 Estação servidora

É uma estação de maior capacidade de hardware, incluindo discos mais rápidos e de maior capacidade, muita memória RAM, além de ser uma máquina com vários processadores, também chamada multiprocessada. Essas máquinas, por prestarem um serviço essencial ao funcionamento dos aplicativos na rede, podem possuir unidades de disco redundante, segundo um padrão de redundância conhecido como RAID.

Os servidores, ao contrário das estações cliente, servem a rede ou prestam serviços à rede. A parte pesada das aplicações, chamada aplicação server, é executada nessas máquinas. Por exemplo, um servidor de e-mails é responsável por gerenciar as caixas postais dos usuários, estabelecer a comunicação com as estações cliente e com os servidores de e-mail destino das mensagens. Essas máquinas são de alta performance, pois um mesmo servidor de e-mail pode gerenciar milhares de caixas postais de usuários de e-mail.

Os servidores prestam serviços fundamentais à rede. Entre os principais serviços destacam-se:

- **Servidores de aplicação:** como Lotus Notes.
- **Servidores de arquivos:** por exemplo, Netware ou Microsoft NT.
- **Servidores de impressão:** gerenciam e controlam as impressões na impressora.
- **Servidores de e-mail:** como Exchange.
- **Servidores web:** por exemplo, Apache.

4.5.6 Estação de gerência

Na estação de gerência, executa-se o software de gerenciamento de rede, que se comunica com os diversos dispositivos conectados à rede e troca informações de gerência, usando um protocolo específico chamado SNMP. As informações que são coletadas e apresentadas aos usuários das plataformas de gerência são:

- **Trap:** é uma mensagem enviada por um dispositivo de rede à estação de gerência quando algum indicador na rede é superado. Por exemplo, quando configuramos a rede, podemos determinar que em um segmento o dispositivo de rede deve avisar quando a taxa de utilização estiver acima de 25%. Quando isso ocorre, um trap é enviado diretamente à estação de gerenciamento informando o evento.
- **Alarme:** é um evento mais crítico do que um trap. Um dispositivo envia um alarme para a estação de gerenciamento quando, por exemplo, apresenta uma temperatura acima da desejável, podendo indicar que o equipamento pode estar prestes a apresentar defeito. Esse evento é enviado para a estação como um alarme. Outro exemplo de alarme é quando um link de comunicação entre dispositivos sai do ar. Isso pode ser causado pela queda da transmissão ou por um cabo UTP ou óptico partido ou desconectado.
- **Informações da MIB (Management Information Base):** é uma base de dados com informações estatísticas do dispositivo de rede, como colisões, taxa de utilização, nós que mais utilizam a rede etc. Essas informações são lidas pela estação de gerência de tempos em tempos. A frequência de leitura dos dados da MIB é conhecida como tempo de pooling.

 Exemplo

A empresa Ericatour deseja criar uma rede para um novo escritório. Por questões orçamentárias, a empresa optou por utilizar uma arquitetura com base em hubs e switches. Essa topologia pretende atender a 200 estações. Como premissa, considerou-se que os usuários estariam conectados via hub a 100 Mbps. Haveria ainda um switch central ao qual estariam conectados os servidores de rede.

A ideia da rede é disponibilizar os aplicativos corporativos.

Para resolver este exemplo, devemos considerar a conexão de pelo menos uma porta do hub ao switch, e as outras portas são ligadas a estações. Vamos utilizar hubs de 24 portas e um switch departamental de 12 portas. Portanto, vamos precisar de nove hubs (para atender à quantidade de estações) e um switch departamental. A Figura 4.14 apresenta a solução para o caso proposto pela empresa Ericatour.

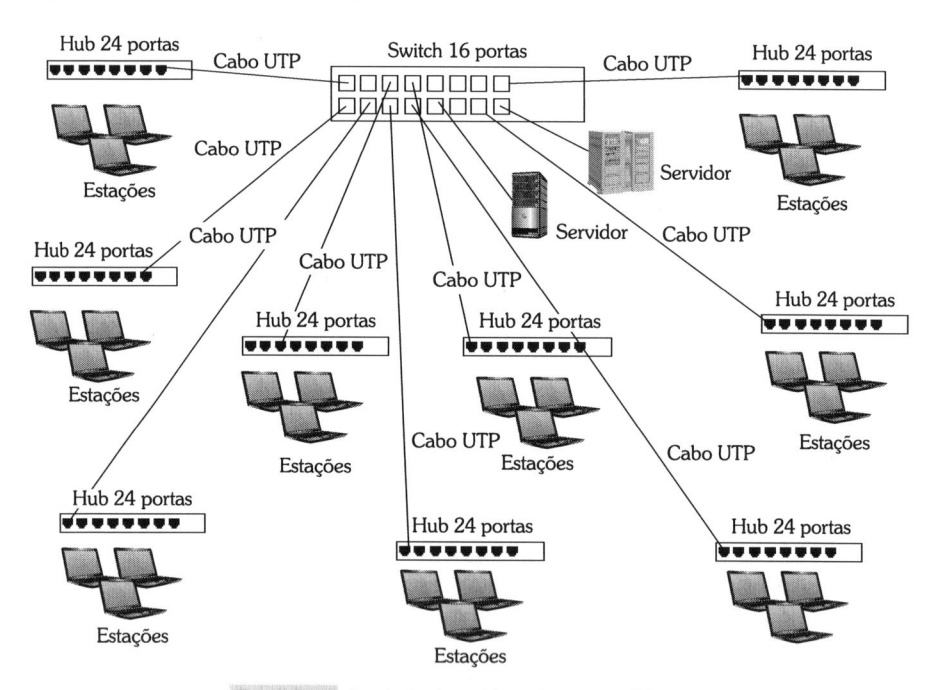

Figura 4.14 Resolução do problema da empresa Ericatour.

Considerações finais

Neste capítulo, apresentamos os elementos de uma rede local, o histórico das redes de computadores, a padronização (modelo OSI), as principais topologias e os métodos de transporte em redes locais.

Atividades

1. Indique qual dos dispositivos apresentados a seguir não pertence a uma rede local:

    a) Estação cliente.

    b) Multiplexador.

    c) Hub.

    d) Estação servidora.

    e) Software de gerência.

2. A placa de rede não necessita de um driver de comunicação para trocar informações com o sistema operacional da rede. O driver, na verdade, existe apenas para corrigir bugs dos adaptadores de rede. Esta afirmativa é verdadeira ou falsa?

3. Indique qual dos equipamentos apresentados a seguir corresponde a um equipamento de concentração de rede:

    a) Multiplexador.

    b) Roteador.

    c) Switch.

    d) Firewall.

    e) Modem.

4. Classifique as afirmativas a seguir em verdadeiras (V) ou falsas (F):

    ( ) O alto custo das unidades de disco rígido foi um dos motivadores do crescimento das redes.

    ( ) O editor de textos não gerou demanda para o uso das redes de computadores porque o custo-benefício não compensava, se comparado ao uso de máquinas de escrever.

    ( ) O tráfego de rede possui comportamento predominantemente local, com 80% dos acessos a estações locais e 20% dos acessos a estações localizadas remotamente.

    ( ) Lantastic e Netware são exemplos de soluções precursoras para redes de computadores.

    ( ) Hoje, o uso da rede para comunicação e troca de mensagens é secundário, pois sua principal utilização é o compartilhamento de recursos.

5. Qual é a camada do modelo OSI responsável pela montagem de frames?

6. Por que o modelo OSI é conhecido como um sistema aberto?

7. Relacione as duas colunas:

a) Camada física   (   ) Endereçamento MAC

b) Camada transporte   (   ) Converte dados (ebcdic–ascii)

c) Camada enlace   (   ) Especifica o sinal elétrico

d) Camada apresentação   (   ) Promove transmissão fim a fim

8. Qual é a topologia mais apropriada para o uso de fibras ópticas?

9. Cite três vantagens e três desvantagens das seguintes topologias de rede:

a) barramento;

b) anel;

c) estrela.

10. Qual é o equipamento mais apropriado para o uso em uma rede com muitas estações e sujeita a colisões?

LAN – Tecnologias de Frame

5.1 Introdução

As tecnologias de frame têm por base a utilização de "quadros" para a transmissão das mensagens. Quando se usa o termo quadro ou frame, estamos mencionando um protocolo na camada 2 do modelo OSI. Essa camada é subdividida em outras duas camadas:

▸ **LLC:** realiza o controle lógico da conexão, como controle de erros e de fluxo.

▸ **MAC:** realiza o controle de acesso ao meio. Essa subcamada é responsável pela comunicação direta com a placa adaptadora da rede e a camada física.

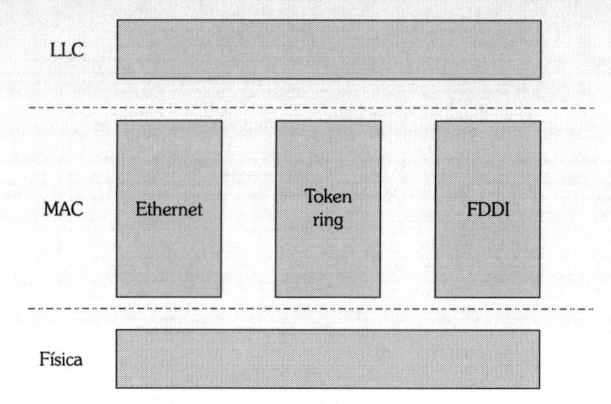

Figura 5.1 Subcamadas da camada enlace.

A camada MAC, por ser dependente do meio, possui uma especificação diferente para cada tecnologia. A Figura 5.1 apresentou as subcamadas enlace.

Esses protocolos foram especificados pelo IEEE, em 1980, na norma 802.x, que criou padrões que especificam as topologias, as tecnologias e os protocolos do nível MAC, visto que a subcamada LLC é compartilhada por todos os padrões.

A norma 802.x definiu os seguintes padrões de frame para redes locais:

▶ 802.3 (CSMA/CD, Ethernet);

▶ 802.4 (token bus);

▶ 802.5 (token ring).

Em 1997, essa padronização introduziu as redes sem fio (redes wireless) com o padrão 802.11. Esse padrão definiu a tecnologia de frame que nos dias de hoje é a mais utilizada em todo o mundo: o Ethernet. Além do Ethernet, também foi definido o token ring, muito utilizado no passado, principalmente em redes com base em produtos IBM, mas que hoje tem o uso limitado. De todas as tecnologias de frame, o 802.4 (token bus) foi a tecnologia com menor aceitação, uma vez que não ganhou mercado e os fabricantes não se interessaram em criar produtos para ela.

As tecnologias de frame foram ameaçadas no início da década de 1990 com a criação do ATM (Assyncronous Transfer Mode), que prometia ser uma solução de excelente performance para redes locais, garantindo qualidade de serviço e priorização de tráfego com células de tamanho fixo, ao contrário dos quadros/frames, que eram de tamanho variável e que possibilitavam a priorização do tráfego.

Entretanto, o ATM era muito caro e, com o desenvolvimento do Fast Ethernet a 100 Mbps e o Gigabit Ethernet a 1 Gbps, as tecnologias de frame triunfaram. Hoje em dia, o ATM praticamente caiu em desuso para aplicação em redes locais; o Ethernet e suas variações dominam completamente o mercado de redes locais. Atualmente, todas as redes locais existentes e instaladas utilizam a tecnologia de frame.

As principais tecnologias de frame abordadas neste capítulo são:

▶ Ethernet;

▶ token ring;

▶ FDDI.

5.2 Ethernet

O Ethernet nasceu da padronização do 802.x, entretanto, o padrão já vinha sendo desenvolvido muito antes. O projeto inicial do Ethernet veio de uma rede desenvolvida em 1971, pela Universidade do Havaí, conhecida como ALOHA, termo da língua nativa do Havaí. Com base no projeto da universidade, o Centro de Desenvolvimento Tecnológico da Xerox desenvolveu o que se tornou o CSMA/CD (Carrier Sense Multiple Access with Collision Detection). Este nome complicado pode ser traduzido como "Método de Acesso Múltiplo com Verificação de Portadora e Detecção de Colisão". Essa rede permitia conectar até 100 estações em um cabo de até um quilômetro, a uma velocidade considerada elevadíssima para a época, a 2.94 Mbps.

Muitos usuários perguntam até hoje a razão do nome "Ethernet", Ether Net. Será que o nome vem de Éter ou rede do Éter? Você acertou no raciocínio! A rede recebeu este nome porque, nos anos 1970, pensava-se que as radiações eram propagadas em um meio chamado Éter, então surgiu a ideia de usar este nome.

Com os novos benefícios que o Ethernet trouxe, os grandes fabricantes da época fizeram um consórcio e aprimoraram em conjunto essa tecnologia. A Xerox, Intel e a DEC formaram um consórcio. A IBM, no entanto, por ser a líder do mercado, decidiu não aderir ao consórcio e não investir no Ethernet, concentrando todos os esforços no desenvolvimento do token ring, concebido quase unicamente pela IBM.

Os resultados do consórcio foi o desenvolvimento tecnológico que permitiu que o Ethernet trabalhasse em velocidades mais elevadas. Criou-se, então, o Ethernet a 8 Mbps e a 10 Mbps, que foram usados como base para se transformar no padrão 802.3.

O padrão 802.3 é especificado em duas topologias:

▸ **Barramento:** a partir da utilização de um cabo coaxial, que permite que todas as estações compartilhem o meio.

▸ **Estrela:** nessa topologia, é necessário utilizar um equipamento de concentração, como hub ou switch, para criar uma topologia em estrela. As estações são conectadas ao equipamento de concentração pelos cabos UTP, respeitando a distância limite da norma de 100 metros.

No barramento, as estações enviam e recebem sinais diretamente do cabo. O cabo utilizado nessa topologia pode ser tanto o coaxial fino (Thinnet) ou, um cabo mais simples, porém que limita a distância máxima em 185 metros, como o Thicknet, um cabo coaxial grosso com blindagem dupla que alcança distâncias de até 500 metros.

Nos anos 1980, quando da utilização do barramento não existiam hubs, e quando havia a necessidade de conectar as redes por distâncias maiores do que esses limites, era preciso utilizar um equipamento chamado "repeater" ou repetidor. Esse equipamento regenerava o sinal e o repetia para o outro cabo a ele conectado, ou seja, ele fazia o papel de equipamento de conexão entre dois barramentos. Por conta das limitações de protocolo do Ethernet, entretanto, principalmente a detecção de colisão, uma rede Ethernet de barramento podia possuir até quatro repetições ou utilizar no máximo quatro repeaters, o que era uma limitação, especialmente para a criação de uma rede local em uma indústria na qual as plantas industriais estão localizadas distantes umas das outras. A solução para esses casos era usar o cabo coaxial Thicknet, que ele permitia distâncias maiores, ou seja, 500 metros entre os pontos de repetição do sinal.

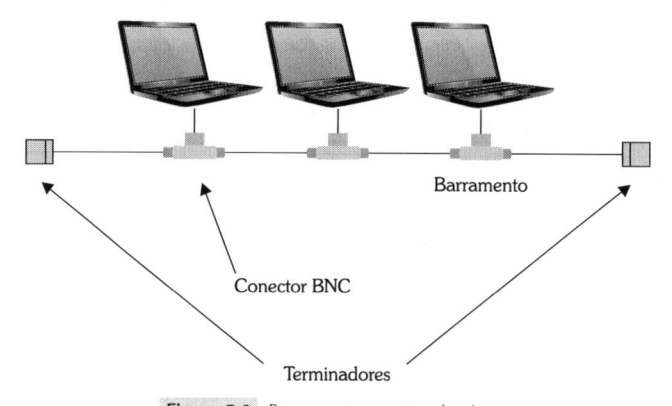

Figura 5.2 Barramento com terminadores.

Para que o barramento funcionasse, era necessário instalar uma terminação em cada ponta do barramento ou em cada ponta do cabo. O objetivo desses resistores era impedir que o sinal refletisse quando chegasse na ponta, atrapalhando a comunicação. A Figura 5.2 apresentou o barramento com os terminadores. Atualmente, já não são mais utilizadas redes com cabeamento coaxial.

O Ethernet trabalha com codificação Manchester. As estações utilizam frames para transmissão e recepção pelo cabo. Os frames são uma sequência de bits 0 e 1 separados por alguns delimitadores, que definem o tamanho do quadro. Os delimitadores indicam o começo e o final de cada quadro, além de delimitar o cabeçalho do frame e a parte de dados.

5.2.1 Endereçamento MAC

Nos frames estão os endereços MAC, que são únicos para cada placa de rede e dispositivo e compostos por 6 bytes ou 48 bits. Os primeiros identificam o fabricante da placa de rede. Esses endereços são utilizados para identificar tanto a origem do frame (MAC origem) quanto o destino (MAC destino). As informações são utilizadas para que o frame seja retirado do barramento pela estação que contenha o endereço MAC destino. Como o frame também possui o endereço MAC origem, a estação sabe para quem deve responder. Nas primeiras redes Ethernet desenvolvidas pela Xerox, os endereços MAC possuíam 2 bytes ou 16 bits. Com o estabelecimento do padrão 802.3, esse campo foi expandido para 48 bits.

Existe um quadro especial que é enviado para todas as estações que estão conectadas no barramento, que se chama broadcast. Quando um quadro de broadcast é enviado ao meio, devido à sua natureza que é divulgar a informação para todos na rede, ele deve ser lido por todas as estações presentes na rede. Esse tipo especial de quadro caracteriza-se por ter como endereço MAC destino o seguinte: FF FF FF FF FF FF, também conhecido como endereço de broadcast. Essa mesma ideia também foi utilizada na concepção de redes (que vamos tratar no Capítulo 7) para a criação de endereços de broadcast IP.

O broadcast deve ser muito bem controlado na rede Ethernet, porque, quando utilizamos uma arquitetura em estrela, com o uso de um switch, por exemplo, o broadcast é o único quadro a ser transmitido a todas as portas do switch e que, se não for controlado, pode causar sérios problemas de performance na rede.

Ele tem papel fundamental na rede, principalmente quando precisamos mapear endereços IP em endereços MAC, entretanto, em razão de suas particularidades, os quadros de broadcast devem ser muito bem controlados na rede.

5.2.2 Método de acesso ao meio

O método de acesso ao meio utilizado em redes Ethernet é o CSMA/CD. Seu funcionamento é relativamente simples: quando uma estação deseja transmitir no meio, sua primeira ação é ouvir o meio. Mas o que isso significa? Ouvir o meio é verificar o sinal de portadora do barramento. Se não houver sinal de portadora no barramento, quer dizer que não existe nenhuma estação utilizando o meio naquele momento, portanto, a estação pode transmitir.

Enquanto uma estação está transmitindo no meio, as outras estações não podem transmitir, devendo aguardar o cabo ficar livre. Isso ocorre pelo mesmo procedimento que descrevemos no parágrafo anterior. Como existe portadora no barramento, quer dizer que está ocorrendo uma transmissão. Por isso, as outras estações aguardam o final da transmissão para utilizarem o meio.

Esse processo parece ser ideal, entretanto, nada é perfeito. Imagine um caso em que duas estações desejem transmitir na rede em determinado instante, e nesse instante não existe portadora no cabo – portanto, o cabo está livre para transmissão. De acordo com o padrão, o que ocorre? Acontece um problema muito sério: as duas estações tentarão enviar seus quadros no meio ao mesmo tempo, gerando um fenômeno conhecido como "colisão".

Quando ocorre colisão, uma estação "suja" o que a outra estava transmitindo. Como o meio é compartilhado, os sinais se misturam, gerando uma informação sem utilidade. O CSMA/CD possui um mecanismo que consegue detectar que ocorreu a colisão. A partir do momento da detecção, é enviado um sinal no meio, que termina de sujar o quadro e sinaliza para todas as estações que houve colisão na rede.

O próximo passo é todas as estações interromperem seus processos de transmissão e aguardarem um tempo randômico, que é definido por um algoritmo conhecido como "backoff", para novamente tentarem transmitir. Esse algoritmo determina o tempo que a estação deve esperar para retransmitir, com base no número de tentativas que ela já fez para retransmitir o quadro. Quanto maior for o número de tentativas, mais tempo a estação aguardará. A ideia é simples: se a estação está tentando mais de uma vez transmitir sem sucesso, é que provavelmente o meio está congestionado e muitas estações estejam tentando transmitir ao mesmo tempo, gerando ainda mais colisões. Assim, a estação recebe um tempo maior para tentar retransmitir, permitindo que o meio se descongestione e possibilitando à estação retransmitir a mensagem.

O algoritmo de backoff limita o número de tentativas em dez. Se mesmo assim o meio ainda se encontra ocupado, a retransmissão da mensagem é abortada, indicando um erro de transmissão para a aplicação.

A necessidade que o CSMA/CD possui de detectar colisões é uma limitação quanto à distância alcançada por um barramento Ethernet, devido à atenuação que ocorre do sinal no cabo. Teoricamente, uma colisão não é sentida em um cabo coaxial a distâncias superiores a 2,5 quilômetros, entretanto, devido a outras limitações, a norma estabelece a distância máxima de 500 metros para o uso do cabo coaxial grosso. Desse modo, barramentos com mais de 500 metros não conseguem detectar a colisão.

Analisando o comportamento da colisão, é fato que quanto mais estações estiverem compartilhando o mesmo meio, mais sujeito este estará a colisões. Isso ocorre porque a probabilidade de duas ou mais estações tentarem transmitir ao mesmo tempo aumenta. Além da quantidade de estações, as aplicações também afetam diretamente o número de colisões. Aplicações que demandam muito da rede, ou seja, fazem acessos constantes à rede, acabam monopolizando o meio e causando o aumento no número de colisões.

A Figura 5.3 ilustra o processo da colisão. Observe que as estações A e B tentam enviar uma mensagem ao mesmo tempo e o resultado é a colisão. O que fica no meio é sujeira ou dados truncados sem utilidade.

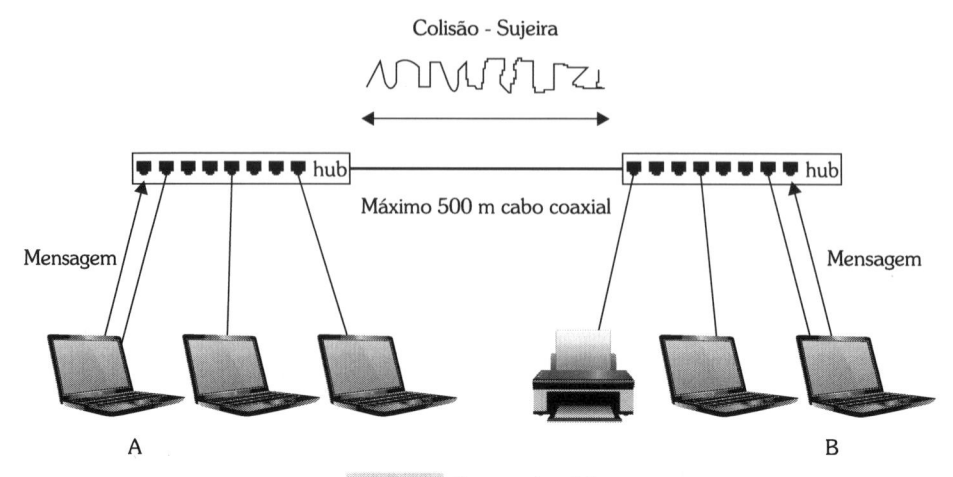

Figura 5.3 Processo da colisão.

5.2.3 Frame Ethernet

O frame Ethernet é formado pelos seguintes campos devidamente delimitados:

▸ **PA (Preâmbulo):** consiste em 8 bits, usado para marcação do sincronismo. Essa marcação é formada pela sequência de bits 10101010, que garante a sincronização de relógio usada na codificação Manchester.

▸ **SFD (Delimitador de início de frame):** é formado pelo byte 101010110 e indica início do frame.

▸ **Endereço MAC destino:** esse campo possui 6 bytes, que correspondem ao endereço MAC da estação destino. É formado por uma porção de bits que identifica o fabricante da interface de rede e uma porção que identifica a placa. Essa porção funciona como se fosse um número de série da placa (único para cada placa de rede).

▸ **Endereço MAC origem:** campo com 6 bytes que identifica o endereço MAC de quem está originando o frame ou da estação transmissora.

▸ **Comprimento do campo de dados:** esse valor especifica o tamanho total do campo de dados. Lembre-se de que um pacote Ethernet pode transportar de 64 bytes a 1.500 bytes, de acordo com a MTU (Maximium Transfer Unit) configurada. Quadros maiores ou menores que esses limites, em geral, são descartados por equipamentos como switches.

▸ **Campo de dados:** nesse campo, encontramos a informação efetiva que será transmitida. A norma estabelece um tamanho mínimo de 46 bytes, entretanto, os fabricantes adotaram o tamanho mínimo de 64 bytes e o máximo de 1.500 bytes. Para o Ethernet, quando existe a necessidade de transmitir ou receber informações das camadas superiores com mais de 1.500 bytes, faz-se necessária a realização de fragmentação dos quadros na origem e na remontagem no destino.

▸ **FCD (Frame Check Sequence):** essa informação é um código de redundância cíclica utilizado para a verificação de possíveis erros no quadro.

Preâmbulo	SFD	MAC Destino	MAC Origem	Tamanho	Dados	FCS

Preâmbulo	=	56 bits ;	7 bytes
SFD (Delimitador início frame)	=	8 bits ;	1 byte
MAC Destino	=	48 bits ;	6 bytes
MAC Origem	=	48 bits ;	6 bytes
Tamanho do Campo de Dados	=	16 bits ;	2 bytes
Campo de Dados ⟨ mín	=	368 bits ;	46 bytes
máx	=	12.000 bits ;	1.500 bytes
Frame Check Sequence	=	32 bits ;	4 bytes

Figura 5.4 Quadro Ethernet 802.3.

O Ethernet evoluiu bastante nas décadas de 2000 e 2010, principalmente no que diz respeito ao aumento da velocidade de operação, porém respeitando as diretrizes do padrão estabelecido há 20 anos. Assim, surgiu inicialmente o Fast Ethernet e, nos anos 2010, o Gigabit Ethernet, oferecendo a performance e a escalabilidade necessárias para se consolidar como a tecnologia mais adequada e com melhor custo-benefício para as redes locais LANs.

O Fast Ethernet trabalha com velocidade de 100 Mbps, podendo ser considerado um Ethernet acelerado. Nessa tecnologia, encontramos switches e hubs, que podem, inclusive, incorporar a funcionalidade de Auto Sense, ou seja, a velocidade da porta é negociada automaticamente entre as partes. O Fast Ethernet está padronizado e existem interfaces em fibra óptica = 100 FX e em cabo de par trançado (UTP) = 100 Base T.

Já o Gigabit Ethernet traz uma série de inovações, entre elas o funcionamento apenas na topologia de switching. Portanto, no caso do Gigabit Ethernet, temos conexões ponto a ponto e não observamos, assim, o fenômeno da colisão. A alta velocidade de interfaces Gigabit o torna incompatível com a utilização de cabos UTP, alcançando, com o uso destes, distâncias máximas de 25 metros. No caso da interface Gigabit Ethernet, possuímos os padrões de interfaces 1.000 Base SX para alcances curtos em fibra óptica (2 a 3 quilômetros) e interfaces 1.000 Base LX para alcances longos (15 a 20 quilômetros). Existe ainda a interface 1.000 Base CX para cabos UTP com alcance de 25 metros.

A tecnologia mais atual (de 2019), no entanto, é o 40 Gigabits Ethernet (40GBASE-T) com o padrão IEEE 802.3ba-2010, e vem sendo utilizada tanto para a conexão de redes locais (LANs) quanto em redes de longa distância (WANs) e redes metropolitanas (MANs). O protocolo MAC é muito parecido com o Ethernet tradicional e o 40 Gigabits Ethernet trabalha apenas em modo full duplex, alcançando distâncias de até 300 metros em um cabo de fibra óptica multímodo e de até 40 quilômetros em um cabo de fibra monomodo. Ainda não são comerciais sistemas de 10 Gigabits Ethernet em cabos de cobre.

5.3 Token ring

O token ring foi uma tecnologia inovadora para a época, lançada pela IBM, em 1983. Ela foi tão bem aceita que o IEEE estabeleceu-lhe o padrão IEEE 802.5. Trata-se de uma tecnologia com base em uma topologia em anel ou anel estrela. O padrão estabelece dois tipos de cabeamento que podem ser utilizados, sendo o cabo UTP ou o cabo de par trançado blindado, o STP.

Cada estação no token ring está conectada à estação adjacente, criando um anel, como observamos na Figura 5.5.

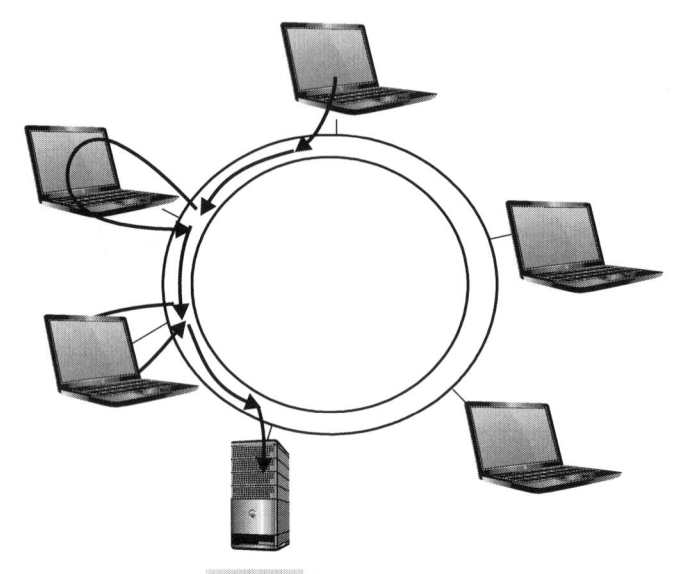

Figura 5.5 Topologia token ring.

Existe ainda a topologia token ring em anel estrela (Figura 5.6), na qual o equipamento de concentração realiza internamente a conexão de portas em topologia em anel.

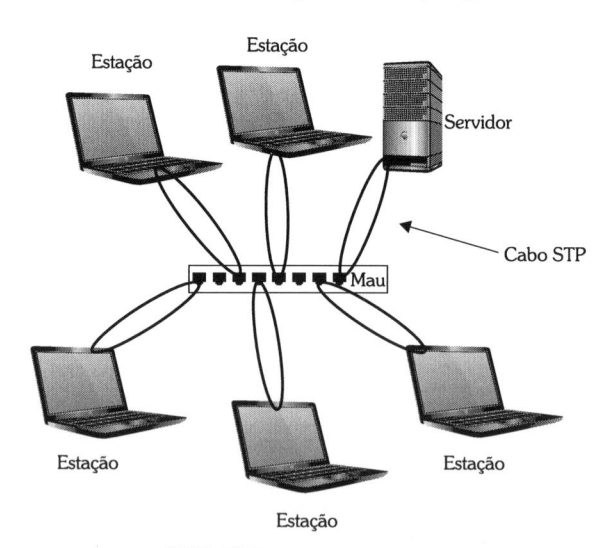

Figura 5.6 Topologia anel estrela.

No anel, as mensagens circulam por todas as estações. Quando uma estação recebe uma mensagem no anel, ela é responsável por copiá-la novamente no anel, mesmo que a mensagem não seja para ela, ou as placas de rede token ring recebem todas as mensagens e copiam-nas, passando adiante no anel.

A mensagem é destinada à estação quando o endereço MAC destino for o da estação que está recebendo a mensagem, porém ela deve ainda ser recopiada no anel para confirmação de recebimento.

Para acessar o meio de transmissão, a estação deve estar de posse de um quadro especial que circula pelo anel, chamado token. Como esse quadro é único, esse mecanismo consegue garantir que haverá apenas uma mensagem sendo transmitida no anel em determinado momento, portanto, não existe o processo de colisão. A Figura 5.7 ilustra uma estação aguardando o quadro de token para poder transmitir.

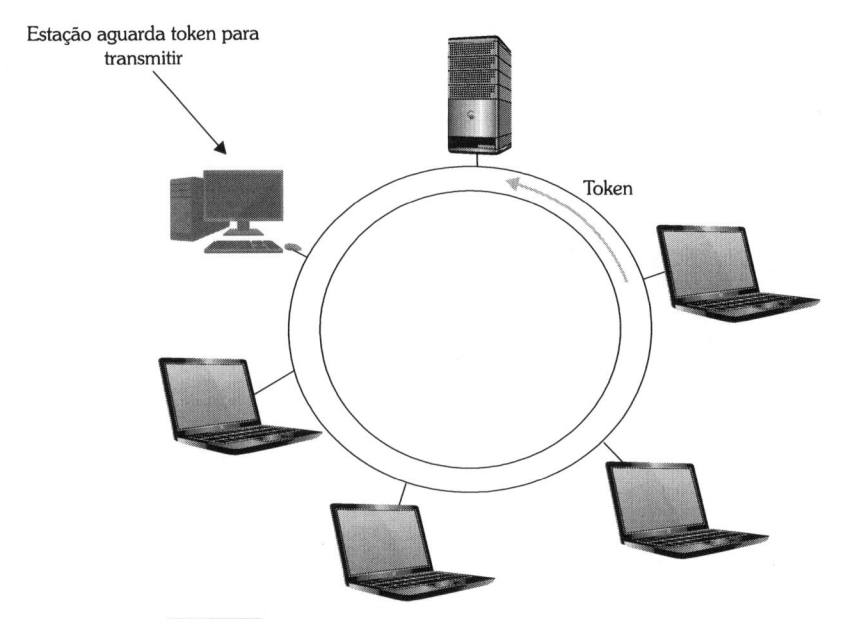

Figura 5.7 Estação aguardando o token para transmitir no anel.

O processo de transmissão é simples. Quando uma estação precisa enviar um quadro, ela aguarda o token chegar. Quando o token chega, ela deve verificar se ele está livre ou transportando dados. Se o token estiver livre, a estação marca o status do token como ocupado e envia junto com ele a sua mensagem, com o endereço MAC da estação destino.

Quando uma estação recebe o token e verifica que a mensagem enviada é para ela, a estação a lê e muda o status do token como mensagem lida. A partir daí, quando a mensagem retornar à estação que a enviou, como o status do token está como lido, a estação retira a mensagem do anel e identifica o status do token como livre, liberando outras estações para transmitir. Podemos imaginar esse processo como uma confirmação de que a mensagem foi realmente lida. Assim, a estação que está enviando a mensagem a retira do anel apenas quando recebe uma confirmação pelo token de que a mensagem foi efetivamente lida.

Nesse tipo de topologia não existem colisões e a performance da rede depende de alguns fatores, como o tráfego gerado pelas estações, a quantidade de estações no anel e, principalmente, a velocidade de transmissão. O token ring foi padronizado para operar em duas velocidades, sendo 4 Mbps ou 6 Mbps.

5.3.1 Frame token ring

O quadro do token ring definido pelo padrão 802.5 possui tamanho variável, como o Ethernet, e mecanismos de confirmação de recebimento de mensagens. A confirmação, como descrito anteriormente, ocorre quando a estação recebe o frame a ela direcionado e marca o status do token como lido.

O frame token ring é formado pelos seguintes campos delimitados:

▸ **SDEL (Starting Delimiter):** possui 8 bits e indica o início do frame.

▸ **AC (Access Control):** consiste em 8 bits e indica se o quadro é um token ou um quadro de dados.

▸ **FC (Frame Control):** consiste em 8 bits e identifica os protocolos de camada 3 que estão usando o quadro, como IP e IPX.

▸ **Endereço MAC origem:** campo com 6 bytes, que identifica o endereço MAC de quem está originando o frame ou da estação transmissora.

▸ **Endereço MAC destino:** esse campo possui 6 bytes, que correspondem ao endereço MAC destino. É formado por uma porção de bits que identifica o fabricante da interface de rede e uma porção que identifica a placa. Essa porção funciona como se fosse um número de série da placa.

▸ **RIF (Router Information):** contém 8 bits e indica se o frame deve passar por roteadores para encontrar o endereço destino.

▸ **Campo de dados:** a informação efetiva que será transmitida. A norma estabelece um tamanho mínimo de 46 bytes, entretanto, os fabricantes adotaram o tamanho mínimo de 64 bytes e o máximo de 4.192 bytes. Quando existe a necessidade de transmitir ou receber informações das camadas superiores com mais de 4.192 bytes, faz-se necessária a realização de fragmentação dos quadros na origem e na remontagem no destino.

▸ **FCS:** essa informação é um código de redundância cíclica utilizado para a verificação de possíveis erros no quadro. Possui 32 bits.

▸ **EDEL (Ending Delimiter):** campo com 8 bits que indica final do frame.

▸ **FS (Frame Status):** campo com 8 bits que informa se o quadro foi ou não lido. Lembre-se de que essa informação é usada como confirmação do recebimento da mensagem.

A Figura 5.8 apresenta o quadro token ring.

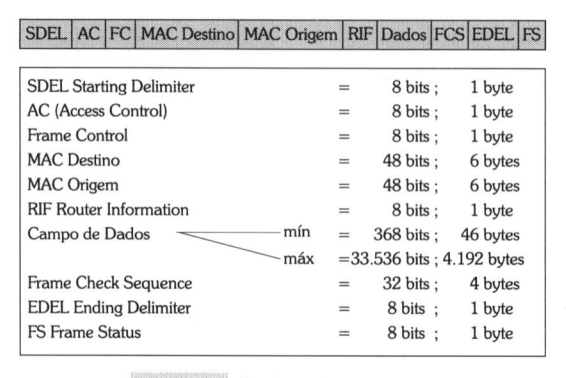

Figura 5.8 Quadro token ring 802.5.

5.4 FDDI (Fiber Distributed Data Interface)

O FDDI foi padronizado pela American National Standards Institute (ANSI – em português, Instituto Nacional Americano de Padrões), ao contrário dos outros padrões apresentados anteriormente, que são abalizados no IEEE. O FDDI foi criado em 1990 e é especificado pelo ANSI X3T9.5 Task Group. Posteriormente ao FDDI, o IEEE estabeleceu um padrão para redes metropolitanas, o IEEE 802.6, com uma arquitetura também em anel, mas com um protocolo diferente do FDDI.

O FDDI foi padronizado exclusivamente para o uso com fibras ópticas, que podem ser do tipo multímodo ou monomodo, dispostas em um anel duplo. Como o token ring, o FDDI também utiliza o conceito do token, porém operando a velocidades superiores a 100 Mbps.

Seu endereçamento segue o mesmo padrão do Ethernet e do token ring, ou seja, são utilizados endereços MAC, o que facilita a troca de quadros entre ambientes de redes heterogêneas Ethernet – FDDI. A camada enlace segue à risca a camada 4 do modelo OSI com as subcamadas LLC e MAC.

Uma estação pode estar conectada a um anel FDDI segundo dois tipos de conexão:

▸ **Conexão SAS (Single Attachment Station):** nesse tipo, a transmissão e a recepção de mensagens ocorrem no modo half duplex, portanto, não existem transmissão e recepção simultâneas. A estação encontra-se conectada a apenas um dos anéis.

▸ **Conexão DAS (Dual Attached Station):** nesse tipo, a transmissão e a recepção de mensagens ocorrem no modo full duplex, permitindo sua realização simultânea. A estação é conectada aos dois anéis.

5.4.1 Tolerância a falhas

O FDDI é fundamentado em uma arquitetura com dois anéis tolerantes à falha, sendo um primário e um secundário. O anel primário é utilizado para as transmissões normais da rede, e o secundário funciona como um caminho backup redundante, que garante a integridade do anel no caso de falha do anel principal.

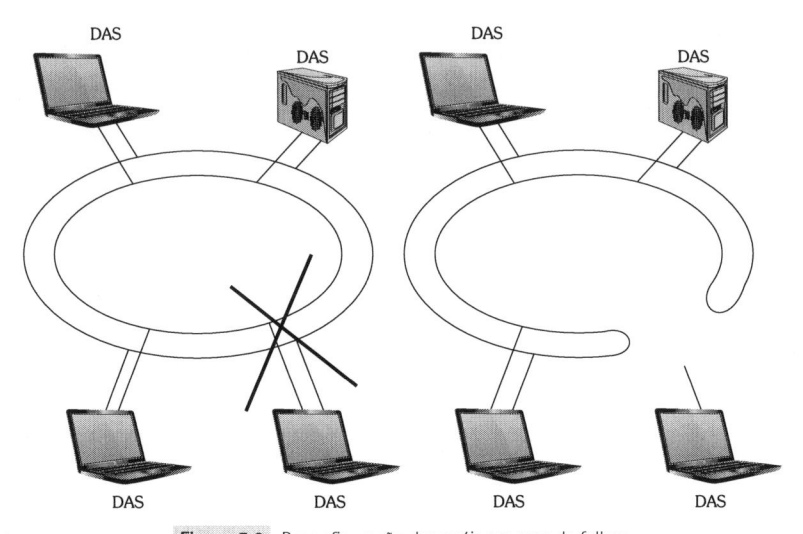

Figura 5.9 Reconfiguração dos anéis em caso de falhas.

A reconfiguração dos anéis é um processo automático, que ocorre quando o anel principal sofre uma falha em razão da ruptura de uma fibra ou de falha em algum equipamento. O FDDI se reconfigura e o anel e a rede são restabelecidos. A Figura 5.9, apresentou esse procedimento.

5.4.2 Acesso ao meio

A tecnologia FDDI é embasada no mesmo conceito do token ring, ou seja, também usa o token para controlar o acesso, porém com velocidade muito maior. A diferença do procedimento já detalhado no token ring é que, por conta da melhor performance do anel, faz-se necessário limitar o tempo que a estação fica com o token para transmitir mensagens no anel; caso contrário, uma estação poderia monopolizar o anel. Esse tempo é definido como um time out.

O resto do processo é basicamente o mesmo. A estação que transmite é responsável por retirar o quadro do anel. Existe a confirmação de recebimento pela mudança do status do token e apenas uma mensagem pode circular no anel de cada vez.

As principais características do FDDI são:

▹ utiliza topologia em anel e método de passagem de token, como o token ring;

▹ possui total compatibilidade com outras redes embasadas no IEEE 802 com a utilização da subcamada LLC;

▹ pode operar tanto em fibra multímodo como monomodo;

▹ possui topologia em anel duplo com tolerância a falhas;

▹ tem taxa de transmissão nominal de 100 Mbps e efetiva de até 80 Mbps;

▹ permite a conexão de até 1.000 estações no mesmo anel;

▹ suporta um comprimento máximo da fibra de 200 quilômetros;

▹ trabalha com serviços de transmissão de dados síncronos e assíncronos.

5.4.3 Frame FDDI

O quadro FDDI definido pela ANSI é parecido com o token ring. Ele possui os seguintes campos:

▹ **PA (Preâmbulo):** utilizado para sincronismo.

▹ **SD (Delimitador de início de frame):** marca o início do quadro.

▹ **FC (Controle do frame):** identifica o tamanho do campo de endereço e o tipo do frame que pode ser síncrono ou assíncrono; o tamanho do campo de endereço de 48 ou 16 bits.

▹ **DA:** endereço MAC destino.

▹ **SA:** endereço MAC origem.

▹ **Dados:** contém os dados provenientes dos protocolos de camada superior como IP, IPX etc.

▹ **FCS:** detecção de erros.

▹ **ED (End Delimiter):** indica o final do quadro.

▹ **FS:** indica o status do frame.

Preâmbulo	SD	FC	DA	SA	Dados	FCS	ED	FS

Preâmbulo	= 16 bits ;	2 bytes
SD (Delimitador de Início)	= 8 bits ;	1 byte
Frame Control	= 8 bits ;	1 byte
DA (MAC destino)	= 48 bits ;	6 bytes
SA (MAC origem)	= 48 bits ;	6 bytes
Campo de Dados ——— mín	= 368 bits ;	46 bytes
——— máx	= 36.000 bits ;	4.500 bytes
Frame Check Sequence	= 32 bits ;	4 bytes
EDEL Ending Delimiter	= 8 bits ;	1 byte
FS Frame Status	= 24 bits ;	3 bytes

Figura 5.10 Quadro FDDI.

Considerações finais

Este capítulo mostrou as principais tecnologias de frame, destacando o funcionamento do Ethernet (10, 100, 1.000 e 10.000), incluindo endereçamento, método de acesso ao meio, o token ring e o FDDI. O leitor pode ter uma visão das principais características dessas tecnologias.

Atividades

1. Qual é a vantagem de a camada enlace ser dividida em duas subcamadas?

2. Marque a arquitetura de rede que não é especificada pelo padrão 802:

   a) Ethernet.

   b) FDDI.

   c) Token ring.

   d) Token bus.

   e) LAN.

3. Qual é a tecnologia de rede local que possui maior escalabilidade de velocidade?

   a) Ethernet.

   b) FDDI.

   c) Token ring.

   d) Token bus.

   e) LAN.

4. Qual é a finalidade do uso de terminadores no barramento?

5. O que caracteriza um endereço MAC de broadcast e qual é a sua função?

6. Qual é a finalidade do algoritmo de Backoff?

7. Quando ocorre a colisão no Ethernet?

8. Qual é a vantagem do token ring sobre o Ethernet?

9. Indique os tipos de estação FDDI:

   a) Estação PAS e Estação SAS.

   b) Estação SAS e Estação DAS.

   c) Estação CAS e Estação DAS.

   d) Estação DAS e Estação SAS.

   e) Estação PAS e Estação CAS.

Switching

6.1 Switch

É um equipamento de rede que trabalha na mesma camada do modelo OSI do hub (camada enlace ou camada 2). Enquanto o hub trabalha apenas como um repetidor de sinais, ou seja, todo sinal que chega em uma porta é repetido para todas as outras, o switch trabalha de maneira mais inteligente. Os frames de uma estação origem são copiados apenas para a porta em que se encontra a estação destino da mensagem, criando em cada porta do switch um domínio de colisão distinto.

O switch mantém internamente uma tabela na qual ficam armazenados os endereços MAC das estações que estão diretamente ligadas àquela porta. Lembre-se de que, em geral, em uma mesma porta de switch podem existir várias estações utilizando um hub que está diretamente conectado ao switch. Isso significa que essa tabela pode possuir diversos endereços MAC para a mesma porta.

O funcionamento do switch é relativamente simples. Ele examina o endereço MAC destino do frame e verifica na tabela a porta que corresponde àquele endereço e apenas comuta aquele frame para a porta destino. Mais adiante vamos ver que, dependendo da tecnologia de switch empregada, ele mesmo pode ainda verificar se existe algum erro de CRC no frame e, em caso positivo, descartar o frame. O mesmo ocorre se o endereço MAC destino estiver no mesmo segmento do MAC origem, porque, nesse caso, não faz sentido esse frame ser tratado pelo switch.

O switch cria a tabela de endereços MAC a partir do MAC origem dos frames que chegam ao switch. Quando um frame originário com um novo MAC chega, é criada outra entrada na tabela de endereços MAC do switch.

Surge uma dúvida crucial: o que ocorre quando o switch é ligado pela primeira vez na rede? Como ele sabe os endereços MAC que correspondem às portas? A resposta é simples: ele não sabe. O switch, quando iniciado, trabalha como um hub e copia os frames que não conhecem o endereço MAC destino para todas as portas. A partir do momento que a estação destino responde, a informação da porta fica armazenada na tabela de MACs, e da próxima vez que houver um envio de informação para o dado endereço, ela será diretamente encaminhada para a porta correta.

Todo esse processo permite ao switch separar os domínios de colisão. Se antes tínhamos um único barramento com o hub, podemos imaginar agora N barramentos, em que N é o número de portas do switch, interconectadas pelo switch. O switch trabalha, portanto, como uma bridge multiportas. Como um hub, o switch também regenera o sinal e permite aumentar a distância da abrangência da Ethernet. O benefício mais rapidamente sentido quando mudamos de um hub central em uma rede para um switch é uma redução significativa da quantidade de colisões.

Uma das principais vantagens do switch é que todo esse processo de aprendizado das portas ocorre de forma automática. Isso quer dizer que a instalação de um switch é praticamente plug and play, ou seja, desconectam-se os cabos do hub anteriormente instalado, substitui-se pelo switch e a rede já está funcionando. A única preocupação do técnico que for instalar o equipamento é configurar corretamente os endereços da estação de gerência, endereço do switch e verificar se a imagem do software do switch encontra-se na versão mais atualizada.

Existem switches de pequeno porte (switches departamentais, como apresentado na Figura 6.1), que geralmente possuem uma quantidade de portas fixas (12, 24 ou 48) e módulos para inserção de cartões com duas ou quatro portas de uplink. As portas de uplink são utilizadas para a conexão de servidores departamentais ou para conectar os switches departamentais em switches de backbone. Elas utilizam uma tecnologia de maior velocidade, de modo a não criar um gargalo nelas. Por exemplo, em um switch com 12 portas 10 Mbps Ethernet, em geral, a porta de uplink é fundamentada em tecnologia Fast Ethernet a 100 Mbps ou ATM a 155 Mbps.

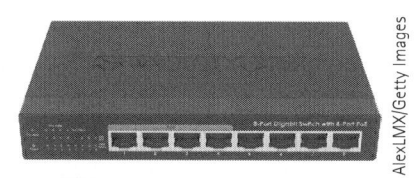

Figura 6.1 Switch departamental.

Os switches de backbone (Figura 6.2), em geral, possuem um chassi com muitos slots. Em cada slot podemos incluir placas de diferentes tecnologias, como Ethernet, Fast Ethernet, Gigabit Ethernet, 10 Gigabits Ethernet, FDDI, ATM e token ring.

Figura 6.2 Switch de backbone.

Um switch de backbone realiza translation bridge quando um frame necessita sofrer adaptação de uma tecnologia para outra. Um exemplo é quando um quadro padrão Ethernet precisa ser transformado em uma célula ATM para ser transportado pela porta ATM, ou a origem é uma porta Ethernet e o destino é uma porta ATM. O processo de translation bridge ocorre ainda entre as tecnologias:

▶ Ethernet para FDDI e vice-versa;

▶ Ethernet para token ring e vice-versa;

▶ FDDI para ATM e vice-versa;

▶ Token ring para ATM e vice-versa;

▶ Token ring para FDDI e vice-versa.

Quando não há necessidade de adaptação, como do Ethernet para o Fast Ethernet, ou mesmo para o Gigabit Ethernet, diz-se que o switch executa a função de transparent bridging. Na verdade, toda a comutação que ocorre em um switch com base na mesma tecnologia nas duas portas também recebe o nome de transparent bridging.

A literatura mais moderna sobre redes recomenda, mesmo com um investimento maior, que as estações estejam ligadas diretamente em uma porta de switch. Com isso, garantimos uma performance privilegiada, procurando reduzir ao máximo o nível de colisão da rede. No projeto de uma rede Fast Ethernet, procuramos também conectar as estações a 100 Mbps e estações servidoras em Gigabit Ethernet a 1 Gbps. As estações que requerem muita banda também podem ser ligadas diretamente em uma porta 1 Gbps. Um exemplo é o usuário de aplicação CAD (Computer Aided Design), que geralmente trabalha com arquivos muito pesados e precisa de uma performance privilegiada se comparado com usuários comuns da rede.

Normalmente, as empresas que trabalham com mídia e editoração gráfica também adotam soluções desse tipo, conectando as máquinas que demandam mais tráfego na rede diretamente em portas de 1 Gbps.

Existem outros métodos para aumentar ainda mais a banda para determinada estação, como o Fast Ethernet full duplex a 200 Mbps. O problema do uso de Fast Ethernet em full duplex é que o processo automático de negociação de velocidade entre a porta do switch e da placa de rede não está preparado para trabalhar nesse modo; logo, o administrador da rede é obrigado a configurar manualmente a porta do switch e a placa de rede, o que elimina uma das vantagens do switch de trabalhar em modo plug and play.

6.1.1 Congestionamento da rede

A solução tradicional, simples e barata do uso de hub pode se tornar uma grande dor de cabeça com a adição, sem controle, de outros usuários. Quanto mais usuários existirem em um barramento, maior será a competição pelo acesso ao meio. Isso gera um número excessivo de colisões e uma degradação na performance da rede. Esse processo de degradação é chamado congestionamento da rede.

O ponto ótimo de uma rede Ethernet em topologia de barramento é alcançado quando temos uma taxa de utilização da rede de 35%. Com esses números e descontando os cabeçalhos dos frames, chegamos a uma taxa líquida de transmissão do meio de 2.5 Mbps. Parece pouco, pois todo o overhead significa uma perda de 7.5 Mbps. No caso do Fast Ethernet a situação ainda é pior, pois temos apenas 25 Mbps de banda livre, perdendo 75 Mbps. Esses dados correspondem ao caso da adoção de tecnologia de barramento em um mesmo domínio de colisão. No caso da utilização do switch, vamos ver que a história muda.

O que muda se não estamos no ponto ótimo? Aí começam os problemas do uso do barramento. Se uma rede já se encontra com uma taxa de utilização acima de 35%, começam a surgir os primeiros problemas de performance, e acima de 60% a rede já está congestionada. A Figura 6.3 apresenta a curva do aumento do tempo de resposta (indicador de performance da rede) com o aumento da utilização.

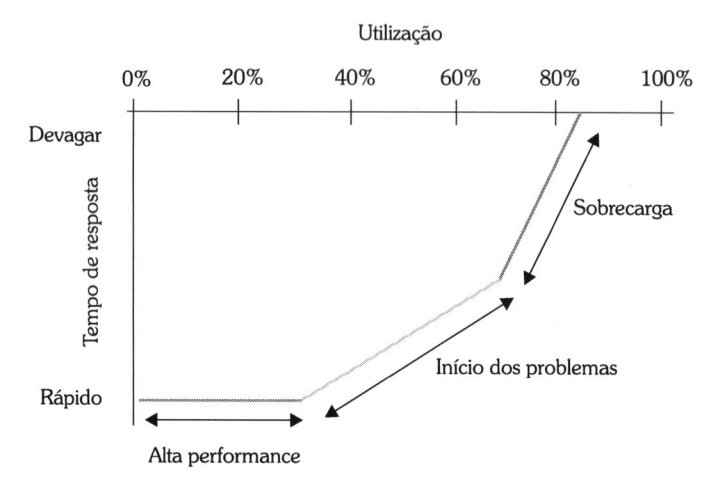

O tempo de resposta é melhor quando a taxa de utilização é menor que 35%.

Figura 6.3 Efeito do aumento de utilização na performance da rede.

6.1.2 Colisão

O Ethernet puro é fundamentado no uso de um meio compartilhado chamado barramento, pois as estações escutam o barramento e transmitem apenas quando não há presença de sinais, ou seja, o barramento está livre.

Como todo evento provado estatisticamente que pode ocorrer, acaba ocorrendo. Existe um determinado instante em que duas estações escutaram que o meio estava livre, e as duas tentaram transmitir no mesmo instante. Nesse momento ocorre a colisão, pois os dados emitidos pelas duas estações encontram-se na rede, e colidem, embaralhando as mensagens transmitidas pelas duas estações, gerando um dado incompreensível.

Quando isso ocorre, a estação que detectou a colisão envia um sinal no meio para que as estações esperem um tempo randômico com base no número de tentativas de transmissão (algoritmo de backoff) e tentem novamente transmitir. Se novamente ocorrer a colisão, cada estação terá de esperar um tempo cada vez maior para tentar retransmitir. O objetivo desse processo é aguardar um tempo para que a rede se descongestione. Após a décima tentativa, o processo de transmissão é abortado.

O problema de possuirmos muitas estações disputando o mesmo meio é que a chance de ocorrer colisão aumenta potencialmente, e quanto maior é a taxa de utilização da rede, maior será a chance da ocorrência de colisão.

Switching

Como o switch implementa diversos barramentos, isto é, cada porta do switch passa a ser considerada um novo barramento, quando substituímos um hub por um switch multiportas, diminuímos a quantidade de colisões. Isso acontece porque, com o hub, existe um grande domínio de colisão e agora, com o switch, temos múltiplos domínios de colisões, com um total de colisões significativamente menor do que na adoção do hub. Como as colisões geram retransmissões na rede, a performance com o switch tende a aumentar. Com a diminuição das retransmissões, sobra mais banda útil para os dados trafegarem.

Recomenda-se uma taxa de colisões máxima de 10% como aceitável. Acima disso, a rede já apresenta problemas. Em geral, esses números são afetados diretamente pelo tráfego, pela quantidade de estações e pelo tamanho da rede.

Algumas estatísticas, como a taxa de utilização da rede, podem ser obtidas a partir do sistema operacional de rede. No caso, o console do Novell e o Microsoft Windows NT Server apresentam essas estatísticas, permitindo ao administrador de rede gerenciar a performance da rede. Os sniffers são analisadores de protocolo que também podem ser utilizados para encontrarmos esses valores. Apenas lembrando: a regra básica é não utilizar taxas acima de 35%.

A nova tendência tecnológica é usar switches do tipo wire speed (velocidade do cabo). Esse termo é aplicado ao switch que possui alta capacidade de processamento e consegue trabalhar com a máxima vazão do Fast Ethernet, que é 14.480 pps (pacotes por segundo). Com o avanço tecnológico, a maioria dos produtos no mercado tem essa denominação, pois trabalham com chips ASICs de alta performance, que executam em hardware muitas das funções antes tratadas pelos switches em software. As tarefas executadas por software são mais lentas do que as executadas por hardware.

Observando a evolução do mercado, a quantidade de portas novas vendidas de switches supera a quantidade de portas de hub, entretanto, ainda existe uma diferença pequena do custo da porta de switch comparado ao custo da porta de hub.

Nem sempre a substituição de um hub por um switch acaba gerando ganhos de performance. Muitas vezes, os problemas das redes encontram-se nos aplicativos e nos servidores e não na rede. Como é fácil culpar a rede por tudo, muitas empresas acabam realizando a troca dos equipamentos de rede e verificam que o acesso aos aplicativos muitas vezes fica até mais lento.

Vamos imaginar um caso: uma empresa do Brasil possui uma rede local na tesouraria relativamente pequena. Os usuários começaram a reclamar que a rede estava demasiadamente lenta. O gerente de TI, após analisar rapidamente alguns produtos, resolveu substituir o hub por um switch de alta capacidade. O novo equipamento teria de ser instalado no final de semana, pois a rede da tesouraria não pode parar. O técnico da empresa instala o equipamento no final de semana, para a rede estar pronta na segunda-feira.

O gerente de TI imagina que o problema está resolvido, entretanto, ao chegar na empresa na segunda-feira, recebe reclamações de todos os usuários, dizendo que a rede está ainda mais lenta. Desesperado, ele liga para a empresa que vendeu o equipamento, que convence o gerente a comprar um serviço de diagnóstico de rede, todavia, caríssimo.

O técnico coloca o sniffer na rede e verifica que a aplicação está com problemas. As querys SQL não são processadas corretamente e as estações dos usuários ficam constantemente solicitando que a execução da query seja reprocessada. O servidor, com o excesso de trabalho no tratamento das requisições, não consegue atender a todos e passa a falsa impressão para os usuários de que a rede está lenta.

Conclusão: existia um "bug" na aplicação de banco de dados. O gerente de TI chamou o DBA, que resolveu o problema rapidamente e o sistema voltou a operar com uma performance nunca observada antes.

> **Por que os usuários disseram que a rede ficou mais lenta com a adoção do switch?**

A resposta é fácil. A rede tinha uma taxa de utilização baixa e não necessitava de um switch, entretanto, o switch trata o frame que recebe, verifica erros etc. e gera uma latência que não existe no hub, isto é, por ser um simples repetidor de sinais em uma rede de baixa utilização, o hub apresenta uma performance superior a um switch.

Esse comportamento não é a regra, e sim apenas um exemplo. Esse gerente não se preocupou em fazer um diagnóstico antes de tomar a decisão. Em geral, em redes que se encontram muito congestionadas, a criação de vários segmentos com a adoção de um switch melhora muito a performance, diminuindo a quantidade geral de colisões. Devemos lembrar sempre dos "números mágicos" de taxa máxima de utilização de 35% e de colisão de 10%.

Quanto maior for o número de colisões, maior será o tempo de resposta da rede, principalmente devido às retransmissões e à percepção do usuário de que a rede está lenta.

Um hub pode ser considerado um gargalo na rede por conta dos problemas das colisões, entretanto, quando substituímos um hub por um switch, existe uma tendência natural de a performance da rede aumentar até o limite criado por um novo gargalo, que pode ser uma porta de uplink ou mesmo o tempo de resposta do servidor de aplicações.

6.1.4 Backbone da rede e rede colapsada

Existe uma topologia de rede de switches padrão conhecida como topologia colapsada. Imagine, por exemplo, uma empresa localizada em um prédio, em que cada andar seja um departamento. Os departamentos serão atendidos por switches departamentais, que possuem 12, 24 ou 48 portas Ethernet ou Fast Ethernet. Na topologia colapsada, os switches departamentais ficam localizados nos andares no shaft do prédio ou acomodados em um rack em um local apropriado.

Caso exista algum servidor de aplicação específico do departamento no andar, ele pode também ser conectado nesse switch, usando uma porta pré-configurada a 100 Mbps.

 Exemplo

1. Rede colapsada em prédio de dez andares

Vamos imaginar um prédio com dez andares, e cada andar com 20 usuários. Teremos, portanto, dez switches departamentais com 24 portas 10/100 cada um, um por andar. Esses switches devem estar conectados ao equipamento central chamado equipamento de backbone.

Esse equipamento é um switch de alta capacidade com backplane da ordem de alguns gigabits/segundo, capaz de dar vazão a todo o tráfego requerido pelos dez switches departamentais, espalhados nos andares.

A conexão entre o equipamento de central de backbone e os switches departamentais será baseada em fibra óptica utilizando Gigabit Ethernet. Cada switch departamental será configurado com um módulo de uplink com duas portas gigabits. A segunda porta provê redundância no caso de um par de fibras se partir.

No switch central ficam conectados os switches departamentais e os servidores corporativos da empresa ligados em Gigabit Ethernet. Esse switch está localizado no datacenter" no térreo do edifício e, em conjunto com esse equipamento, encontram--se outros equipamentos da rede, como roteadores para internet, firewalls, servidores de acesso remoto etc.

A Figura 6.4 apresenta o projeto do backbone colapsado que acabamos de descrever.

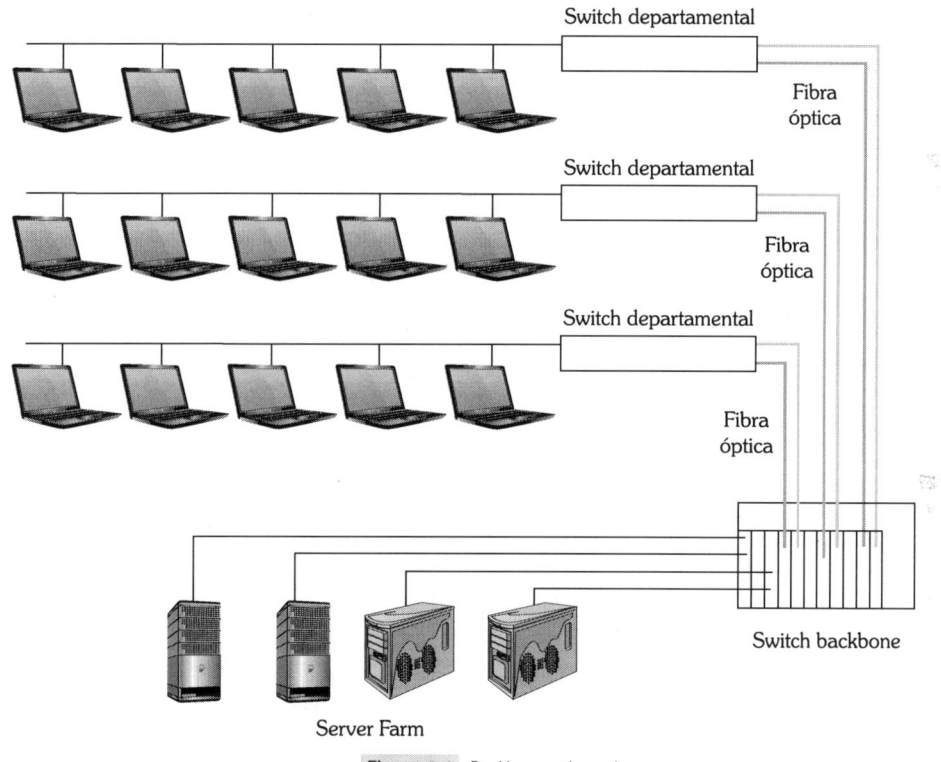

Figura 6.4 Backbone colapsado.

2. Rede cliente/servidor congestionada

A Figura 6.5 mostra o quadro de uma rede com o tráfego do tipo cliente/ servidor. As estações realizam acessos constantes a aplicações que estão sendo executadas no servidor. Essa rede está baseada em um único barramento. Existem apenas hubs, e observamos pela análise de rede que ela se encontra congestionada com 20% de colisão e 50% de utilização.

Observamos a primeira tentativa de solucionar o problema do congestionamento na Figura 6.6. Adicionamos um switch no local do hub. A solução, entretanto, não gerou resultado. As taxas de colisão e utilização até baixaram nos novos segmentos criados

A e B, mas o gargalo no segmento do servidor continuou, pois ele se encontra limitado a 10 Mbps. Observamos ainda que, com o switch, o tempo de resposta da rede piorou.

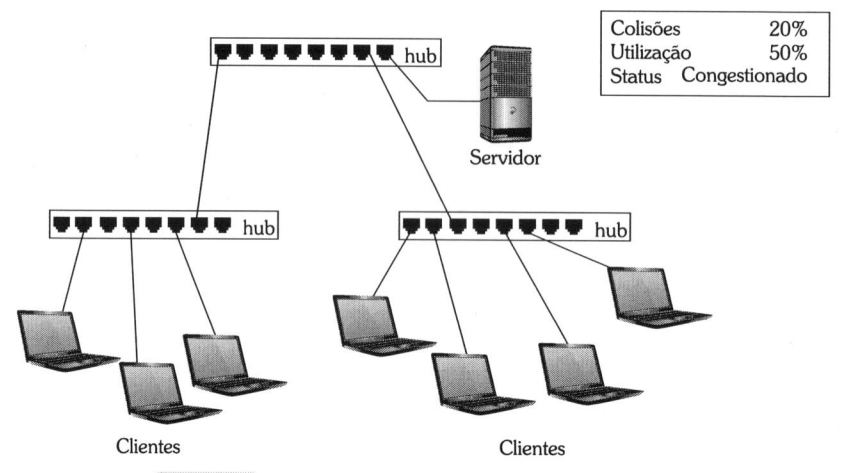

Figura 6.5 Tráfego cliente/servidor com solução baseada em hub.

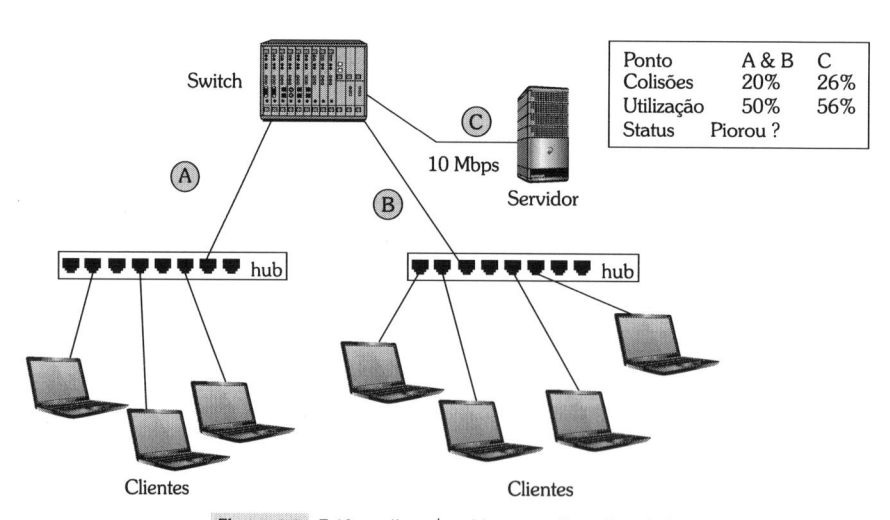

Figura 6.6 Tráfego cliente/servidor com adição de switch.

A solução final encontra-se na Figura 6.7. Apenas eliminamos o gargalo no segmento C do servidor e substituímos o link de 10 Mbps por um link de 100 Mbps. O resultado foi ótimo: as taxas de colisão e utilização baixaram significativamente nos segmentos A e B e, no C, chegamos a valores excelentes, resolvendo o problema de congestionamento na rede.

Switching

Adicionando um switch, com
link Fast Ethernet com o servidor

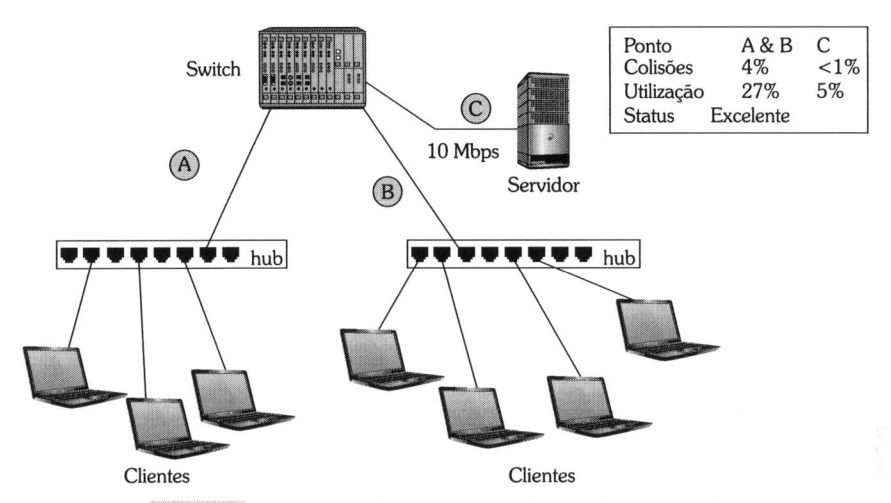

Figura 6.7 Tráfego cliente/servidor com um link Fast Ethernet ao servidor.

3. Rede distribuída congestionada

A Figura 6.8 apresenta um cenário diferente, em que o tráfego não é centralizado em um único servidor, mas distribuído pela rede. Observando a Figura, notamos que a solução baseada em um único barramento encontra-se congestionada pela alta taxa de colisão e utilização.

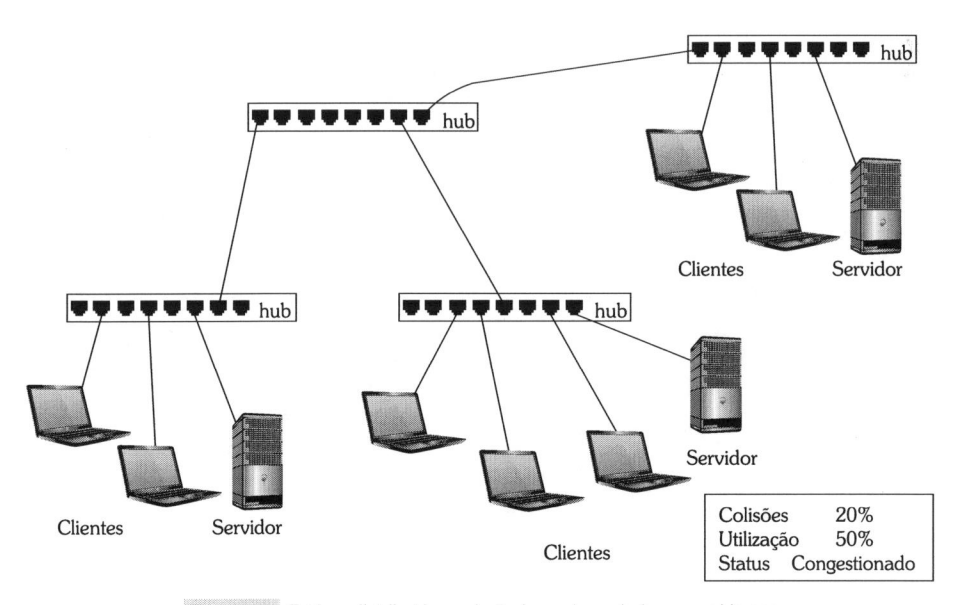

Figura 6.8 Tráfego distribuído – solução baseada em hub com problemas.

A Figura 6.9 exibe a solução adotada. Substituímos o hub central por um switch. O resultado foi uma melhora substancial do tempo de resposta, entretanto, o segmento C ainda apresentava uma taxa de utilização não desejável.

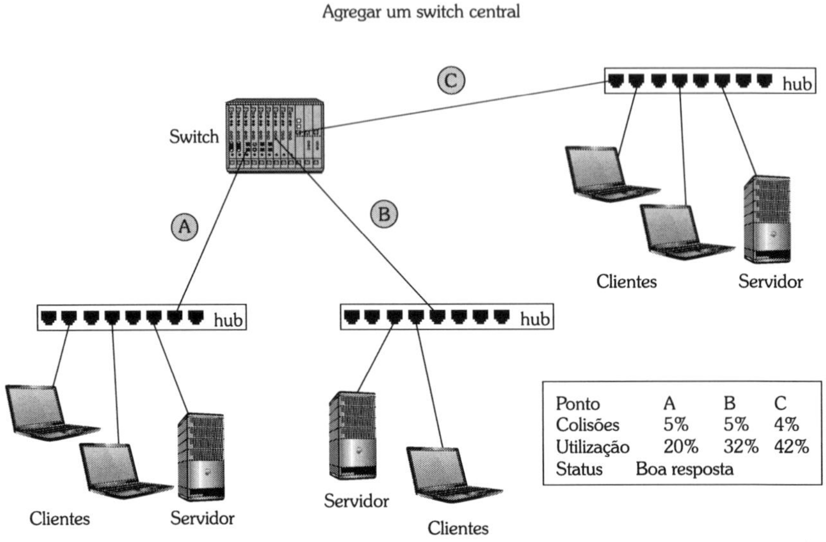

Agregar um switch central

Ponto	A	B	C
Colisões	5%	5%	4%
Utilização	20%	32%	42%
Status	Boa resposta		

Figura 6.9 Tráfego distribuído com a adição de um switch.

A Figura 6.10 exibe outra solução, que foi utilizada para minimizar o problema. Adicionamos outro switch conectado ao switch do caso anterior, interconectando-os a 100 Mbps. Houve uma melhora significativa nas taxas de colisão e utilização e o resultado foi excelente.

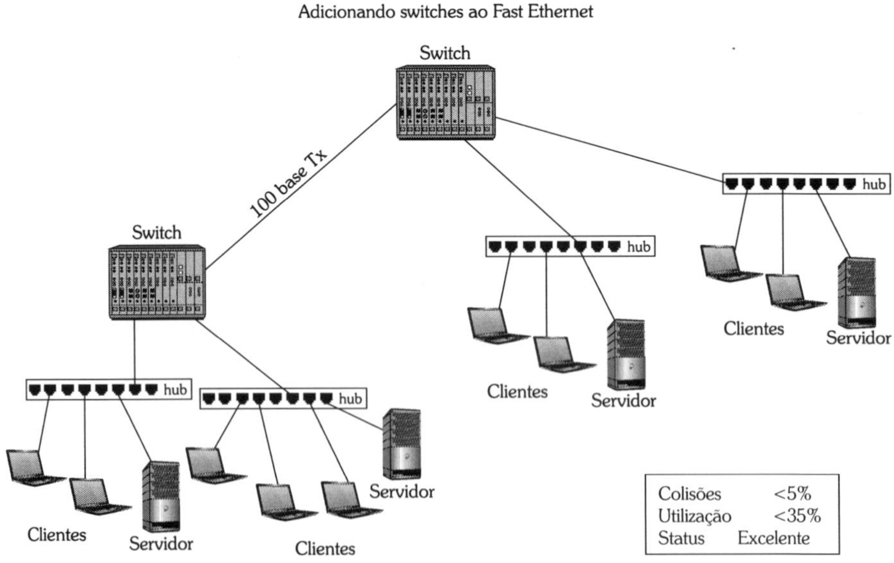

Adicionando switches ao Fast Ethernet

Colisões	<5%
Utilização	<35%
Status	Excelente

Figura 6.10 Tráfego distribuído com a adição de dois switches.

6.2 Tecnologias de switching

Existem várias tecnologias de switching que, na verdade, variam conforme o fabricante. Todas as implementações são proprietárias, pois o hardware e os chips ASICs responsáveis pela matriz de comutação são proprietários.

A arquitetura interna do switch é composta de uma matriz de comutação. Cada porta do switch corresponde a uma linha e a uma coluna dessa matriz. No ponto de encontro dessa linha e coluna existe uma unidade de buffer responsável por armazenar os frames e tratar os erros, caso a rede esteja congestionada, dependendo, é claro, da tecnologia implantada pelo switch. A Figura 6.11 apresenta essa matriz.

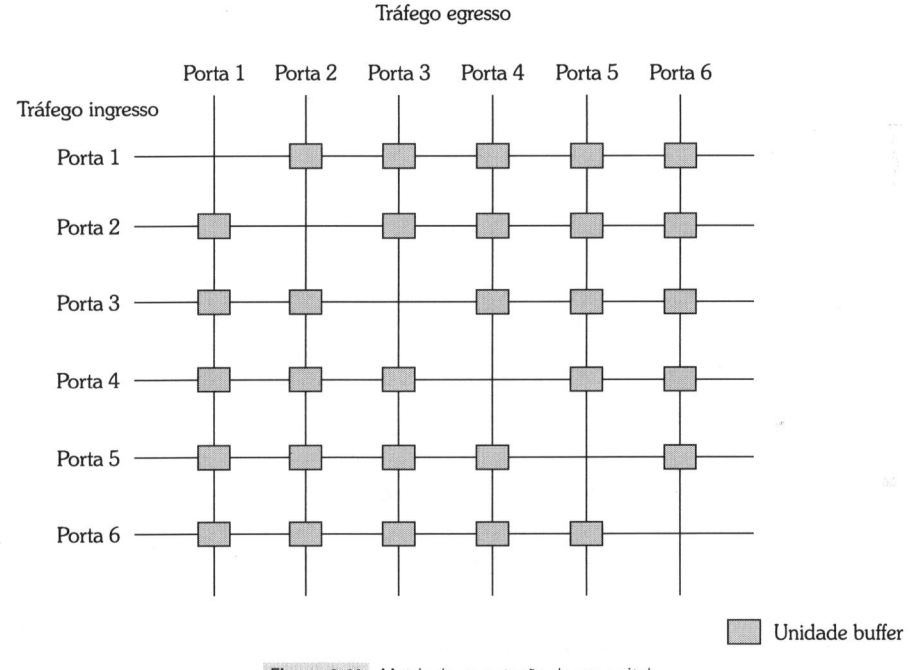

Figura 6.11 Matriz de comutação de um switch.

Observamos que essa matriz de comutação não possui buffers quando a porta entrante é a mesma que a de saída. Isso ocorre porque esse tráfego não deve ser tratado pelo switch, visto que a estação destino encontra-se no mesmo segmento que a estação origem.

6.2.1 Tecnologias de comutação

Todo switch que é baseado em frame trabalha em um dos seguintes modos:

▶ Cut-Through;

▶ Store and Foward.

Existem ainda switches que são híbridos e têm a capacidade de trabalhar nos dois modos, configuráveis pelo console do switch.

O switch Cut-Though é a tecnologia que apresenta maior performance de comutação. Nessa tecnologia, o switch analisa apenas o começo do frame onde está localizado o endereço MAC destino, e a partir dessa informação executa o rápido chaveamento do frame para a porta destino. Nesse modo, o switch não chega a analisar todo o frame e muito menos verificar se existe algum erro. Os frames que apresentam erros de CRC, truncagem etc. são propagados por meio do switch pela rede.

O switch Store and Foward tem performance inferior devido, principalmente, ao fato de analisar todo o frame antes de tomar a decisão de comutação. A tecnologia Store and Foward é mais complexa do que a Cut-Through e permite algumas características extras, como recursos de VLAN. Além disso, um switch desse tipo analisa possíveis erros existentes no frame. Os frames em apresentam erros são descartados pelo switch. As colisões também são identificadas e descartadas. O switch Store and Foward evita que um frame com erro se propague na rede. Como o frame é descartado, as estações que se encontram nas pontas ficam responsáveis pela retransmissão.

6.2.2 Capacidade de comutação

Quanto à capacidade de comutação, um switch pode ser:

▶ Non Blocking;

▶ Blocking.

Um switch é chamado de Non Blocking se tiver a capacidade de comutação em sua matriz de comutação tão rápida que consegue dar vazão ao máximo possível de quadros Ethernet pela velocidade da porta. Em geral, equipamentos Non Blocking não trabalham com buffers na entrada, justamente por terem a capacidade de dar vazão a todo o tráfego de entrada. Esses switches, por trabalharem com componentes de maior desempenho, possuem custo mais elevado do que um switching Blocking.

Vamos calcular a performance mínima para um switch, imaginando um equipamento com capacidade de 16 portas 10/100 e que todas as portas estejam configuradas na capacidade máxima, ou seja, 200 Mbps (Fast Ethernet full duplex). A matriz de comutação deveria ter, teoricamente, uma performance de 3.2 Gbps para que o switch seja Non Blocking. Na verdade, isso não ocorre porque nunca uma porta Fast Ethernet trabalha com velocidade full. Normalmente, a taxa de utilização de uma porta não excede os 50%, portanto, nesse caso, uma matriz com performance de 1.6 Gbps já é suficiente.

Um switching é chamado Blocking justamente pelo motivo contrário. Ele bloqueia o tráfego, utilizando buffers de entrada. O equipamento não consegue dar vazão a todo o tráfego de uma vez, armazenando esse tráfego de entrada do switch em um buffer para depois tratá-lo. Esse processo é conhecido como Blocking. Devemos bloquear o frame para depois tratá-lo.

Esses switches são mais baratos, mas possuem as seguintes limitações:

▶ performance limitada;

▶ geram congestionamento na rede;

▶ podem perder muitos frames caso o buffer não seja suficiente para armazenar todas as informações.

Quando o switch está congestionado, ele pode enviar sinais para que outros switches a ele conectados parem de enviar frames. Esse mecanismo é conhecido como backpressure. Durante a congestão, um switch pode simplesmente dropar os pacotes que estão chegando. Isso ocorre porque a capacidade de buffer do switch não é o suficiente para armazenar todo o tráfego que chega, mesmo no caso do congestionamento.

6.2.3 Switches multicamada

Os novos switches do mercado possuem uma capacidade extra. Além de trabalharem na camada 2 do modelo OSI como qualquer switch, também trabalham na camada 3, examinando o pacote IP que está encapsulado no frame Ethernet e tomando decisões de comutação com base nessa informação. Esses switches são também chamados de IP Switches ou Routing Switches e trabalham de forma muito parecida com um roteador. Vamos estudar roteamento no Capítulo 7, trocando informações, como tabelas de roteamento. Os switches multicamada trabalham com os seguintes protocolos de roteamento: RIP, OSPF, BGP etc.

Quando um switch multicamada, além de analisar o endereço IP para tomar a decisão de comutação, analisa a porta TCP ou UDP do pacote IP encapsulado no frame Ethernet, dizemos que é um switch camada 4. Existem fabricantes que dizem que seus switches possuem inteligência para efetuar a comutação com base em informações até a camada 7 do modelo OSI.

Algumas capacidades adicionais que são suportadas pelos switches multicamada são:

▶ execução da função de NAT (Network Address Translation);

▶ balanceamento de carga entre servidores e firewalls;

▶ trabalha como um servidor DHCP;

▶ prioriza o tráfego de determinados serviços, garantindo qualidade de serviço.

6.2.4 Gerenciamento

O gerenciamento é uma ferramenta muito importante para o diagnóstico de problemas na rede. Cada switch possui uma MIB (Management Information Base), uma base de dados composta de informações, como status das portas, taxas de colisão e de utilização, quantidades de pacotes dropados, temperatura do equipamento, entre outras.

As informações são coletadas utilizando o protocolo SNMP, por meio de uma estação de gerência conhecida como plataforma de gerenciamento do switch, que permite verificar os alarmes (temperatura, alta utilização, alta colisão etc.). Também é possível reconfigurar o switch, resetá-lo remotamente e ativar/desativar portas.

Além do SNMP, os switches também trabalham com RMON (Remote Monitoring), que permite coletar mais informações do nível da matriz, alarme e eventos.

Todas essas informações são essenciais para gerenciar a rede de switches. O gerenciamento auxilia de diversas maneiras, sendo uma ferramenta primordial para realizar mudanças na rede, monitorar a performance e tratar problemas antes que se tornem críticos e ocasionem a paralisação da rede. A maioria das corporações, quando projeta e implementa uma rede de switches, também inclui o software de gerenciamento, facilitando a vida do administrador de rede e obtendo como resultado melhor performance da rede.

A Figura 6.12 mostra a tela de uma plataforma de gerenciamento de switches. Observe que os dados são todos apresentados graficamente para o operador, o que facilita muito a operação. Na tela, observamos que existem switches gerenciados remotamente e localizados em filiais em diferentes países da Europa.

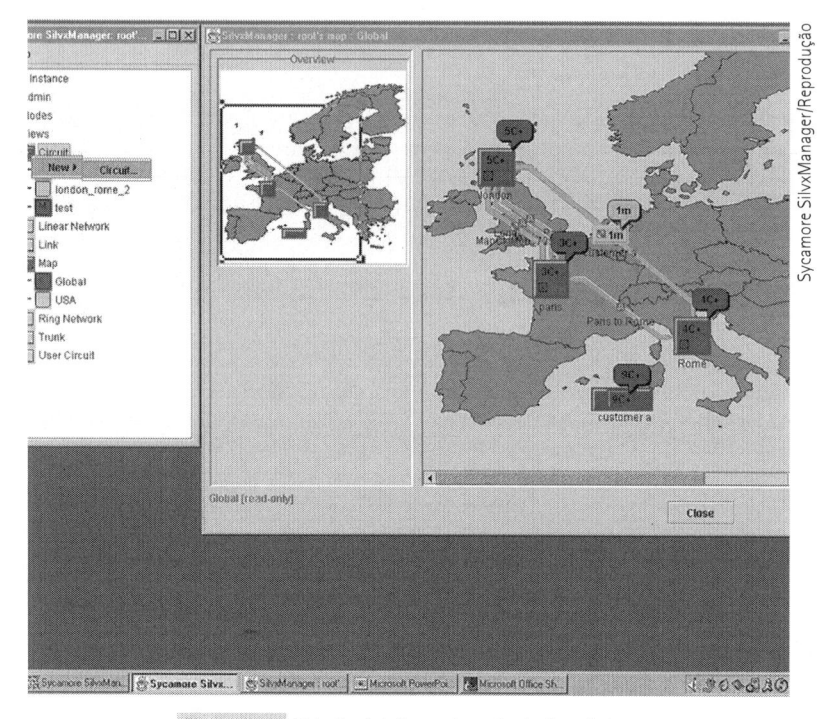

Figura 6.12 Tela da plataforma de gerência de switches.

O gerenciamento de switches permite, ainda, a fácil criação e manutenção de VLANs. Além disso, switches gerenciáveis suportam spanning tree, um algoritmo que permite criarmos links redundantes entre switches. Os links redundantes funcionam de forma que apenas um dos links esteja ativado, de modo a evitar loops. Quando o link principal falha, o spanning tree aciona automaticamente e de forma transparente para o usuário o link secundário.

Todo o processo de funcionamento do spanning tree envolve a execução de algoritmos e a troca de mensagens entre os switches. O tempo de convergência no caso de falha de algum link pode variar bastante de uma rede para outra, mas, em geral, é influenciado pela quantidade de estações e o número de switches que a rede possui.

O spanning tree é padronizado pela norma IEEE 802.1d. Existe ainda o rapid spanning tree, que possui um tempo de convergência bem menor.

6.2.5 ATM

O ATM é uma tecnologia padronizada pelo ITU-T e o ATM Fórum. O ATM é baseado na comutação de células de tamanho fixo. Cada célula ATM possui 5 bytes de cabeçalho e 48 bytes para transporte de dados, totalizando 53 bytes. A Figura 6.13 exibe a célula ATM com seus diversos campos.

Célula ATM

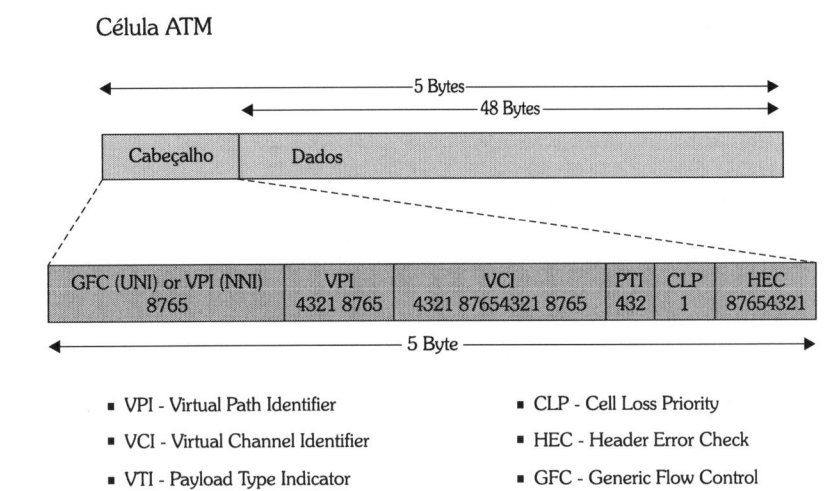

- VPI - Virtual Path Identifier
- VCI - Virtual Channel Identifier
- VTI - Payload Type Indicator

- CLP - Cell Loss Priority
- HEC - Header Error Check
- GFC - Generic Flow Control

Figura 6.13 Célula ATM.

O ATM permite alocação de banda e priorização de tráfego de acordo com a necessidade da aplicação. Como se baseia em pequenas células de tamanho fixo, a comutação rápida dessas células apresenta comportamento determinístico. A Figura 6.14 exibe uma rede ATM que integra serviços de voz, vídeo e dados.

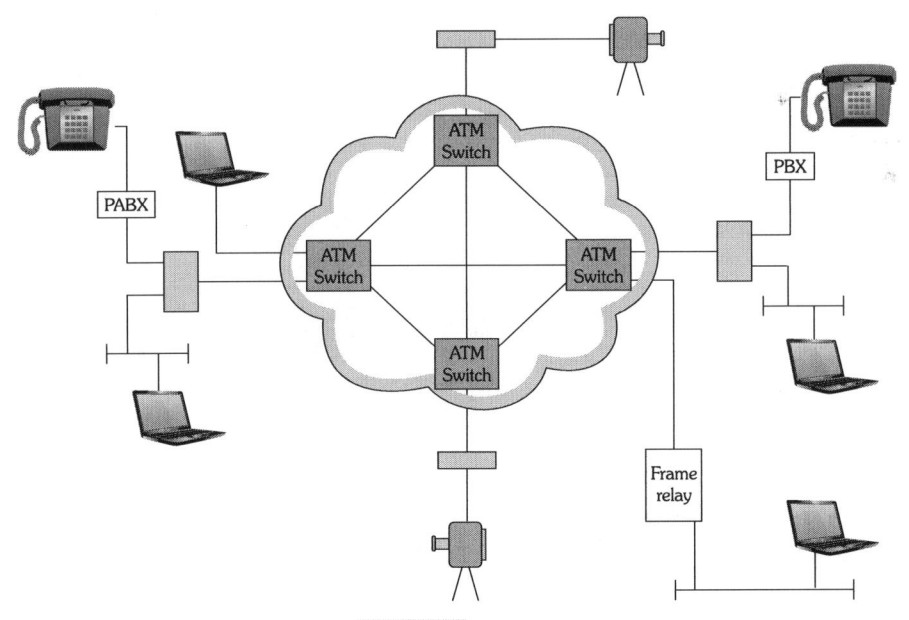

Figura 6.14 Rede ATM.

O ATM permite agregarmos na mesma tecnologia os benefícios da comutação de circuitos (garantindo banda constante para as aplicações) com a comutação de pacotes, o que facilita o tráfego em rajadas como na internet. Além disso, o ATM é a única tecnologia que fornece uma grande escalabilidade, partindo de 25 Mbps até 10 Gbps.

Ele também realiza multiplexação de maneira mais inteligente do que o TDM. Os slots não são fixamente alocados para cada conexão, ou seja, um time slot da multiplexação pode ser reaproveitado por outro usuário caso não haja transmissão de dados naquela conexão em determinado instante, permitindo otimização da banda.

Além disso, o ATM trabalha com o conceito de Qualidade de Serviços (QoS), em que diferentes serviços, como voz, vídeo e dados, são tratados por filas internas nos switches com diferentes prioridades.

6.2.6 Switches ATM

Uma rede ATM é constituída por placas ou interfaces ATM presentes nos computadores e de switches ATM. A placa ATM é responsável pela criação da célula ATM, que é encaminhada a um switch ATM, que toma uma decisão de comutação da célula com base nas informações de endereços contidas no seu cabeçalho. Seguindo esse processo, a célula é comutada pelos switches ATM até chegar à placa adaptadora ATM final. Um switch departamental (backbone) que possua interfaces ATM fica responsável pela criação das células a serem transportadas na rede ATM. Esse processo é conhecido como translational bridging.

6.3 VLANs

As VLANs ou virtual LANs são redes virtuais. E o que é rede virtual? É uma rede local logicamente conectada, podendo ser criada em um único switch ou entre vários switches.

Imagine um switch com 16 portas. Suponha que tenhamos a capacidade de criar quatro switches virtuais no mesmo equipamento. Teríamos, portanto, quatro switches completamente independentes. Fisicamente, seria um único equipamento, porém, logicamente, a solução pode ser vista como quatro switches lógicos.

A Figura 6.15 apresenta esse cenário. Em um mesmo equipamento possuímos quatro VLANs: a branca, a verde, a vermelha e a amarela, logicamente separadas, o que é equivalente a possuirmos quatro switches independentes, como na Figura 6.16.

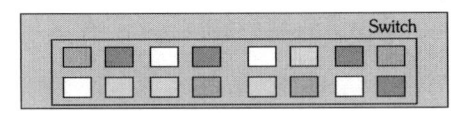

Figura 6.15 Switches com quatro VLANs.

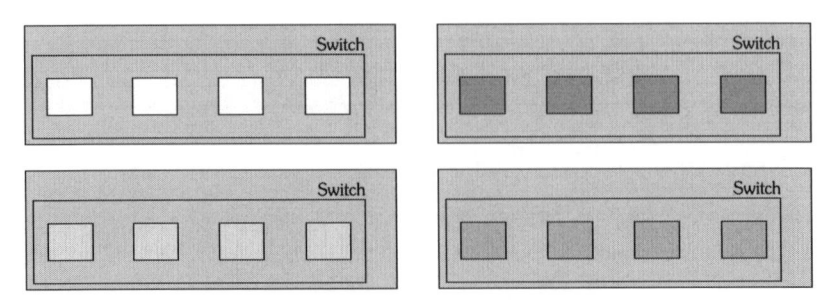

Figura 6.16 Configuração física equivalente às VLANs.

Qual é o objetivo de criarmos VLANs? Elas são a resposta a uma série de necessidades em uma rede com base em switches. Inicialmente, as VLANs resolvem um problema que também existia em uma rede com hubs e só era resolvido com o uso de roteadores, ou seja, o tráfego de broadcast.

Um quadro de broadcast, por sua própria funcionalidade, quando chega em um switch, deve ser copiado para todas as portas de um switch. Caso um switch esteja conectado com outro, o mesmo procedimento vai se propagar, ou seja, o quadro de broadcast será recebido em uma das portas e replicado em todas as portas do segundo switch. Esse procedimento faz com que a rede de switches se comporte como uma única LAN e esteja sujeita a que todos os pacotes de broadcast trafeguem e sejam enviados para todas as estações.

Quando a rede é pequena, não existem grandes problemas com o tráfego de broadcast, entretanto, quando a rede é grande e a quantidade de quadros de broadcast também é grande, esse processo impacta consideravelmente a performance da rede, causando um fenômeno que os administradores chamam de "tempestades de broadcast". Os efeitos desse fenômeno é o aumento da taxa de utilização da rede e do tempo de resposta e diminuição da performance da rede.

Protocolos como o Apple Talk e o IPX são responsáveis por gerar uma quantidade excessiva de broadcast na rede, o que acaba ocasionando esse fenômeno. Bem, antes dos switches esse fenômeno já ocorria e como era resolvido? Eram utilizados roteadores para separar ou segmentar as redes. Como o roteador trabalha na camada 3 do modelo OSI, uma de suas capacidades é bloquear o broadcast.

Outra vantagem de separarmos as redes em VLANs é a segurança. Podemos limitar apenas as máquinas dos usuários à VLAN de seu departamento. Por exemplo, uma empresa que possua as seguintes VLANs: Marketing, Engenharia e Financeiro. Como os usuários do marketing estão na VLAN do marketing, não conseguem acessar as máquinas que estejam nas VLANs da Engenharia e do Financeiro e vice-versa. Essa tecnologia ajuda a aumentar a segurança da rede, isolando logicamente os usuários de sub-redes. Lembre-se de que a maior preocupação do administrador de segurança não é com os hackers que vêm pela internet, mas com os hackers internos.

Foi dito que as VLANs são como switches separados fisicamente, e o que acontece com os servidores corporativos, como o servidor de e-mail, servidor HTTP e o servidor de arquivos que necessitam ser acessados por todos os usuários da rede, ou seja, por todas as VLANs? A solução é simples. Configuramos a porta em que os servidores corporativos estejam diretamente conectados para que faça parte não apenas de uma única VLAN, mas de múltiplas VLANs. Assim, uma mesma porta de um servidor de e-mail pode fazer parte da VLAN do Marketing, da VLAN da Engenharia e da VLAN do Financeiro.

Existe ainda um problema que necessita ser resolvido. Imagine que uma máquina da VLAN do Marketing precise trocar informações com uma máquina da VLAN da Engenharia. Como as redes são logicamente isoladas, esse procedimento não é possível. A solução é adicionar um roteador à rede, que tem como função rotear o tráfego permitido entre VLANs. Para isso, a porta na qual o roteador está conectado ao switch necessita fazer parte de todas as VLANs pelas quais queremos rotear, tornando possível a comunicação entre as duas estações através do roteamento entre VLANs.

A Figura 6.17 apresenta uma rede de switches com cinco VLANs distintas e o roteador fazendo parte de todas as VLANs.

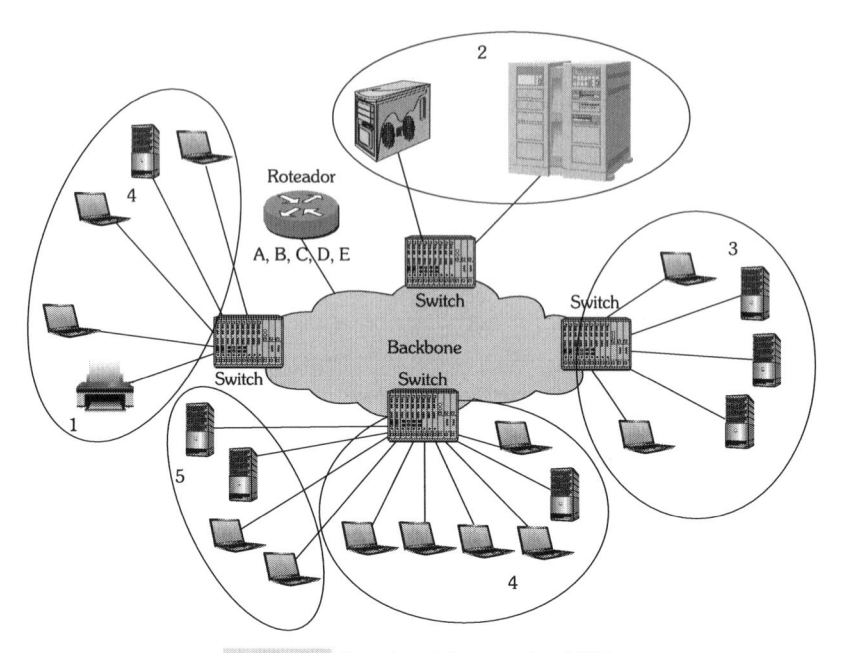

Figura 6.17 Rede de switches com cinco VLANs.

Existe ainda um recurso muito poderoso suportado pelos switches, que é a capacidade de expandir a VLAN entre vários switches. O que significa isso? Significa que podemos criar VLANs não apenas entre as portas de um mesmo switch, mas também entre todas as portas da rede de switch. A Figura 6.18 apresenta o exemplo dos switches localizados em pontos fisicamente separados, porém interligados pelo backbone em uma rede de switches. Neste caso, foram criadas cinco VLANs e observamos que as VLANs 1, 2 e 3 possuem estações que fazem parte dessas VLANs, mesmo estando fisicamente separadas.

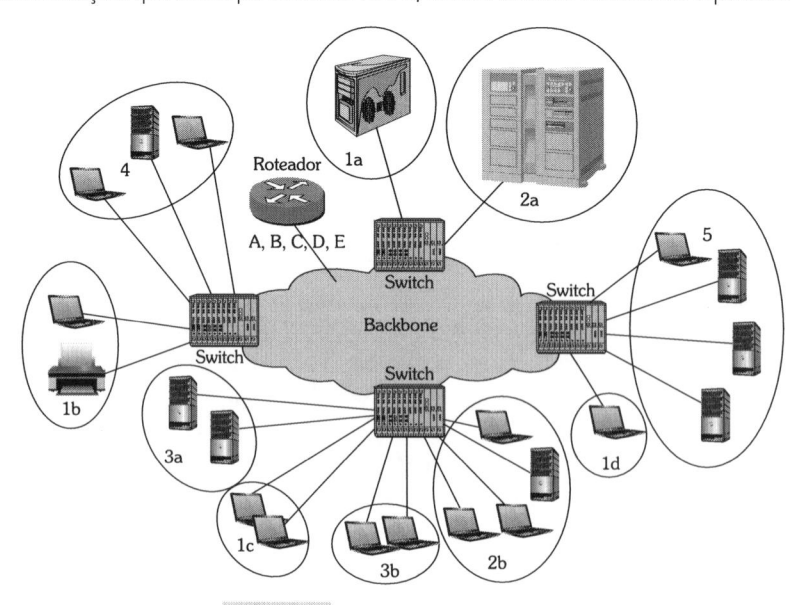

Figura 6.18 Grupos de trabalho em VLANs.

Os usuários da VLAN 1 pertencem ao grupo de usuários que acessam os dados do microcomputador; os da VLAN 2, os que acessam os servidores locais e o mainframe; os da VLAN 3, usuários localizados em diferentes andares do prédio; e os das VLANs 4 e 5 pertencem a departamentos com estações e servidores localizados no mesmo prédio.

Esse recurso é muito poderoso. Imagine novamente a empresa com os três departamentos: Marketing, Engenharia e Financeiro. Os funcionários do Marketing podem estar localizados em andares distintos ou mesmo prédios distintos, e ainda assim podem fazer parte da VLAN do Marketing, completamente separada das VLANs da Engenharia e do Financeiro. Usuários em um mesmo andar também podem estar conectados a VLANs/redes distintas.

Esse procedimento, no entanto, não é efetivo quando trabalhamos com hubs, porque eles não têm capacidade, como os switches, de criação de VLANs, visto que eles não tratam os pacotes, apenas os repetem.

Existem ainda algumas dificuldades nesse modelo. Quando as distâncias entre os prédios são grandes e não há como atender com as tecnologias de frame (Ethernet, Fast Ethernet, Gigabit Ethernet), é necessário criar um backbone com uma tecnologia mais escalonável para interconectar as redes. Se utilizássemos roteadores para resolver esse problema, ainda teríamos a dificuldade da latência e, além do mais, os roteadores não propagam o broadcast das VLANs distintas.

A solução para esse problema é adotarmos um backbone ATM com os switches conectados em ATM, que é um protocolo orientado a conexão e ponto a ponto. Para que o ATM possa trabalhar em conjunto com essa arquitetura de rede local, é necessário implementarmos o chamado LANE (LAN Emulation). Esse processo permite que o ATM, mesmo não sendo orientado a conexões ponto multiponto (no caso do barramento), seja adaptado para funcionar no barramento, permitindo o funcionamento completamente transparente às estações. A Figura 6.19 apresenta a solução de usarmos o ATM no backbone.

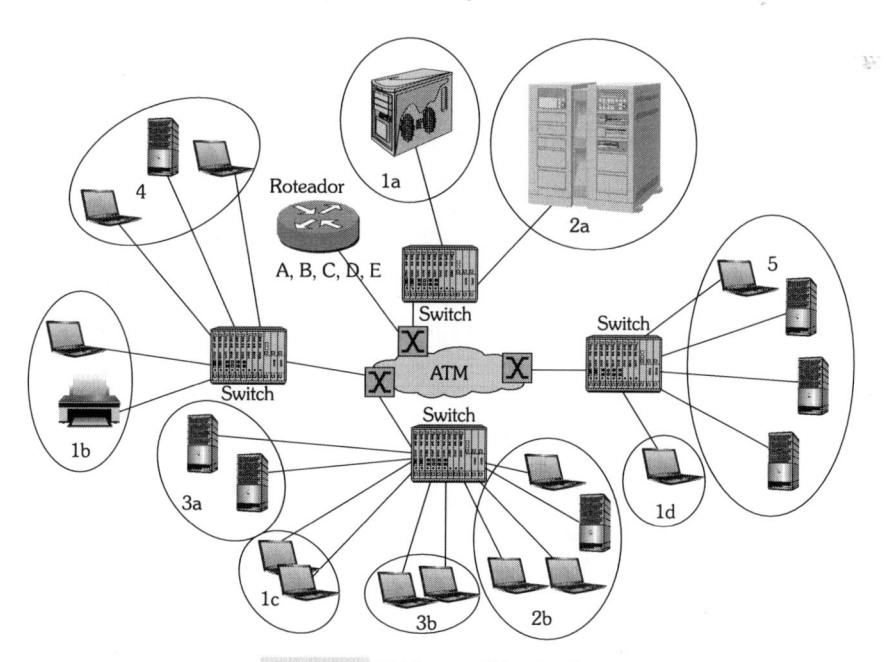

Figura 6.19 VLANs com ATM no backbone.

As principais vantagens de adotarmos VLANs em uma rede de switches são:

- **Aumento da performance:** com diminuição significativa do efeito da tempestade de broadcast no tempo de resposta da rede.

- **Facilidade de gerenciamento:** com o uso de VLANs, o processo de gerenciar a rede é simplificado, além de ser muito rápido, prático e eficiente o processo de configuração de VLANs através da plataforma de gerenciamento.

- **Topologia de rede independente:** a topologia de rede lógica fica completamente independente da topologia física, o que agrega flexibilidade muito grande para modificações da rede.

- **Aumento da segurança:** o ganho no quesito segurança é indiscutível, separando as redes e os usuários pelas VLANs.

6.3.1 Outros tipos de VLAN

Os switches modernos, chamados de switches multicamada, já descritos neste capítulo, têm capacidade adicional se comparados aos switches tradicionais, que é agregar outras políticas para a criação de VLANs. Esses switches permitem a criação de VLANs, observando o seguinte critério:

- **VLANs por porta:** critério tradicional também suportado por switches camada 2 comuns.

- **VLANs por MAC Address:** critério que apenas alguns switches tradicionais suportam. Esse sistema é fundamentado na configuração do endereço MAC da estação, como política de VLAN. Assim que a estação é conectada na rede, independente do local físico em que ela esteja, automaticamente é conectada à VLAN que participa. Essa solução é muito utilizada por usuários que usam notebook.

- **VLAN por endereço IP:** nesse caso, o switch verifica o endereço origem da máquina conectada a ele, e realiza a ligação dessa máquina à sua VLAN correspondente.

- **VLAN por autenticação:** quando o usuário se conecta à rede, é solicitada uma autenticação e de acordo com a autenticação, o switch conecta o usuário à sua determinada VLAN.

Os switches multicamada, por serem capazes de trabalhar como roteadores comutando quadros com base no endereço IP, realizam o papel de um roteador, fazendo o roteamento entre as VLANs, dispensando, nesse caso, a figura do roteador para desempenhar esse papel.

A VLAN é um recurso importantíssimo e infelizmente é pouco explorado pelas organizações. A facilidade de implantação de um switch faz com que o usuário muitas vezes, por desconhecimento, trate o switch como um simples hub e não explore as tremendas facilidades que essa tecnologia pode oferecer, principalmente para melhora de desempenho da rede.

Considerações finais

Neste capítulo, apresentamos o switching, as tecnologias de frame switching, gerenciamento e parâmetros de performance. Além das técnicas de switching, introduzimos a tecnologia ATM e a interoperabilidade do ATM com redes locais.

Atividades

1. O switch trabalha com qual camada do modelo OSI?

   a) Camada 1.

   b) Camada 2.

   c) Camada 3.

   d) Camada 4.

   e) Camada 7.

2. Um switch tradicional toma decisões de comutação com base em:

   a) Endereçamento físico.

   b) Endereçamento IP.

   c) Porta da aplicação.

   d) Endereçamento MAC.

   e) Backbone.

3. O que diferencia um switch departamental de um switch de backbone?

4. Qual é a diferença entre o processo de translational bridging e o processo de transparent bridging?

5. Indique os limites ótimos de utilização e colisão, respectivamente:

   a) 25% e 5%.

   b) 10% e 35%.

   c) 45% e 10%.

   d) 35% e 10%.

   e) 25% e 35%.

6. Qual é a função do algoritmo de backoff?

7. Qual é a tecnologia mais eficiente para a implementação de switches:

   a) PASICS.

   b) LSI.

   c) CHIPS.

   d) ASICS.

   e) e)   LAN.

8. O que é arquitetura de rede colapsada?

9. Qual é a técnica de switching que apresenta a melhor performance?

    a) Store and Forward.

    b) Blocking.

    c) Non Blocking.

    d) Cut Through.

    e) Backoff.

10. O gerenciamento é importante para:

    a) Permitir a rápida adição de usuários a uma LAN ou sua remoção.

    b) Diagnosticar futuros problemas na rede.

    c) Atuar sobre as portas dos equipamentos.

    d) Gerar relatórios de utilização da rede.

    e) As alternativas "b", "c" e "d" estão corretas.

11. O ATM é baseado em:

    a) Comutação de pacotes.

    b) Comutação de quadros.

    c) Comutação de células.

    d) Comutação de circuitos.

    e) Comutação de rede.

12. O que é spanning tree?

    a) Tecnologia de otimização da rede.

    b) Algoritmo que permite a redundância da rede com links em loops. que provêm rápida convergência.

    c) Tecnologia de backpressure.

    d) Mecanismo para a criação de VLANs.

    e) Nenhuma das alternativas anteriores.

13. O que é Qualidade de Serviço?

TCP/IP e Roteamento

7.1 Protocolos

Protocolos são regras e procedimentos de comunicação. Fazendo uma analogia com duas pessoas conversando, o protocolo seria o conjunto de regras e procedimentos que faz com que haja a comunicação entre elas. Nesse caso, uma das regras para efetuar a comunicação seria a escolha de uma linguagem em comum entre as pessoas. Outra regra seria que cada pessoa falasse em seu tempo. É preciso levar em conta três premissas básicas sobre protocolos em uma rede de computadores:

▶ alguns protocolos trabalham em mais de uma camada OSI, por exemplo, o protocolo X.25.

▶ a camada em que o protocolo trabalha descreve a sua função;

▶ muitos protocolos podem trabalhar conjuntamente, denominando-se pilha de protocolo (protocol stack).

Há muitos tipos de protocolo. Cada um tem suas vantagens e suas restrições, possuem seus propósitos e podem realizar tarefas diferentes.

Para entender como o protocolo trabalha, devemos quebrar o procedimento de comunicação entre dois computadores em várias etapas. Essas etapas são realizadas no computador transmissor (ou qualquer outro dispositivo conectado à rede) em cada camada OSI respectiva. Uma vez que a mensagem esteja em formato de sinal no meio de transmissão, as etapas ocorridas no transmissor serão repetidas, mas em ordem inversa (de baixo para cima nas camadas do Modelo OSI) no receptor.

Define-se como pilha de protocolos um conjunto de protocolos cada qual atuando particularmente em uma camada do modelo OSI. A aderência ao modelo OSI garante a interoperabilidade entre equipamentos de fabricantes distintos.

A cada camada do modelo OSI há um protocolo fazendo uma tarefa, contudo, existem três espécies de protocolo que cobrem as principais tarefas de rede:

- ▶ protocolos de aplicação;
- ▶ protocolos de transporte;
- ▶ protocolos de rede.

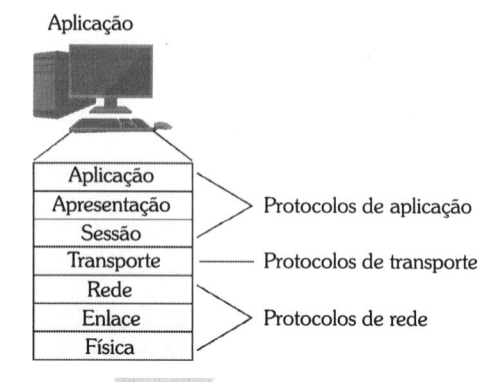

Figura 7.1 Espécies de protocolo.

7.1.1 Protocolos de aplicação

Esses protocolos operam nas camadas sessão, apresentação e aplicação, e fornecem interação e troca de dados entre aplicações.

Alguns dos protocolos mais conhecidos são:

- ▶ **APPC (Advanced Program-to-Program Communication):** protocolo SNA da IBM e ponto a ponto (PPP).
- ▶ **FTP (File Transfer Protocol):** protocolo de troca de arquivos.
- ▶ **SNMP (Simple Network Management Protocol):** protocolo de monitoramento e configuração de equipamentos em rede.
- ▶ **TELNET:** protocolo para efetuar conexão e abertura de sessão em computadores remotos.

7.1.2 Protocolos de transporte

Esses protocolos operam nas camadas de transporte. Estabelecem sessões de comunicação entre computadores e garantem que os dados sejam transportados de uma maneira confiável.

Alguns dos protocolos mais conhecidos são:

- ▶ **TCP (Transmission Control Protocol):** protocolo de controle de transmissão que garante a entrega dos dados em sequência. É orientado a conexão.
- ▶ **SPX (Sequencial Packet eXchange):** parte do protocolo IPX/SPX para dados sequenciais. Esse protocolo foi criado pela Novell, com base em um projeto da Xerox do final dos anos 1970.

7.1.3 Protocolos de rede

Tais protocolos operam nas camadas física, enlace de dados e rede. São responsáveis por informações de endereçamento e roteamento, verificação de erro e requisições de retransmissão.

Alguns dos mais conhecidos são:

- ▶ **IP (Internet Protocol):** protocolo de roteamento de pacotes.
- ▶ **IPX (Sequencial Packet Exchange):** protocolo Netware/Novell para roteamento de pacotes.

Os protocolos definidos pelo IEEE que operam na camada física são 802.3 (Ethernet), 802.4 (token passing) e 802.5 (token ring).

7.1.4 Protocolos de redes locais

Os primeiros protocolos que surgiram foram os de comunicação de computadores em redes locais. A necessidade de intercomunicação para compartilhamento de recursos e troca de informações entre equipamentos ajudou na própria definição dos sistemas operacionais e aplicações.

Podemos citar os ambientes abertos do tipo Unix, sistemas operacionais desenvolvidos para serem executados em múltiplas plataformas de hardware. Durante o desenvolvimento dessa plataforma, houve a necessidade de incorporar protocolos de comunicação entre esses equipamentos.

7.2 TCP/IP

O TCP/IP foi concebido em um projeto do Departamento de Defesa (DoD) estadunidense, na década de 1970. O projeto intitulado Arpanet tinha como objetivo a criação de uma rede militar de dados. Para a concepção desse projeto, o governo estadunidense selecionou uma série de pesquisadores civis e laboratórios de pesquisas de grandes universidades daquele país, destacando-se a Universidade de Berkeley, na Califórnia. Os pesquisadores de Berkeley incorporaram o TCP/IP ao sistema operacional Unix, que na época já era usado em todas as universidades estadunidenses. Esse fato facilitou muito a divulgação do TCP/IP quando a rede foi separada da rede militar.

Relembrando um pouco da história, os anos 1970 foram o auge da Guerra Fria. Os militares estadunidenses necessitavam de uma rede com alta disponibilidade, capaz de automaticamente se reconfigurar e encontrar caminhos alternativos caso um ou mais nós da rede saíssem do ar. O objetivo era interconectar todo o sistema dos mais de 500 silos com mísseis balísticos intercontinentais localizados nos Estados Unidos. Assim, a rede deveria estar disponível para autorizar ataques e lançamento de mísseis, mesmo que algumas outras cidades ou silos da rede tivessem sofrido um ataque nuclear, possibilitando assim o rápido contra-ataque dos estadunidenses.

Em 1983, a Arpanet perdeu seu objetivo militar, separando-se em duas redes, sendo uma rede para pesquisa e a rede militar chamada Milnet. O avanço da rede viria com a criação, em 1986, do National Science Foundation (Fundação Nacional de Ciência), uma fundação para estímulo à pesquisa que adotou também o TCP/IP para interligar seus grandes centros de computação. Na época, a rede já era hierárquica e incluía conexões internacionais com o Japão e a Europa.

Em 1989, a Arpanet transformou-se na internet dos dias atuais. A grande revolução de rede ocorreu em 1992, com a criação da World Wide Web, uma aplicação que permitia aos usuários terem acesso a um hipertexto com texto e imagens.

Hoje em dia, apenas no Brasil, a internet tem 150 milhões de usuários, ou seja, 150 milhões de usuários TCP/IP. Isso coloca o protocolo na liderança entre todos os protocolos de rede utilizados.

Uma das principais vantagens do TCP/IP é ser um protocolo utilizado tanto em redes locais quanto em redes de longa distância. Além disso, o TCP/IP se adapta a sub-redes de diferentes tecnologias físicas e diferentes velocidades, tornando transparente para o usuário o acesso a essas redes.

Uma rede IP é criada a partir da utilização de roteadores, equipamentos que trabalham na camada 3 do modelo OSI e permitem o roteamento dos pacotes IP desde a origem até o destino.

Podemos destacar como os pontos fortes do TCP/IP:

▸ **Protocolo não orientado a conexão:** permite que um pacote siga caminhos distintos pela rede, garantindo mais flexibilidade e redundância.

▸ **Política de best effort:** o TCP/IP é abalizado no melhor esforço. O que isso significa? Significa que o TCP/IP faz o melhor esforço para entregar os pacotes, no entanto, se houver uma paralisação da rede ou um congestionamento, alguns pacotes podem não ser entregues pela rede de pacotes.

▸ **Fragmentação:** o IP possui a capacidade de fragmentação, ou seja, pacotes grandes podem ser fragmentados para facilitar o transporte das informações em redes em que os protocolos de enlace trabalhem com tamanhos menores do que o pacote IP, como o Ethernet 1.500 bytes contra até 65.000 bytes do pacote IP.

7.2.1 Comparação entre TCP/IP e OSI

O TCP/IP foi um protocolo criado para atender às necessidades da rede Arpa. Além disso, ele é anterior ao nascimento do modelo OSI no início dos anos 1980. Assim, ele não implementa todas as camadas do modelo OSI.

O TCP/IP possui quatro camadas:

▸ **Camada sub-rede ou camada enlace:** corresponde à camada enlace do modelo OSI. A camada física não é especificada pelo TCP/IP.

▸ **Camada rede:** executa as mesmas funções da camada rede do modelo OSI, sendo responsável pelo roteamento dos pacotes.

▸ **Camada transporte:** corresponde à camada transporte do modelo OSI, realizando o transporte fim a fim de unidades de dados.

▸ **Camada aplicação:** a camada aplicação do TCP/IP executa as funções das camadas sessão, apresentação e aplicação do modelo OSI.

A Figura 7.2 relaciona as camadas do modelo OSI com as camadas do modelo TCP/IP.

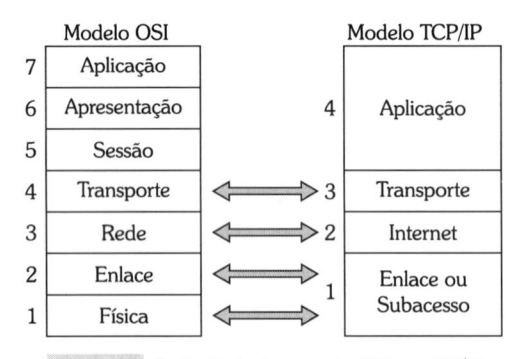

Figura 7.2 Equivalência das camadas OSI com TCP/IP.

7.2.2 Endereçamento IP

São endereços únicos para cada estação da rede. Esse endereço é formado por 32 bits, e os bits são separados entre porção da rede e porção da estação. De acordo com a separação, foram criadas três classes de endereços:

- ▶ **Classe A:** 1-126 (por exemplo, 15.1.23.20).
- ▶ **Classe B:** 128-191 (por exemplo, 182.4.11.48).
- ▶ **Classe C:** 192-223 (por exemplo, 197.14.11.10).

A Figura 7.3 mostra a separação dos endereços de rede e dos endereços de estação em cada uma das classes de endereçamento.

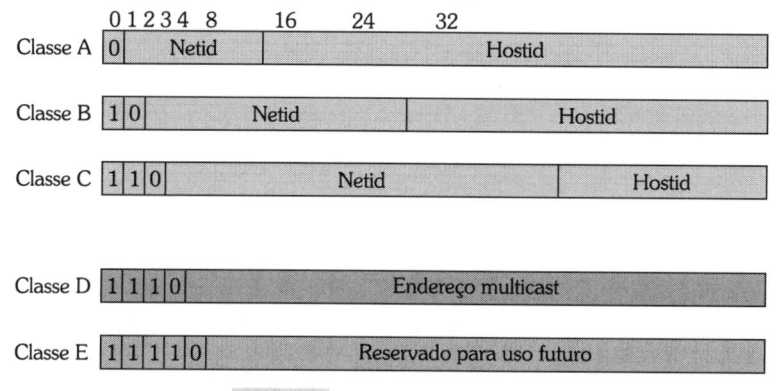

Figura 7.3 Classes de endereçamento.

7.2.3 Máscara de rede

É usada para determinar onde termina o endereço da rede e onde começa o endereço da estação. Devido à forma como a máscara de rede é usada, os bits são definidos com "1" da esquerda para direita. Por exemplo, uma máscara de sub-rede 255.0.0.0 corresponde a dizer que os 8 primeiros bits, ou seja, o primeiro octeto, estão sendo utilizados para indicar a rede, e os vinte e quatro bits restantes para indicar estações.

Quando não possuímos sub-redes, ou seja, não dividimos um mesmo endereço de classe em várias redes, usamos as máscaras de rede default que são:

- ▶ **Classe A:** 255.0.0.0.
- ▶ **Classe B:** 255.255.0.0.
- ▶ **Classe C:** 255.255.255.0.

 Exemplo

Endereçamento

Vamos imaginar que a Editora Érica possui um endereço classe C válido na internet como 200.10.1.x. A Editora resolve dividir esse endereço classe C em duas sub-redes, sendo uma para o administrativo e outra para a produção. Como resolver esse problema?

Precisamos criar uma máscara de rede que permita dividir a rede em duas. A máscara default para uma classe C em binário é:

```
11111111. 1111111. 1111111. 00000000
255.255.255.0
```

Para que possamos dividir o endereço classe C da Editora em dois, vamos precisar adicionar 1 bit à máscara, uma vez que a regra usada é:

$$N = 2^x$$

em que N = número de sub-redes e X = número de bits que vamos adicionar à máscara. Portanto, a máscara de sub-rede vai ficar com 1 bit a mais, ou seja:

```
11111111.11111111.11111111.10000000
255.255.255.128
```

A primeira sub-rede começará no endereço 200.10.1.0 (id da rede), tendo como endereços válidos 200.10.1.1 a 200.10.1.126. O broadcast será o último endereço da sub-rede 200.10.1.127.

A segunda sub-rede começará no endereço 200.10.1.128 (id da rede), tendo como endereços válidos 200.10.1.129 a 200.10.1.254. O broadcast será o último endereço da sub-rede 200.10.1.255.

7.2.4 Protocolos de transporte do TCP/IP

O TCP/IP implementa dois protocolos para transporte:

▸ **TCP:** para o serviço confiável e orientado a conexão.

▸ **UDP:** para o serviço não orientado à conexão.

Na camada de aplicações, existe uma série de protocolos que fazem uso do TCP ou UDP para transporte. A Figura 7.4 mostra os principais protocolos de aplicação do TCP/IP.

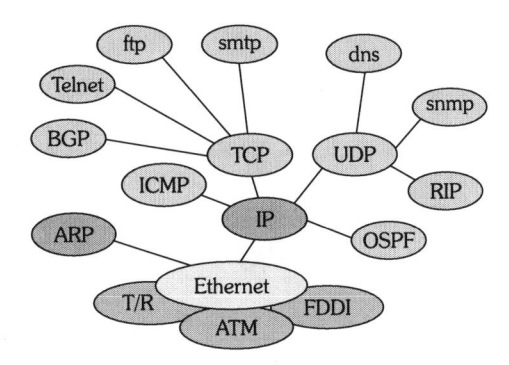

Figura 7.4 Família de protocolos do TCP/IP.

Resumindo, os principais protocolos de aplicação TCP/IP são:

▶ **FTP (File Transfer Protocol):** usado para a transferência de arquivos; trabalha com as portas TCP 20 e 21.

▶ **NFS (Network File System):** protocolo incorporado pela SUN para acesso remoto a serviços de diretório; trabalha com o UDP na porta 111.

▶ **TELNET:** protocolo que permite a criação de um terminal remoto de uma estação; trabalha sobre o TCP na porta 23.

▶ **SNMP:** protocolo usado para gerência de redes; trabalha sobre o UDP na porta 161 e a estação de gerência sobre o TCP na porta 162.

▶ **SMTP:** protocolo para o serviço de correio eletrônico; trabalha sobre o TCP na porta 25.

▶ **HTTP:** protocolo usado para páginas web; trabalha sobre o TCP na porta 80.

▶ **DNS:** protocolo usado para resolução de nomes na internet; trabalha sobre o protocolo UDP na porta 53.

7.3 Roteamento

É o processo que ocorre em cada nó da rede, em que os pacotes recebidos são analisados e, a partir dessa análise, é definido o caminho que o pacote vai seguir até alcançar o destino. Cada nó por onde um pacote vai trafegar, da origem até o destino, é responsável pela escolha do melhor caminho para o pacote trafegar em determinado instante. Se um roteador acabou de rotear um pacote para o endereço 120.1.2.3, caso o roteador receba um segundo pacote vindo do mesmo destino também para 120.1.2.3, não quer dizer que o pacote será roteado pelo mesmo caminho, visto que as informações sobre topologia e rotas podem ter se alterado nesse intervalo de tempo.

Em geral, a decisão sobre o caminho que o pacote deve seguir depende da análise de algumas informações, como tempo de resposta dos links, mudança de estado de links, priorização do pacote, entre outras.

O funcionamento do roteamento só é possível com a troca de informações de roteamento entre os nós das redes. As informações ficam armazenadas em tabelas nos roteadores, as quais são chamadas de tabelas de roteamento. A partir das informações dessas tabelas, um roteador toma a decisão sobre o melhor caminho para rotear determinado pacote. As tabelas precisam ser frequentemente trocadas entre os roteadores. Os protocolos responsáveis pela definição de rotas e a troca das tabelas de roteamento são os protocolos de roteamento.

Esses protocolos baseiam-se em distância ao vetor, no estado do link e protocolos de roteamento híbridos. Os protocolos mais conhecidos e utilizados são: RIP, OSPF, BGP, IGRP, IS-IS e EGRP.

A Figura 7.5 apresenta um pacote sendo roteado em uma rede IP. Observe que, em determinado instante da comunicação entre o computador A e o C, o pacote seguiu pelo caminho A, E, F, D, enquanto o pacote seguinte procurou o caminho A, B, C, D. A mudança ocorreu pelo fato de o roteador A ter tomado a decisão que a melhor rota até o computador C havia mudado. Por essa razão, o pacote foi roteado por um novo caminho. Isso pode ter ocorrido porque, entre a chegada do primeiro e do segundo pacotes no roteador A, ele pode ter recebido uma atualização de informações, como que o link entre o roteador F e D estava começando a congestionar.

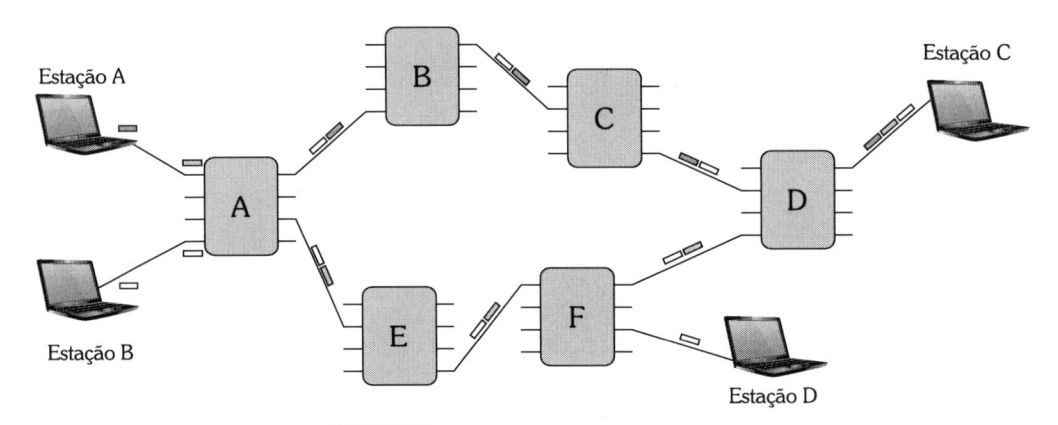

Figura 7.5 Pacotes sendo roteados numa rede IP.

Existem roteadores que podem delegar a decisão sobre o caminho em que o pacote será roteado para roteadores de hierarquia superior. Isso acontece porque o roteador foi configurado com o que chamamos de rota estática. Quando um roteador é configurado com rota estática, ele envia todos os pacotes que recebe sempre para o mesmo roteador. Em geral, um roteador diretamente conectado a ele toma a decisão sobre qual caminho o pacote vai seguir. Um roteador que também só trabalha com rota estática não precisa armazenar as tabelas de roteamento, portanto, pode ser roteador de menor capacidade e com pouca memória. Lembre-se de que um roteador precisa de memória para armazenar as tabelas de roteamento.

Geralmente, as grandes operadoras, provedoras de serviços de dados, adicionam às pontas roteadores de baixa capacidade, configurados com rotas estáticas para seus roteadores de backbone (responsáveis pela definição das rotas). Com isso, o investimento para colocar um novo cliente na rede é pequeno.

Existem os seguintes tipos de roteamento:

- **Roteamento centralizado:** quando um roteador de alta capacidade calcula as melhores rotas e distribui para os outros roteadores da rede.

- **Roteamento isolado:** cada roteador analisa seus links e toma uma decisão isolada de roteamento.

▸ **Roteamento distribuído:** os roteadores se comunicam entre si, trocando informações sobre os links e o tráfego na rede e criam outra tabela de roteamento.

▸ **Roteamento hierárquico:** o roteamento hierárquico é necessário quando a rede é muito grande e a tabela de roteamento fica extensa, inviabilizando a troca e o armazenamento dessa tabela. Nessa solução, o roteamento é dividido por áreas conhecidas como domínios, e em cada área existe um roteador que faz a interface com outras áreas. O protocolo utilizado para troca de informações entre domínios de roteamento é o BGP.

7.3.1 Roteadores

São os equipamentos que trabalham na camada rede do modelo OSI (camada 3), roteando os pacotes entre as redes. Os roteadores executam, além do roteamento, algumas tarefas essenciais da rede, como servir de filtro isolando protocolos não roteáveis e o tráfego de broadcast, evitando que eles se propaguem entre as redes.

Os roteadores também são equipamentos essenciais para garantir a segurança das redes, além de atuarem como filtros de pacotes indesejáveis. Os roteadores de nova geração trabalham como um Firewall Statefull Inspection, protegendo as redes de invasores.

Em geral, os roteadores não trabalham apenas com IP. São equipamentos multiprotocolo, por isso, um roteador pode, além de converter pacotes, funcionar como um gateway de protocolos. Por exemplo, um mainframe que não possui IP pode conversar com uma rede IP por meio de um roteador que esteja configurado com uma interface que faça Data Link Switching com o mainframe. Conversões como de Novell IPX em IP podem também ser executadas por um roteador.

Os roteadores, atualmente, executam uma função importantíssima na rede, que é o NAT (Network Address Translation). Essa capacidade permite ao roteador converter endereços IP válidos, usados para a conexão na internet, em endereços IP inválidos. Os endereços inválidos são usados internamente na rede da empresa. Essa funcionalidade eliminou uma necessidade do passado, que todas as máquinas deviam possuir um endereço IP válido para acessar a internet. O processo de NAT ocorre quando o pacote passa pelo roteador e é encaminhado para a internet. O roteador troca o endereço inválido do campo de endereço origem do pacote pelo endereço válido da porta do roteador. Assim, o pacote de retorno chega corretamente ao roteador, que fica responsável novamente pela tradução para que o pacote retorne à estação de origem.

kynny/Getty Images

Figura 7.6 Roteador.

Os novos roteadores agregam, além das interfaces WAN e das interfaces Ethernet, portas que podem ser utilizadas para a conexão de terminais de voz. As portas trabalham com VoIP (voz sobre IP) e permitem implantarmos o conceito de redes multisserviço, transportando voz e dados. Esses roteadores já começam a incorporar capacidades como Qualidade de Serviço, usando mecanismos avançados como o MPLS (Multi Protocol Label Switching).

 Exemplo

Configuração de uma rede IP sobre uma linha privada em roteadores Cisco

A empresa InfoCom precisa fazer uma ligação LAN to LAN (rede a rede) entre a matriz e a filial. Para isso, necessita implementar um link IP entre as duas pontas. Vamos explicar como resolver esse problema. A Figura 7.7 apresenta o desenho da solução.

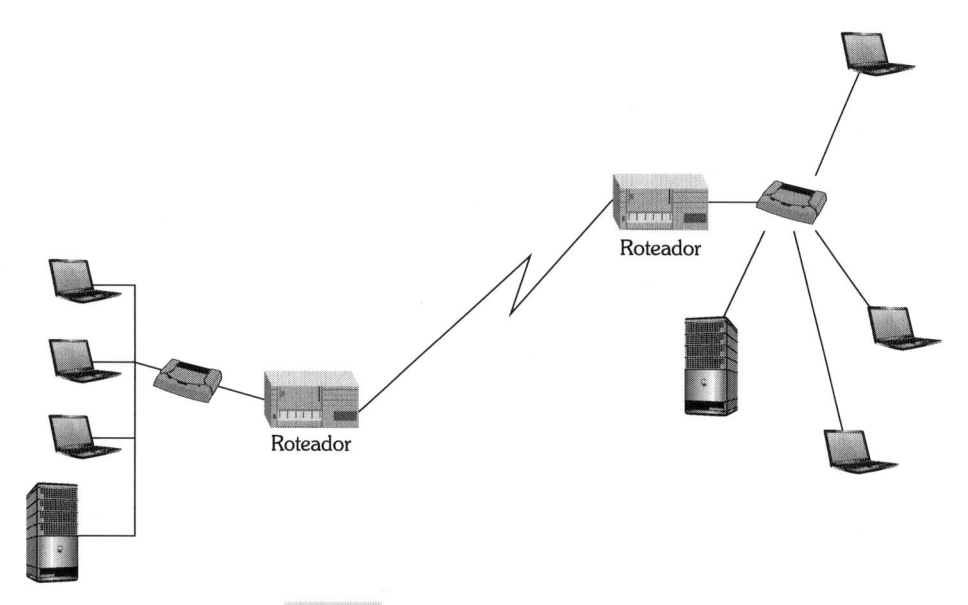

Figura 7.7 Desenho da solução com roteadores.

O primeiro passo para resolver o problema é definir o endereçamento IP para a empresa. Como se trata de uma rede privada, usaremos endereços inválidos na internet. Os endereços são chamados inválidos porque não existem sites na internet com esses endereços. São definidas via RFC as seguintes classes de endereçamento inválido (privado):

‣ **Classe A Privado:** 10.0.0.0 a 10.255.255.255.

‣ **Classe B Privado:** 172.16.0.0 a 172.31.255.255.

‣ **Classe C Privado:** 192.168.0.0 a 192.168.255.255.

Vamos optar pelo endereço privado classe B 172.16.X.X para a rede da empresa. A porta Ethernet do roteador da direita será 172.16.1.1, com máscara 255.255.0.0, as estações da direita receberam os endereços 172.16.1.10 (servidor), 172.16.1.11 a 172.16.1.13 (estações), todas as máquinas usando a máscara default 255.255.0.0.

Para a rede da esquerda escolheremos a seguinte numeração privada classe B: 172.18.x.x. A interface Ethernet do roteador ficará com o endereço 172.18.1.1 e a máscara 255.255.0.0, já as outras quatro máquinas ficarão com os endereços 172.18.1.10 para o servidor e 172.18.1.11 a 172.18.1.13 para estações, todas usando a máscara default 255.255.0.0.

Para as portas seriais do roteador, escolheremos um endereçamento do tipo 10.x.x.x, então teremos 10.0.0.1 e máscara 255.0.0.0 para o roteador da direita e 10.0.0.2 e a máscara 255.0.0.0 para o roteador da esquerda. Elas estarão configuradas na mesma rede.

Utilizaremos o protocolo PPP (Point to Point Protocol) para fazer a transmissão.

O roteador da rede da direita ficará com a seguinte configuração:

```
routername> enable
password: xxxxxxx
routername#> configuration terminal
routername(config)#>interface ethernet 0
routername(config-if)#>ip address 172.16.1.1 255.255.0.0
routername(config-if)#>interface serial0
routername(config-if)#>ip address 10.0.0.1 255.0.0.0
routername(config-if)#>router rip
routername(config-if)#>network 10.0.0.0
routername(config-if)#>network 172.16.0.0
routername(config-if)#>encapsulation PPP
routername(config-if)#>end
```

O roteador da rede da esquerda ficará com a seguinte configuração:

```
routername> enable
password: xxxxxxx
routername#> configuration terminal
routername(config)#>interface ethernet 0
routername(config-if)#>ip address 172.18.1.1 255.255.0.0
routername(config-if)#>interface serial0
routername(config-if)#>ip address 10.0.0.2 255.0.0.0
routername(config-if)#>router rip
routername(config-if)#>network 10.0.0.0
routername(config-if)#>network 172.18.0.0
routername(config-if)#>encapsulation PPP
routername(config-if)#>end
```

As máquinas da rede da direita devem ter como default gateway a porta Ethernet do roteador da direita. Para isso, devemos configurá-lo como 172.16.1.1. Veja na Figura 7.8 a configuração de uma das estações.

As máquinas da rede da esquerda devem ter como default gateway a porta Ethernet do roteador da esquerda. Para isso, devemos configurá-lo como 172.18.1.1. Veja na Figura 7.9 a configuração de uma das estações.

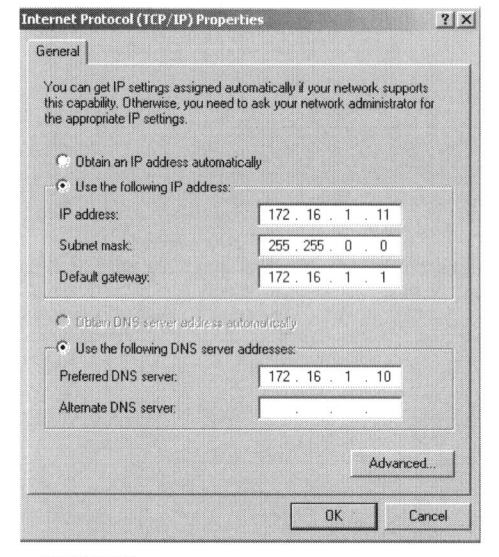

Figura 7.8 Configuração da estação rede da direita.

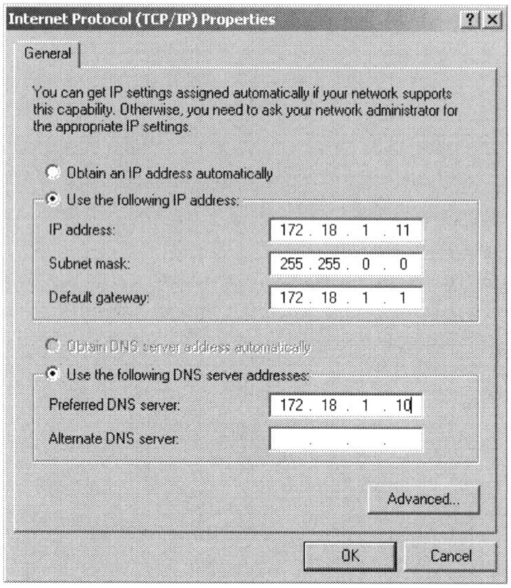

Figura 7.9 Configuração da estação rede da esquerda.

7.4 IP versão 6

O IP versão 6 nasceu em meados de 1990 e o padrão foi publicado em 1998. Essa tecnologia surgiu por conta do esgotamento da quantidade de endereços IPs disponíveis com a versão do IPv.4. Os 32 bits tornaram-se insuficientes na metade do ano 2000 devido ao enorme crescimento da internet. Quando do projeto inicial da Arpanet, não se imaginava que ela iria se transformar no que é a internet de hoje, e os 32 bits disponíveis para endereçamento pareciam mais do que suficientes. Com essa nova tecnologia, expandimos a quantidade de IPs válidos de 4 bilhões para mais de 134 trilhões de endereços.

A situação não ficou tão crítica porque, a partir de 1990, iniciou-se a utilização das técnicas de tradução de endereços, ou seja, NAT (Network Address Translation), o que reduziu significativamente a necessidade de endereços IPs válidos para as estações.

Alem do problema da exaustão de endereços, existem ainda alguns problemas não endereçados pelo IP versão 4:

▸ o IPv4 não possui métodos para priorizar o tráfego ou definir classes de serviço, que normalmente aplicações como vídeo e voz necessitam;

▶ a quantidade de dispositivos e aplicações móveis cresce com velocidade impressionante, o que dificulta o uso do IPv4;

▶ não existe suporte de segurança intrínseco ao IPv4, necessitando a utilização de soluções proprietárias, o que muitas vezes gera problemas de interoperabilidade.

A tecnologia do IP versão 6 traz uma série de novidades, sendo a principal delas expandir o espaço de endereçamento de 32 bits para 128 bits. Diferentemente do IPv4, que possui uma notação decimal para a representação dos endereços, o IPv6 é representado por notação hexadecimal. Exemplo de um IP versão 6: FE80:0000:0000:0000:0260:97FF:FE8F:64AA.

Outras funcionalidades disponíveis no IPv6 são:

▶ **Suporte à tecnologia de QoS:** o IPv6 possui dois campos no cabeçalho que permitem definirmos classes de serviços que são tratadas diferentemente pelos roteadores. Por exemplo, serviços de vídeo, voz, entre outros.

▶ **Suporte à autenticação e criptografia através do IPSec:** essa tecnologia foi criada em conjunto com o projeto do IP versão 6 e possibilita, por meio do uso da criptografia, melhorarmos o nível de segurança das comunicações.

▶ **Total integração com o IPv4 com recursos de tunelamento:** o IPv6 pode ser tunelado em IPv4, permitindo a integração das duas tecnologias.

Com o IPv6, não existe mais a necessidade de NAT, uma vez que o espaço de endereçamento é infinitamente maior. A transição das redes IPv4 para IPv6 é um processo demorado, que ainda não se iniciou no Brasil. Nos Estados Unidos, na Ásia e na Europa, diversas operadoras de telecomunicações já começaram esse processo de transição.

Algumas características do IPv6:

▶ novo cabeçalho do pacote IP;

▶ espaço de endereçamento maior;

▶ suporte ao protocolo de comunicação segura IPsec;

▶ melhor suporte à priorização de tráfego;

7.4.1 Novo cabeçalho IPv6

Esse novo cabeçalho foi desenhado para minimizar o processamento, anexando campos não essenciais e opcionais às extensões IPv6. Isso torna o IPv6 mais eficiente para o processamento por roteadores intermediários.

Os cabeçalhos do IPv4 e IPv6 não são interoperáveis, ou seja, um roteador IP deve estar preparado para trabalhar com pacotes dos dois tipos de cabeçalhos. O cabeçalho IPv6 tem o dobro do tamanho do cabeçalho IPv4, embora o número de bits de endereçamento do IPv6 seja quatro vezes maior do que o IPv4.

Vale lembrar que o NAT não é mais necessário com o IPv6; existem endereços mais que suficientes para atender a toda a demanda.

7.4.1.1 Configuração estática e dinâmica de endereços

O IPv6 suporta tanto o uso de definição automática de endereços, usando o protocolo DHCP (Dynamic Host Configuration Protocol), quanto a definição estática de endereçamento.

Com o DHCP, a máquina recebe um endereço dentro do prefixo que foi assignado. Esse prefixo é o mesmo utilizado na rede onde o computador ganhou o endereço. Os rotadores e os equipamentos de rede devem trabalhar com esse prefixo.

Embora o princípio do DHCP seja o mesmo no IPv6 com no IPv4, normalmente leva apenas alguns segundos para atribuição do IP no IPv6, inclusive para atualizar o endereço. No caso do IPv4, a atualização de endereços pode levar até 1 minuto.

7.4.2 Suporte nativo a IPSec

O IPSec é uma camada completa de segurança para o IPv6 e compreende dois diferentes cabeçalhos:

▶ **AH (Authentication Header):** fornece integridade de dados, autenticação, proteção anti-replay para todo o pacote IPv6, excluindo os campos necessários para o encaminhamento do pacote.

▶ **ESP (Encapsulating Security Payload):** disponibiliza integridade dos dados, autenticação, confidencialidade, proteção anti-replay. A diferença para o AH é que no ESP os dados são encriptados.

O IPSec usa um processo de troca de chaves criptográficas conhecido como IKE (Internet Key Exchange Protocol).

É importante lembrar que o IPSec não é um pré-requisito para o uso do IPv6, inclusive, é possível utilizar o IPSec com redes IPv4.

O processamento do cabeçalho do IPSec não o torna mais seguro, ou seja, o uso da criptografia é opcional e não é um requisito de implementação do IPv6. Vamos entrar mais em detalhes sobre o IPSec no Capítulo 9.

7.4.3 Melhor suporte à priorização de dados

No IPv6, novos campos foram adicionados, permitindo que o tráfego seja identificado e priorizada a entrega, dependendo da classe de serviço utilizada. Existe um campo no pacote chamado de "Traffic Class Field", que especifica que tipo de serviço prioritário o pacote é, permitindo que ele seja tratado prioritariamente por roteadores durante o fluxo. Esse recurso é suportado mesmo quando utilizamos o IPSec.

7.4.4 Novo protocolo de descoberta de nós (NDP)

Além do ICMP usado para realizarmos o Ping aos diferentes nós da rede, usado principalmente para verificar se o nó está ativo como usado no IPv4, o IPv6 traz um novo protocolo chamado NDP (Neighbor Discover Protocol), que substitui o ARP (Address Resolution Protocol) do IPv4.

Na Figura 7.10 podemos observar o pacote IPv6.

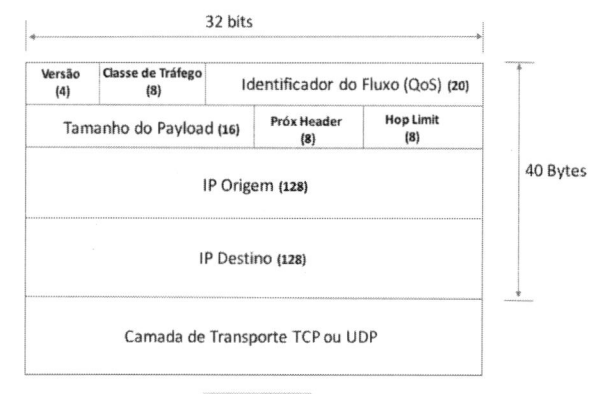

Figura 7.10 Pacote IPv6.

Considerações finais

Neste capítulo, apresentamos os fundamentos do TCP/IP com uma abordagem ampla do protocolo de roteamento.

Atividades

1. Quem foi o primeiro patrocinador do projeto TCP/IP?

a) DoD.

b) Nasa.

c) Boeing.

d) Hewlett-Packard.

e) Xerox.

2. Qual é o grande avanço que a Universidade de Berkeley incorporou ao projeto do TCP/IP?

3. Indique qual dos itens a seguir não representa uma característica do TCP/IP:

a) Trabalha com a política de melhor esforço.

b) É um protocolo legado.

c) Possui capacidades de fragmentação e remontagem de quadros.

d) Protocolo padrão em sistemas conectados à Internet.

e) Usa um processo de troca de chaves criptográficas conhecido como IKE.

4. Indique a quais classes de endereçamento (A/B/C) os endereços seguintes pertencem:

(   ) 15.17.168.4   (   ) 197.168.10.41   (   ) 200.270.40.1

(   ) 135.10.4.1   (   ) 130.10.1.1   (   ) 9.19.9.9

(   ) 115.10.4.5

5. Indique a classificação do protocolo:

T – Transporte	( ) TCP	( ) ARP	( ) SMTP
R – Rede	( ) ICMP	( ) DNS	( ) BGG
A – Aplicação	( ) Ethernet	( ) OSPF	( ) SNMP
E – Enlace			

6. Qual é a função do roteamento?

7. Qual é a finalidade das tabelas de roteamento?

8. Qual é a função do protocolo de roteamento?

9. Assinale as alternativas que indicam quais dos protocolos apresentados a seguir são de roteamento:

a) RIP.

b) OSPF.

c) BGP.

d) TCP.

e) ICMP.

10. A frase "Pacotes que possuem a mesma origem e o mesmo destino sempre vão ser roteados pelos mesmos roteadores" é verdadeira ou falsa?

11. Qual é a diferença entre roteamento distribuído e roteamento hierárquico?

12. Em qual camada do modelo OSI trabalham os roteadores?

a) Camada 1.

b) Camada 2.

c) Camada 3.

d) Camada 4.

e) Camada 5.

13. Assinale as alternativas que indicam quais dos itens seguintes correspondem a inovações dos roteadores:

a) NAT.

b) Firewall.

c) Roteamento estático.

d) VoIP.

e) LAN.

Redes de Longa Distância (WAN)

8.1 Introdução

As redes WAN (Wide Area Networks) ou redes de longa distância têm como característica abranger grandes regiões geográficas, podendo envolver pontos entre cidades, estados ou até mesmo países. Geralmente, essas redes possuem grande heterogeneidade de mídias de transmissão.

Uma WAN trabalha com velocidades inferiores às que estamos habituados nas redes locais. As redes de longa distância ou remotas possuem protocolos específicos e os meios de transmissão mais comuns são cabos de cobre, satélite, micro-ondas e fibra óptica.

A Figura 8.1 apresenta uma conexão de longa distância, ligando duas redes. Observe que, para que isso seja possível, foi adicionado um roteador a cada uma das pontas.

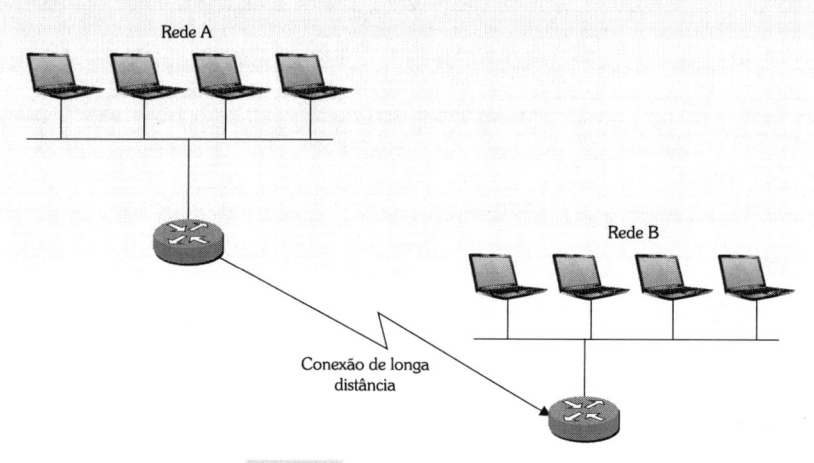

Figura 8.1 Conexão de longa distância.

As primeiras redes de dados remotas nasceram da necessidade de interconectar mainframes e "controladoras de terminais", localizados em áreas geográficas dispersas. As alternativas tecnológicas da época iam desde a utilização de linhas privativas de baixa velocidade, com o uso de modems nas duas pontas, até a utilização de linhas de dados com base em comutação de circuitos, que trabalhavam com velocidades de até E1. A primeira rede de pacotes comercialmente disponível e com alta abrangência geográfica foi a X.25, lançada na metade dos anos 1980, e usada na prestação de serviços de videotexto e de conexão remota entre mainframes.

A rede X.25 foi desenvolvida com a concepção de que o meio de transmissão era, na sua maioria, embasado em cabos de cobre, sujeitos à alta taxa de erro. Para se adequar a essas limitações, a X.25 foi concebida com mecanismos muito eficientes de tratamento e correção de erros. Os mecanismos funcionavam nó a nó na rede X.25, ocasionando, portanto, muita latência e, consequentemente, um serviço de baixa velocidade, porém adequado ao tráfego de terminais de mainframe em que a troca de texto necessita de pouca banda na rede.

Com a evolução da fibra óptica, surgiu um meio capaz de transmitir as informações com uma baixíssima taxa de erros. Surgia a oportunidade para uma nova tecnologia que não realizasse todo o tratamento de erros da rede X.25 e, ao mesmo tempo, apresentasse uma performance superior, atendendo às novas necessidades de banda.

O frame relay foi lançado como um grande avanço tecnológico na época de seu lançamento (nos anos 2000), permitindo circuitos de dados com comutação de frames a velocidades escaláveis de n × 64 Mbps até 34 Mbps. O frame relay continua até hoje sendo amplamente utilizado pelas operadoras, devido, principalmente, à eficiência e à boa performance.

Com o advento da internet e do conceito de convergência de voz, imagem e vídeo, começaram a surgir estudos e desenvolvimento de uma tecnologia de rede remota que pudesse garantir uma Qualidade de Serviço (QoS) suficiente para os serviços de dados, priorizando aplicações críticas, como voz e vídeo. Mesmo muitas vezes atendendo às necessidades de banda, o frame relay não possui mecanismos de priorização de dados que garanta um serviço de qualidade para as novas aplicações.

Para atender a essas necessidades, surgiu o ATM (Assynchronous Transfer Mode), uma tecnologia com base na comutação de células, que garante banda e atraso constante para aplicações isócronas como voz e vídeo. O ATM revolucionou o mercado das Redes de Longa Distância, entretanto, por conta de sua complexidade e de seu custo elevado, acabou sendo substituído por redes IP.

O problema do custo aliado a desenvolvimentos efetuados por grandes fabricantes para garantir Qualidade de Serviço no IP vem fazendo com que as operadoras e os provedores de serviço substituam redes ATM por redes IP para longa distância. Os avanços para garantir a qualidade de serviço no IP foram muito grandes, tanto que desde 2010 já existem equipamentos que encapsulam o IP diretamente sobre os quadros das redes de transmissão SDH, permitindo ao cliente/usuário comprar um acesso de longa distância IP puro.

8.2 Técnicas de comutação

Existem várias tecnologias de redes WAN. É importante notar que algumas dessas tecnologias são fundamentadas em comutação de circuitos, pacotes e células.

8.2.1 Comutação de circuitos

A comutação de circuitos surgiu com as redes telefônicas e tem por base o estabelecimento de um circuito de capacidade fixa, dedicado àquela comunicação. A comunicação, nesse caso, ocorre com o estabelecimento de uma conexão fim a fim, ou seja, por todo o caminho em que as mensagens vão trafegar, existe a necessidade de um circuito devidamente alocado e dedicado. Como o circuito está sempre disponível para a comunicação, não ocorre congestionamento, entretanto, existe a impossibilidade de estabelecer a comunicação se não houver um circuito disponível.

Esse tipo de comutação é excelente para serviços sensíveis a atraso como voz, porém, como trabalha com velocidade constante, não é adequado para tráfego de rajadas, como no caso do uso da internet.

A Figura 8.2 apresenta uma rede com base em comutação de circuito. Quando um canal é estabelecido a partir de uma solicitação de estabelecimento de conexão, ele é mantido até que a comunicação seja terminada, com uma solicitação para liberação do canal.

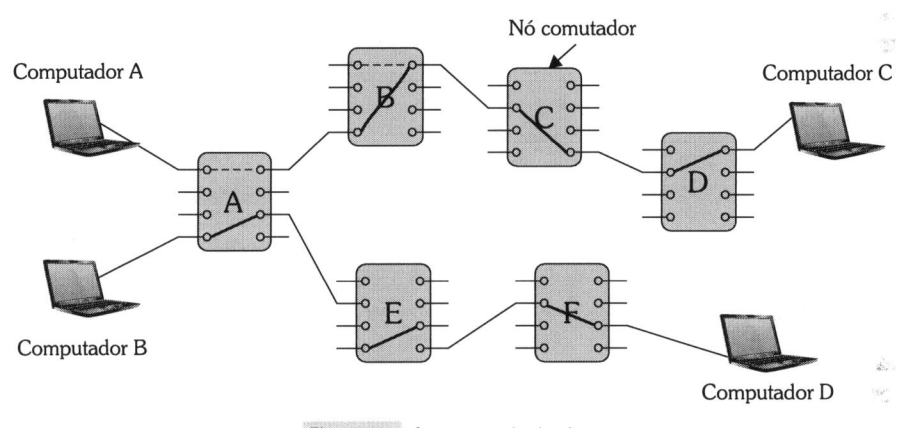

Figura 8.2 Comutação de circuitos.

8.2.2 Comutação de pacotes

A comutação de pacotes é fundamentada em uma mesma conexão física poder ser multiplexada entre várias conexões lógicas, permitindo que vários usuários utilizem simultaneamente a mesma conexão física. O tráfego, nesse caso, é agregado estatisticamente. Como a comutação de pacotes envolve o tratamento do conteúdo do pacote para tomar decisões de roteamento pela rede até chegar ao seu destino, dizemos que essa tecnologia é do tipo Store and Foward, ou seja, o concentrador da rede recebe o pacote, verifica o conteúdo, trata e depois envia pela rede.

A rede com base em comutação de pacotes possui uma série de vantagens. Entre elas, está a melhor adaptabilidade ao tráfego em rajadas. Além de uma utilização mais otimizada dos canais de comunicação, na comutação de circuitos, mesmo que não houvesse a transmissão de dados, o canal ficava alocado para a comunicação, consumindo banda sem transmitir nada. Aqui ocorre o contrário: a banda ociosa pode ser disponibilizada para outros usuários.

Com a comutação de pacotes, também podemos estabelecer caminhos ou rotas alternativas para a chegada ao destino. Os caminhos alternativos servem para balancear o tráfego e como rota redundante, caso haja falha no caminho principal. Na comutação de circuitos, isso não é possível. Se o canal cair, deve ser estabelecida uma nova chamada, desde o momento que haja canais disponíveis. A desvantagem das redes de pacotes é que elas não suportam aplicações sensíveis a atraso, como voz, e também podem estar sujeitas a congestionamentos e eventual perda de pacotes.

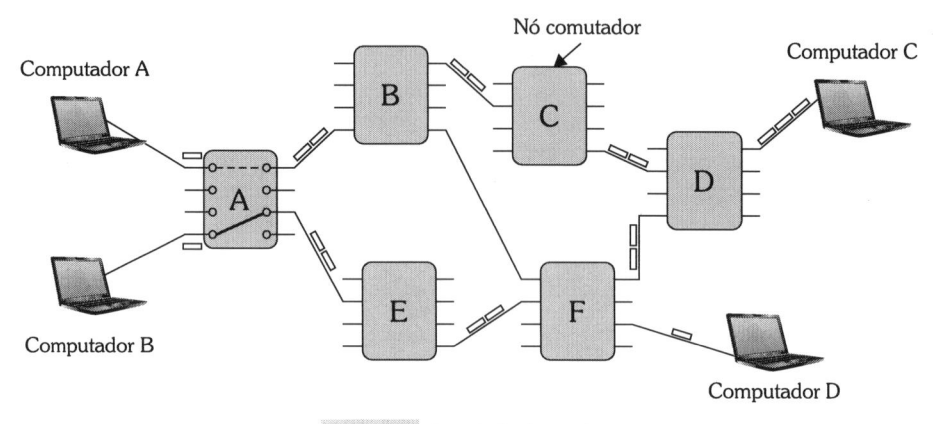

Figura 8.3 Comutação de pacotes.

8.2.3 Comutação de células

A comutação de células é uma grande evolução se comparada às duas tecnologias anteriormente apresentadas e só se tornou possível devido à baixa taxa de erro dos meios de transmissão existentes, embasados em fibra óptica. A comutação de células é baseada no uso de células de tamanho fixo. Essa particularidade facilita muito o projeto e a concepção de comutadores de alta performance, tornando a comutação mais simples e eficiente.

Nessa tecnologia, a banda é alocada dinamicamente, o que garante o suporte a aplicações de taxa constante, como serviços de voz e vídeo em tempo real e taxa variável como serviços de dados. As tecnologias de comutação de células permitem a transmissão a longas distâncias de serviços com base em comutação de pacotes, devidamente encapsulados. Por exemplo, o IP é um protocolo embasado em comutação de pacotes, que pode ser encapsulado em ATM (baseado em comutação de células).

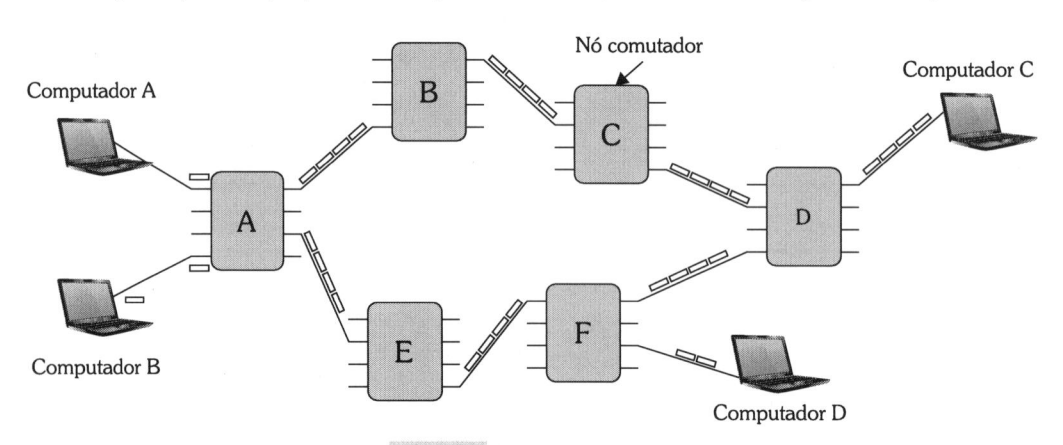

Figura 8.4 Comutação de células.

8.3 Tecnologias WAN

Existem várias tecnologias de redes de longa distância. Cada uma é empregada segundo as necessidades de cada caso, como banda que desejamos disponibilizar, qualidade de serviço, disponibilidade e confiabilidade do serviço, análise de custo-benefício e mídia de transmissão disponível na localidade.

As tecnologias mais importantes e que devem ser analisadas quando precisamos realizar uma escolha de solução de rede são:

- ▸ linhas discadas e privativas;
- ▸ ISDN;
- ▸ E-1;
- ▸ X.25;
- ▸ frame relay;
- ▸ ATM;
- ▸ IP;
- ▸ POS (Packet Over Sonet/SDH);
- ▸ MPLS.

8.3.1 Linhas discadas e privativas

As linhas discadas são as linhas telefônicas tradicionais que utilizamos para a transmissão de voz. A vantagem de seu uso é o baixo custo do serviço. Uma linha discada funciona como um circuito de dados ponto a ponto, entretanto, diferente de um circuito de dados, essa linha não fica o tempo todo conectada. Além disso, quando utilizamos linhas discadas, não há como garantir que o serviço estará 24 horas disponível, como uma linha privada tradicional.

Quando trabalhamos com uma linha discada, é necessário, antes de começarmos a comunicação de dados, discar para o número destino. Nesse processo, existe ainda o risco de a linha à qual discarmos estar ocupada e a comunicação não ocorrer.

No final da comunicação, como se trata de um serviço discado, é necessário que a linha seja desconectada, liberando as portas dos equipamentos. Quando acessamos a internet usando o modem do computador, estamos estabelecendo uma conexão com uma linha discada.

Essas linhas podem ser utilizadas por equipamentos como roteadores e modems com a finalidade de redundância conhecida como dial backup. Assim, se a conexão usando a linha privada falhar, o canal pode ser restabelecido usando uma linha discada.

As linhas discadas estão limitadas à faixa de frequência permitida pela linha analógica de voz. Por conta dessas limitações, essas linhas não conseguem trabalhar com velocidades acima de 56 Kb.

A linha privativa é um enlace dedicado entre dois pontos. Esses enlaces são estabelecidos sobre a comutação de circuitos, porém são circuitos previamente estabelecidos e que não requerem estabelecimento de conexão. Os circuitos ficam disponíveis 24 horas por dia, sete dias por semana, com uma banda alocada, independentemente de o usuário utilizar o circuito. Essa é uma característica da comutação de circuitos.

As linhas privativas são linhas físicas dedicadas, que estão sempre disponíveis, interligando dois pontos. Elas são utilizadas na comunicação de dados entre escritórios de uma mesma empresa e podem ser utilizadas também como linhas de acesso a redes IP. A principal característica desse tipo de linha é que ela fica constantemente conectada. Além disso, trabalha com técnica de comutação de circuitos, na qual não ocorrem congestionamentos nem variação no atraso.

Essas linhas são adequadas para serviços a taxas constantes, como no uso de serviços de voz para a interligação de PABXs. Devido a essa tecnologia ser baseada em comutação de circuitos e a uma taxa constante, esse serviço não é o mais apropriado para acessos à internet, sujeitos a tráfego em rajadas.

A Figura 8.5 apresenta as diferenças no uso de linhas comutadas e linhas privativas. Observe que as linhas privativas vão sempre pelo mesmo caminho.

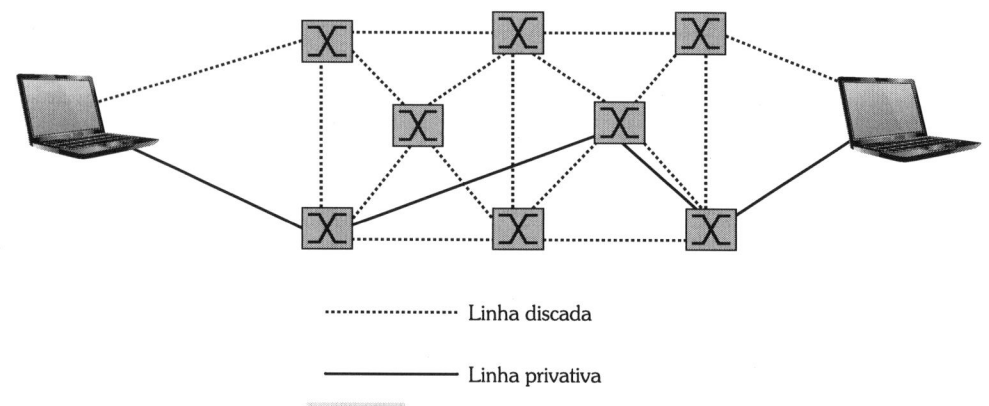

.... Linha discada

———————————— Linha privativa

Figura 8.5 Linhas discadas e linhas privativas.

Veja que as linhas comutadas podem estabelecer uma comunicação passando por diferentes centrais telefônicas, enquanto a linha privativa aloca e sempre deixa alocados circuitos nos mesmos nós da rede.

As linhas privativas podem trabalhar em diferentes velocidades. De acordo com a necessidade, essas linhas podem ser divididas em dois grupos:

▸ **Linhas de baixa velocidade:** trabalham com velocidades de 1.200 bps a 19.200 bps em enlaces síncronos.

▸ **Linhas de alta velocidade:** trabalham com velocidades múltiplas de 64 K, conhecidas como Nx 64 K. Essas linhas são enlaces síncronos que alcançam velocidade máxima de 2 Mbps.

As linhas de maior capacidade utilizam técnicas de multiplexação no tempo TDM. É o mesmo conceito dos time slots, definido nas técnicas de multiplexação.

É importante notar que, mesmo com todo o avanço tecnológico, as operadoras ainda possuem uma demanda expressiva por linhas de baixa velocidade, ou seja, até 19.200 bps. Isso se deve principalmente às aplicações dos clientes estarem preparadas para trabalhar a essas velocidades e não funcionarem quando conectamos os sistemas em linhas de velocidades mais altas.

8.3.2 Redes digitais de serviços integrados (ISDN)

A rede digital de serviços integrados RDSI, conhecidos como ISDN, é um conceito antigo, mas muito empregado nos Estados Unidos e na Europa. Nessas redes, a última milha, ou seja, a conexão do terminal telefônico com a central telefônica é toda embasada em sinalização digital. Corresponde a dizermos que existe uma linha digital na casa do assinante.

A voz dos terminais, portanto, já é digitalizada desde a casa do assinante. Essas linhas, por serem digitais, permitem a transmissão de dados de modo mais fácil e transparente do que as linhas analógicas.

O Brasil, até 1998, antes da privatização do grupo Telebrás, encontrava-se muito atrasado no tocante a investimentos em telefonia. O ISDN surgiu no início da década de 1990 e, na época, o governo brasileiro não tinha como investir nesse tipo de serviço, uma vez que, até a privatização, praticamente não existiam linhas digitais para assinantes no País.

No final dos anos 1990, com a privatização, os investimentos das grandes operadoras que se instalaram no Brasil não foram direcionados ao ISDN. Por quê? A resposta é simples: como já surgiam no horizonte novas tecnologias que permitiam acesso de dados aos usuários em alta velocidade, não fazia sentido investir em uma tecnologia que se encontrava em declínio nos mercados estadunidense e europeu. Além disso, o ISDN tem um custo muito elevado por terminal. Como as operadoras tinham metas audaciosas para expansão do número de terminais telefônicos no País, foi mais barato atingir a meta utilizando terminais telefônicos convencionais em vez de investir no ISDN.

Mesmo sendo digital, o ISDN tem a mesma característica que o serviço discado, ou seja, é necessário realizarmos discagem para estabelecer a conexão. O ISDN também serve para a conexão de acesso remoto RAS, usando o mesmo princípio do modem analógico tradicional. A diferença é que, enquanto o processo de estabelecimento de chamada com um modem analógico chega a levar 30 segundos, com o ISDN, o processo leva apenas 2 segundos.

O foco do ISDN, por ser uma tecnologia voltada à transmissão de voz, dados e imagem, permite dois tipos de interface:

▸ **Interface BRI do assinante:** composta por dois canais do tipo B com 64 Kbps cada um e um canal do tipo D de 16 Kbps usado para sinalização.

▸ **Interface PRI:** é a interface da rede, composta por trinta canais do tipo B e um canal do tipo D, porém com velocidade de 64 Kbps.

O assinante do ISDN necessita ter em casa um equipamento chamado TA (Terminal Adapter), que permite que ele se conecte à rede ISDN. Além do ISDN tradicional – chamado ISDN de faixa estreita –, existe o BISDN, que é o ISDN de faixa larga, que pode oferecer circuitos de dados de até 622 Mbps.

Os serviços ISDN são excelentes para a utilização com equipamentos de videoconferência. Como a videoconferência ocorre por um período determinado, não necessitamos que o circuito entre os dois pontos fique estabelecido de forma permanente. Além disso, a videoconferência requer uma banda mínima que o serviço analógico não consegue oferecer.

Em geral, os sistemas de videoconferência trabalham com velocidades de 256 Kbps, fazendo o balanceamento de carga entre duas conexões ISDN BRI, entre os dois pontos que estão realizando a comunicação.

Exemplo

Videoconferência

O ISDN é muito utilizado em sistemas discados para videoconferência. A Figura 8.6 apresenta uma conexão ISDN entre Nova York (Estados Unidos) e São Paulo (Brasil).

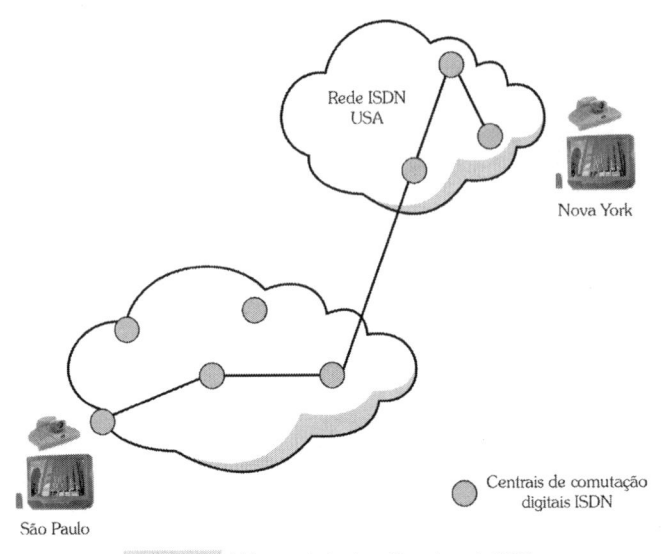

Figura 8.6 Videoconferência utilizando rede ISDN.

8.3.3 Circuitos E1

Esses circuitos também podem ser considerados uma linha privativa, porém com velocidade muito superior. Enquanto uma linha privativa trabalha em baixas velocidades (até 19.200 bps), o E1 oferece linhas múltiplas de 64 K, ou seja, 64 Kbps, 128 Kbps, 256 kbps até chegar nos 2 Mbps. Como é embasado na comutação de circuitos, possui as mesmas limitações quanto à alocação fixa da banda.

8.3.4 X.25

O X.25 foi uma das primeiras redes de pacotes comercialmente lançadas. No Brasil, as redes de pacotes foram lançadas com o serviço RENPAC, que é uma rede de pacotes X.25. As redes X.25 são adequadas quando possuímos mídias de comunicação sujeitas a erros, principalmente devido a todo o controle de erros que o X.25 efetua.

As redes X.25 permitem enlaces de até 64 Kbps e são recomendadas para alguns tipos de aplicação. No Brasil, as redes X.25 são usadas principalmente pelos bancos para interconectar os terminais 24 horas aos seus sistemas. A Figura 8.7 apresenta uma rede X.25. Os DTEs são os nós terminais na rede e os DCEs, os nós de comutação.

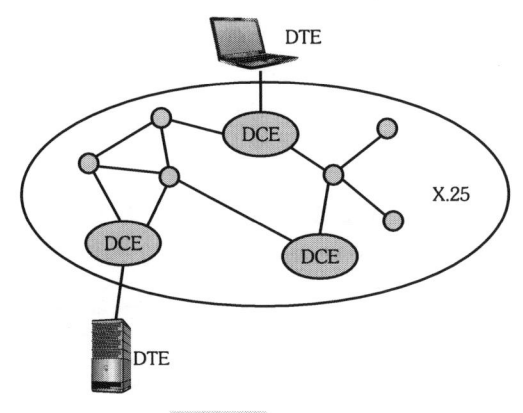

Figura 8.7 Rede X.25.

8.3.5 Frame relay

O frame relay é uma rede com base na comutação de frames, que trabalha na camada 2 do modelo OSI. Por não enxergar o endereçamento IP dos pacotes, essa tecnologia não realiza roteamento, como o IP e o X.25.

Nasceu de uma evolução do X.25, que tinha como condição básica a transmissão de dados em um meio de transmissão sujeito a erros. Esse meio é embasado em cabeação de cobre sujeita a ruídos e interferências eletromagnéticas, além de limitar muito a distância dos enlaces. Para que uma comunicação pudesse ocorrer de forma confiável no X.25, era preciso que esse protocolo possuísse técnicas de recuperação de erros e retransmissão de pacotes com erros em cada nó que o pacote passasse. Isso gerava um overhead muito grande na rede e nenhuma conexão X.25 trabalhava com velocidades acima de 256 Kbps.

O X.25 possui mecanismos que garantem que um pacote transmitido na rede seja enviado com segurança ao destino, mesmo sendo transmitido em um meio sujeito a erros.

O frame relay explora o uso da fibra óptica como um meio de transmissão seguro e com baixíssima taxa de erros. A política adotada é de não tratar os erros. Cada quadro frame relayframe relay possui um campo chamado frame check sequenceframe check sequence, que é um campo de CRC (Cyclic Redundancy Check, método para checagem de erros em pacotes). Se o switch frame relay, ao comparar o campo de frame check sequence, verificar que o quadro tem um erro, ele é descartado. O quadro morre na rede e a responsabilidade pela retransmissão dos quadros que morreram é das camadas superiores.

Sem o peso do overhead do tratamento de erros, os circuitos frame relay são confiáveis e chegam a trabalhar com velocidades de até 45 Mbps. Uma das características do frame relay é a não existência de qualidade de serviço. Como o quadro frame relay possui tamanho variável, ele dificulta a criação de filas baseadas no tipo de tráfego, impedindo que o frame relay consiga priorizar tráfegos como de dados ou de vídeo.

No começo, a padronização do frame relay especificava apenas circuitos virtuais permanentes, os chamados PVCs. Ao longo dos anos, a norma sofreu alterações e o frame relay passou a também suportar circuitos semipermanentes, conhecidos como SVC. Os circuitos SVC não são muito utilizados atualmente. Em geral, em uma rede frame relay, os circuitos SVC são estabelecidos pelos switches apenas em ocasiões de falhas em nós em que a rede precisa ser reconfigurada automaticamente.

Após a resolução da falha, os circuitos que foram estabelecidos automaticamente são desconectados, ou seja, existe a desestabilização.

O frame relay utiliza a técnica de multiplexação STDM (Statistical Time Division Multiplex), que permite que os time slots sejam alocados dinamicamente, tornando o uso do TDM mais eficaz e não havendo desperdício de banda.

Os PVCs são identificados pelo DLCI (Data Link Connection Identifier). Cada DLCI é único em um mesmo switch frame relay. A Figura 8.8 apresenta o quadro do frame relay.

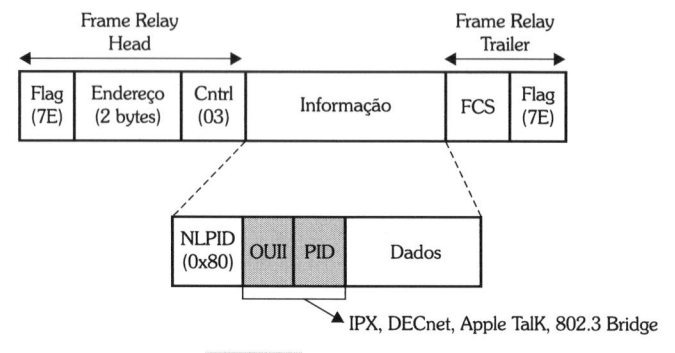

Figura 8.8 Quadro frame relay.

O frame relay possui dois tipos de interface:

▸ **Interface UNI (User to Network Interface):** corresponde à interface de acesso em que o usuário do serviço frame relay conectará seu roteador de acesso.

▸ **Interface NNI (Network to Network Interface):** corresponde à interface de rede do frame relay. É utilizada na interconexão de equipamentos (switches).

Os switches frame relay trocam quadros de sinalização nas interfaces UNI. Os quadros são chamados de LMI. O princípio de funcionamento é o mesmo de um pacote HELLO (sinalização para verificar se o equipamento da ponta está ativo), para verificar se o CPE (equipamento da ponta) e está ou não em funcionamento. A Figura 8.9 apresenta os elementos da rede frame relay interconectados com os dois tipos de interface.

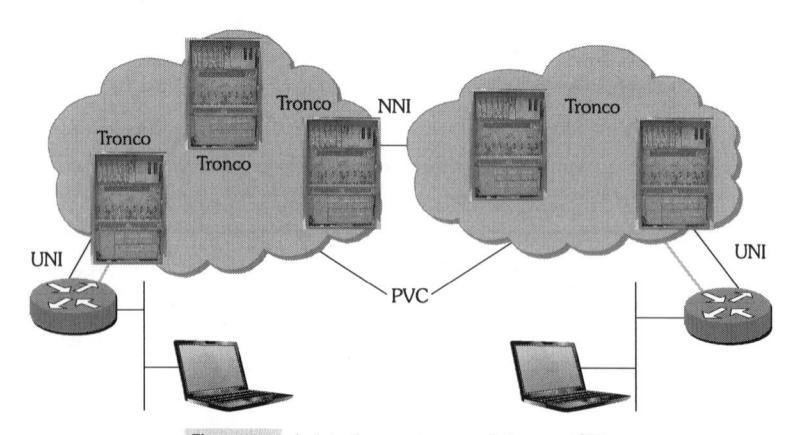

Figura 8.9 As interfaces entre os switches e os CPEs.

Exemplo

Configuração de uma rede frame relay em roteadores Cisco

Observe na Figura 8.9 que possuímos dois roteadores conectados em interface UNI a uma nuvem frame relay. Para que a comunicação ocorra, devemos configurar tanto o frame relay como o TCP/IP.

No roteador Cisco da esquerda, teremos a seguinte configuração:

```
routername> enable
password: xxxxxxx
routername#> configuration terminal
routername(config)#>interface serial0
routername(config-if)#>encapsulation frame-relay
routername(config-if)#>ip address 10.168.10.1 255.255.255.0
routername(config-if)#>interface ethernet 0
routername(config-if)#>ip address 10.10.10.1 255.255.255.0
routername(config-if)#>router rip
routername(config-if)#>network 10.0.0.0
routername(config-if)#>network 10.168.10.2
routername(config-if)#>end
routername#write
```

O roteador R1 da esquerda envia atualizações RIP para o endereço 10.168.10.2 e aprende seu DLCI pelo Frame Relay Inverse ARP. O frame relay Inverse ARP constrói uma tabela, mapeando os números de DLCI aos números IP dinamicamente.

A configuração do roteador na parte esquerda da Figura 8.9 é a seguinte:

```
routername> enable
password: xxxxxxx
routername#> configuration terminal
routername(config)#>interface serial0
routername(config-if)#>encapsulation frame-relay
routername(config-if)#>ip address 10.168.10.2 255.255.255.0
routername(config-if)#>interface ethernet 0
routername(config-if)#>ip address 10.10.20.1 255.255.255.0
routername(config-if)#>router rip
routername(config-if)#>network 10.0.0.0
routername(config-if)#>network 10.168.10.1
routername(config-if)#>end
routername#write
```

8.3.6 Commited Information Rate (CIR)

Quando contratamos um serviço frame relay, contratamos uma banda mínima, conhecida como CIR (Commited Information Rate ou taxa prometida), que é a mínima banda que o serviço de dados vai garantir. Isso quer dizer que se contratarmos um serviço com CIR de 256 K, podemos transmitir no link taxas superiores a 256 K, desde que a rede não se encontre congestionada.

Todos os quadros que são transmitidos com taxas acima do CIR são marcados. A marcação indica que os quadros são os primeiros a serem descartados em caso de congestionamento no switch.

A Figura 8.10 apresenta o funcionamento do CIR. Todo o tráfego até o CIR é tratado com sinal verde. O tráfego é comutado pelo switch frame relay mesmo que esteja ocorrendo congestionamento. Esse limite de velocidade é definido pela variável Bc. O tráfego acima do CIR é permitido para períodos de burst ou rajada na rede. É marcado de amarelo e corresponde à taxa de Bc + Be. Esse tráfego é permitido na rede, porém os quadros são marcados como sujeitos a descarte. O tráfego que passar da taxa Bc + Be é automaticamente descartado pelo switch, pois é superior ao máximo estabelecido para tráfego de burst.

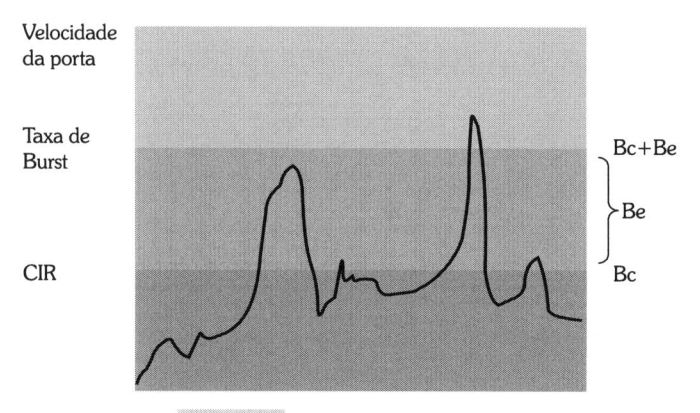

Figura 8.10 Commited Information Rate.

Em uma rede frame relay, quando ocorre congestionamento, o switch frame relay notifica tanto o switch do qual ele está recebendo quadros, como os switches aos quais ele envia quadros a ocorrência da congestionamento. Isso é feito setando os bits de notificação de congestionamento (FECN/BECN).

8.3.7 Assynchronous Transfer Mode (ATM)

O ATM (Assynchronous Transfer Mode) é uma tecnologia baseada na comutação de células de tamanho fixo, que garante qualidade de serviços para aplicações de voz, vídeo e imagem. O ATM é extremamente escalonável, o que permite trabalharmos com links de 155 Mbps até 10 Gbps.

No Brasil, é utilizado por grandes provedores de internet que necessitam de alta banda e boa performance para disponibilizar acesso a seus usuários.

A Internet 2 é um projeto pioneiro para fornecer acessos à internet com Qualidade de Serviço e toda embasada na concepção de rede ATM.

8.3.8 Redes IP

IP é o protocolo que mais cresceu nos últimos 30 anos. Muitas empresas que antes adotavam o IPX das redes Novel migraram para o TCP/IP. O IP acompanhou o crescimento da internet, que se popularizou e alcançou a marca de mais de 150 milhões de usuários apenas no Brasil.

Por conta da familiaridade dos usuários com o protocolo IP e o avanço tecnológico que grandes fabricantes estão conseguindo, permitindo incorporar mecanismos de garantia e Qualidade de Serviço, as operadoras começam a oferecer serviços de longa distância com base em IP puro.

As soluções são fundamentadas no fornecimento de serviços de dados IP encapsulados diretamente em quadros SDH, usados nas redes de transmissão. Isso faz com que tecnologias como o frame relay e o ATM sejam desnecessárias, pois a rede de longa distância fica toda direcionada para o uso do IP.

Novas soluções, como o POS (Packet over Sonet), permitem que serviços de dados IP sejam diretamente encapsulados em quadros SDH. Esse mecanismo dispensa o uso de tecnologias de switching, como o frame relay e o ATM, pois a rede de longa distância fica baseada no uso exclusivo do IP.

8.3.9 Redes MPLS

O MPLS (Multiprotocol Label Switchig) é uma rede de pacotes em que estes são rotados por etiquetas existentes no pacotes e não pelo endereço IP. Tais pacotes recebem uma etiqueta para serem encaminhados em um roteador chamado LER (Label Edge Router) e seguem um caminho conhecido como LSP (Label Switch Path). Os pacotes são roteados pela rede por um roteador conhecido como LSR (Label Switch Router).

O que é interessante no MPLS é que em cada LSR, ou seja, em cada roteador que o pacote passa, a etiqueta é removida e substituída por uma nova etiqueta, para que o pacote seja encaminhado no LSR seguinte no caminho.

Os LSPs, que funcionam como as rotas no roteamento IP tradicional, são estabelecidos pelos operadores de rede por vários propósitos, como garantir o nível de performance adequado, criar tuneis IP como usado em Redes Privadas Virtuais (VPN) ou evitar congestionamento. O funcionamento acaba sendo muito parecido como uma rede de comutação de células, como o ATM, mas usando pacotes.

Os LSPs podem ser utilizados sobre múltiplas tecnologias de transporte, sendo as mais comuns o Ethernet, o frame relay e o ATM. Com isso, é possível criar circuitos virtuais fim a fim, garantindo aspectos como Qualidade de Serviço e eliminando, muitas vezes, outros mecanismos de priorização da camada 2 dessas tecnologias (Ethernet, frame relay e ATM).

Todo esse processo acaba deixando o roteamento mais rápido, com uma performance muito próxima de um switch ATM. Além disso, com o MPLS temos a capacidade de realizar engenharia de tráfego, em que podemos priorizar diferentes tráfegos por diferentes classes de serviço.

A ideia do MPLS é deixar o processo de encaminhamento de pacotes mais simples, com priorização e qualidade de serviço abalizado na classe da aplicação. Ele acaba sendo amplamente utilizado tanto para a o transporte de rede IP quanto para adicionar VPN como uso de criptografia, permitindo criar múltiplos túneis seguros e com Qualidade de Serviço.

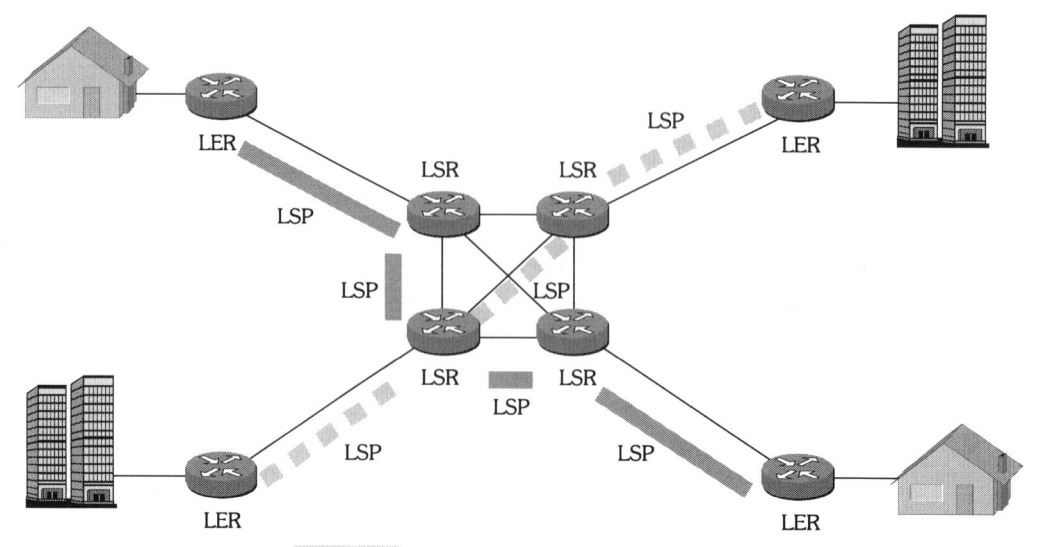

Figura 8.11 Diagrama Rede MPLS com LER, LSR e LSP.

8.3.10 Terabit Ethernet

O conceito de Terabit Ethernet está relacionado a redes com velocidades superiores a 100 Gbps. Dentro desse grupo encontram-se as tecnologias desenvolvidas pelo grupo de trabalho IEEE P802.3bs e que foram aprovados em 2016. O padrão define tecnologias para Ethernet a velocidades de 400 Gbps, 200 Gbps e 100 Gbps.

Já existem grupos de trabalho que começam a definir tecnologias de Terabit Ethernet a velocidades superiores a 800 Gbps, chegando até 1.6 Tbps. Tais especificações deverão virar padrões ao longo de 2020.

Considerações finais

Este capítulo abordou as principais tecnologias WAN, como X.25, frame relay, linhas privativas, circuitos E1, ATM, além das técnicas de comutação de circuitos, pacotes e células.

Atividades

1. As redes WAN se caracterizam por:

   a) Computadores conectados em um mesmo meio físico.

   b) Computadores com capacidade de roteamento.

   c) Uma rede de longa distância capaz de interconectar estações localizadas em diferentes sites, em uma mesma cidade, estado ou país.

   d) Rede Ethernet.

   e) Nenhuma das alternativas anteriores.

2. A afirmativa "A interconexão de controladoras de terminais e mainframes caracteriza uma rede de longa distância" é verdadeira ou falsa? Justifique.

3. Faça a associação:

   a) Comutação de circuitos

   b) Comutação de pacotes

   c) Comutação de células

   ( ) Linhas privadas.   ( ) Não está sujeito a congestionamento.

   ( ) X.25.   ( ) Atraso constante.

   ( ) Frame relay.   ( ) Criado para aplicações de voz.

   ( ) ATM.   ( ) Apropriado a tráfego em rajadas.

4. Qual das tecnologias seguintes não corresponde a uma WAN?

   a) POS.

   b) ATM.

   c) IP.

   d) Token ring.

   e) LAN.

5. Qual das tecnologias WAN seguintes apresenta maior escalabilidade?

   a) FR.

   b) X.25.

   c) ATM.

   d) LPS.

   e) LAN.

6. Qual é a diferença entre linhas discadas e linhas privativas?

7. Qual é a banda disponibilizada por uma interface ISDN BRI?

8. Cite algumas vantagens do uso do ISDN.

9. Qual é a aplicação multisserviço que explora ao máximo as potencialidades do ISDN?

10. A afirmativa "O frame relay explora o uso de um meio com baixa taxa de erros" é verdadeira ou falsa?

11. Quais são as principais diferenças entre o X.25 e o frame relay?

12. Qual é a técnica de multiplexação utilizada no frame relay?

   a) TDM.

   b) FDM.

   c) STDM.

   d) WAN.

   e) LPS.

13. Quais são os tipos de interfaces do frame relay?

14. O que é CIR e qual é a sua finalidade?

Soluções de Acesso Remoto e VPN (Virtual Private Networks)

9.1 Introdução

Desde a década de 2000 vem ocorrendo uma revolução nas relações de trabalho. Novas tecnologias têm permitido que funcionários de uma única equipe trabalhem em um mesmo projeto, localizados fisicamente em diferentes cidades, estados ou até mesmo países.

O conceito do escritório como espaço físico no qual os funcionários chegam pela manhã (por volta das 8 horas), trabalham, almoçam e voltam a trabalhar até às 17 horas, retornando a seus lares, vem mudando drasticamente. O custo fixo de manter toda essa estrutura é muito grande e, muitas vezes, reduz consideravelmente a margem do negócio.

Se manter um escritório é caro, mas eu preciso das pessoas para a realização do trabalho, como a empresa funciona? A resposta para esta pergunta é que as pessoas podem continuar trabalhando na empresa, mesmo não estando dentro dela. O departamento comercial deve estar sempre com o cliente, portanto, o local de trabalho do vendedor é na rua e/ou no escritório do cliente. Além disso, muitos outros funcionários que realizam atividades de apoio não necessitam ficar dentro da empresa.

Existe, então, uma oportunidade para que esses funcionários trabalhem em casa. Isso requer o estabelecimento de uma rotina diária de trabalho, respeitando horários e reuniões, e atendendo aos telefonemas como se estivessem trabalhando na empresa. Esse tipo de trabalho é muito lucrativo para as empresas por conta da redução de custos com espaço físico, economia com eletricidade, ar--condicionado, copa, limpeza, impostos etc.

Nesse modelo de trabalho, a empresa é responsável por fornecer a infraestrutura para que o funcionário possa trabalhar em casa, como linhas telefônicas, computador, impressora, além, é claro, dos suprimentos.

O mercado de trabalho estadunidense denominou esses funcionários que trabalham na rua com vendas ou mesmo em casa de telecommuters. Segundo pequisa do IWG (Instituto de Pesquisas Inglês), de 2018, 70% da força de trabalho mundial trabalha pelo menos um dia por semana em casa. A Figura 9.1 apresenta o modelo de acesso remoto desses usuários. Mostra alguns elementos básicos do acesso remoto, como o modem do usuário, o RAS (Servidor de Acesso Remoto) e os servidores de autenticação Radius ou TACACS.

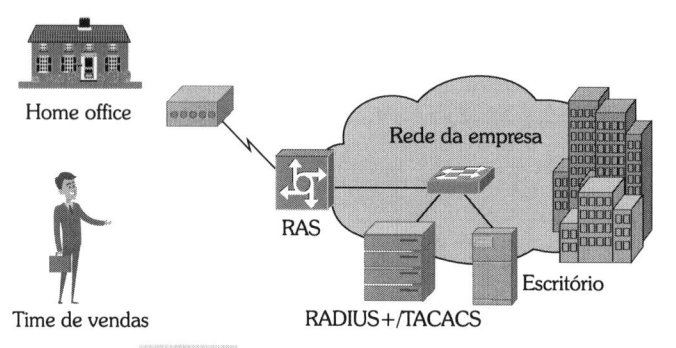

Figura 9.1 Acesso remoto dos telecommuters.

Esse tipo de atividade pressupõe o uso de uma série de recursos tecnológicos para que aconteça. Alguns dos recursos são:

▸ disponibilidade de acesso remoto à rede da empresa;

▸ disponibilidade de serviço de voz sobre IP com suporte a sistemas de mensagens unificadas;

▸ sistemas de videoconferência para a realização de reuniões a distância;

▸ disponibilidade de VPN com a rede da empresa pela internet.

Este capítulo explica a relação entre a disponibilidade de acesso remoto e a VPN (rede da empresa).

9.2 Modems – Acesso

Os modems são equipamentos que **MO**dulam e **DEM**odulam sinais. No caso dos telecommuters, os modems são utilizados para modular os sinais digitais utilizados na comunicação em sinais analógicos, que podem ser transmitidos a partir de uma linha telefônica analógica.

No acesso remoto, o objetivo é o usuário acessar a rede da empresa usando um modem conectado ao seu computador e uma linha telefônica comum. Os últimos avanços na tecnologia de modems possibilitaram que eles realizassem conexões síncronas usando uma fibra óptica de até 200 Mbps. Essa velocidade é adequada para o uso das ferramentas básicas de trabalho da empresa, como correio eletrônico, acesso a aplicações etc., entretanto, não é adequada quando trabalhamos com arquivos muito grandes, pois o tempo de download é muito elevado.

Os modems conectados ao computador do funcionário devem, então, realizar a conexão remota à rede da empresa. A conexão ocorre a partir de uma discagem, também chamada de dial-up, para um número da empresa, onde um servidor especial de comunicação está instalado, o conhecido RAS ou Servidor de Acesso Remoto. O login desse usuário na rede depende ainda de um processo de autenticação que será realizado em um servidor Radius ou TACACs existente na rede interna da empresa. A Figura 9.2 exibe a foto de um modem.

Figura 9.2 Modem analógico.

9.3 RAS (Remote Access Server)

O RAS (Remote Access Server – Servidor de Acesso Remoto) é o equipamento que faz o papel de servidor de comunicação no acesso remoto. Ele recebe as chamadas telefônicas provenientes dos modems dos usuários. Possui internamente cartões de modems, que são utilizados para demodular o sinal analógico recebido novamente em sinais digitais. O RAS tem uma conexão para a rede telefônica com um ou mais circuitos E1 canalizados. Em cada um desses circuitos existem 30 linhas telefônicas, portanto, para cada E1 instalado em um equipamento RAS existe a necessidade de um cartão com pelo menos 30 modems.

Após o enlace físico ser estabelecido e o processo de autenticação ocorrer, o RAS negocia o protocolo PPP que será utilizado na comunicação da estação da casa do funcionário com o RAS. Quando o RAS recebe esses pacotes, ele os roteia pela rede interna da empresa, portanto, o RAS, nesse caso, executa a mesma função de um roteador. O RAS monitora, ainda, a comunicação com os modems e, no caso de um usuário ficar muito tempo sem enviar nenhuma mensagem, ele pode derrubar a porta do usuário, deixando-a livre para uma nova conexão.

Como um roteador, o RAS permite criarmos filtros para os acessos dos usuários com base em políticas definidas durante a autenticação.

O RAS não é um equipamento complexo. A complexidade do acesso remoto está nos sistemas de autenticação que veremos a seguir.

Figura 9.3 Servidor de Acesso Remoto.

9.4 Servidor de autenticação Radius ou TACACS

O servidor de autenticação é o cérebro do acesso remoto. Existem dois padrões de protocolos de autenticação:

▸ Radius (Remote Authentication Dial-In User Service), que é um padrão de mercado; e

▸ TACACS (Terminal Access Controller Access Control System), lançado pela Cisco Systems.

O servidor de acesso remoto RAS comunica-se com os servidores de autenticação a partir da rede local, como observamos na Figura 9.1, usando um desses protocolos. O servidor de autenticação é um software que possui versões tanto para ambiente Windows NT quanto para ambiente Unix. A diferença entre as plataformas está relacionada à quantidade de autenticações que pode ser realizada por minuto. Em geral, os sistemas instalados em plataforma Unix apresentam uma performance superior aos sistemas com base em NT.

O papel principal do servidor de autenticação é executar, o que é conhecido como AAA:

▸ **A (Authentication):** processo de autenticação.

▸ **A (Authorization):** processo de autorização.

▸ **A (Accounting):** processo de bilhetagem.

No processo de autenticação, o servidor de acesso remoto possui uma base de dados com os nomes e as senhas de todos os usuários. Quando um usuário disca com seu modem para a rede da empresa, o RAS envia uma janela para o usuário preencher com os dados de nome e senha, usando um protocolo que pode ser PAP ou Chap. Esses dados são enviados para o servidor de autenticação, que verifica em sua base os dados do usuário e realiza ou não a autenticação. Todo esse processo é registrado para fim de bilhetagem e auditoria, incluindo o telefone de quem originou a discagem.

Após o usuário ser autenticado, inicia-se o processo de autorização. Nessa etapa, o servidor de autenticação envia para o RAS o endereço IP do usuário. Esse número é delegado a partir de um "pool de endereços" pré-configurado no servidor de autenticação. Além do IP, são entregues outras informações como número de DNS e default gateway. A interface virtual de rede da estação adota, então, esses endereços. Além de delegar o endereço IP, outro importante papel do servidor de autenticação é definir filtros que limitem os acessos do usuário, que é parte fundamental do processo de autorização. Por exemplo, um usuário do marketing que acessa a rede de sua casa estaria limitado ao acesso de servidores do marketing, não podendo acessar os servidores do departamento financeiro.

O último papel do servidor AAA é o de bilhetagem, que pode ser utilizada para registrar os acessos diários. Os registros incluem o nome do usuário que se conectou à rede da empresa, o endereço IP a ele delegado, o número telefônico de origem, o tempo que ele ficou conectado e, inclusive, segundo algumas regras configuráveis, os endereços que esse usuário acessou. Essas informações são muito importantes não apenas para a cobrança do departamento pelo uso da infraestrutura, mas também para fins de auditoria e segurança.

Como todos os acessos são registrados, os registros do servidor de autenticação podem servir de prova forense, no caso de um usuário acessar de forma indevida a rede com o objetivo de roubar informações ou até mesmo realizar um ataque interno a alguns servidores da rede.

9.5 VPN (Virtual Private Network)

A VPN pode ser definida de algumas maneiras, como:

▷ É uma rede de circuitos virtuais que transporta tráfego privado.

▷ É uma conexão segura com base em criptografia. O objetivo é transportar informação sensível através de uma rede insegura (internet).

▷ VPNs combinam tecnologias de criptografia, autenticação e tunelamento. É interessante para interligar pontos distantes de uma organização através da internet.

▷ É uma rede na qual a conectividade entre múltiplos usuários e/ou sites é estabelecida sobre uma infraestrutura compartilhada, porém com as mesmas políticas de acesso e segurança de uma rede privada.

A Figura 9.4 exibe a VPN que, neste caso, está substituindo links de comunicação privativos entre os escritórios de Recife, Paris, São Paulo e Milão, usando uma VPN sobre a internet.

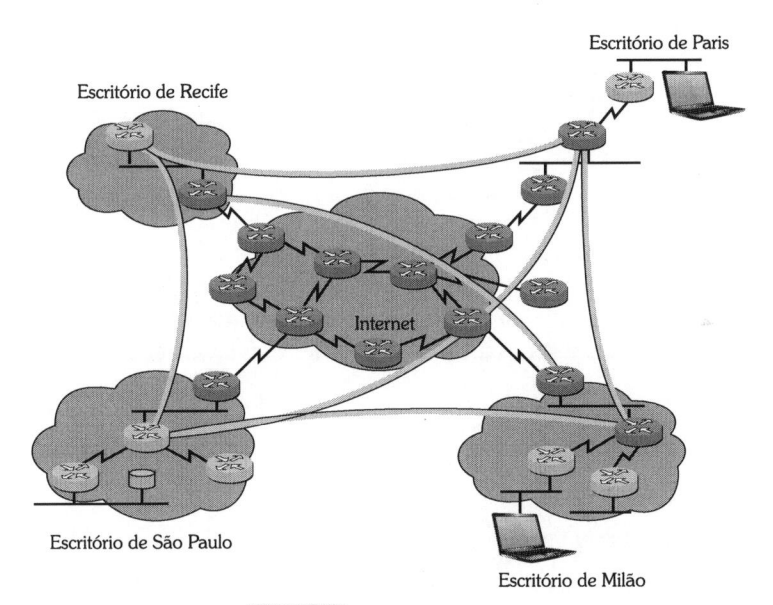

Figura 9.4 Apresentação da VPN.

Nesta solução, foram substituídos circuitos de acesso dedicados por conexões lógicas sobre a internet. As conexões podem ser realizadas entre nós, roteadores, firewalls e outros dispositivos.

A internet, nesse contexto, tornou-se um backbone virtual, gerando uma redução potencial de custos com a substituição de linhas privativas. Essa solução permite a conexão em alta banda com matriz, além de usuários de home office com conexão via xDSL ou cable modem.

Outras aplicações para VPN incluem acesso para pessoal que trabalha em campo e conexões entre empresas parceiras.

A Figura 9.5 apresenta alguns cenários de uso de VPN, destacando usuários de acesso remoto, conexão de filiais e extranet com empresas parceiras. Embora a demanda por telecommuting e home office já exista mesmo antes da disponibilidade dos serviços xDSL, os meios existentes, isto é, conexões discadas, não tinham performance suficiente (dial-up assíncrono) ou não existiam na disponibilidade (RDSI) necessária.

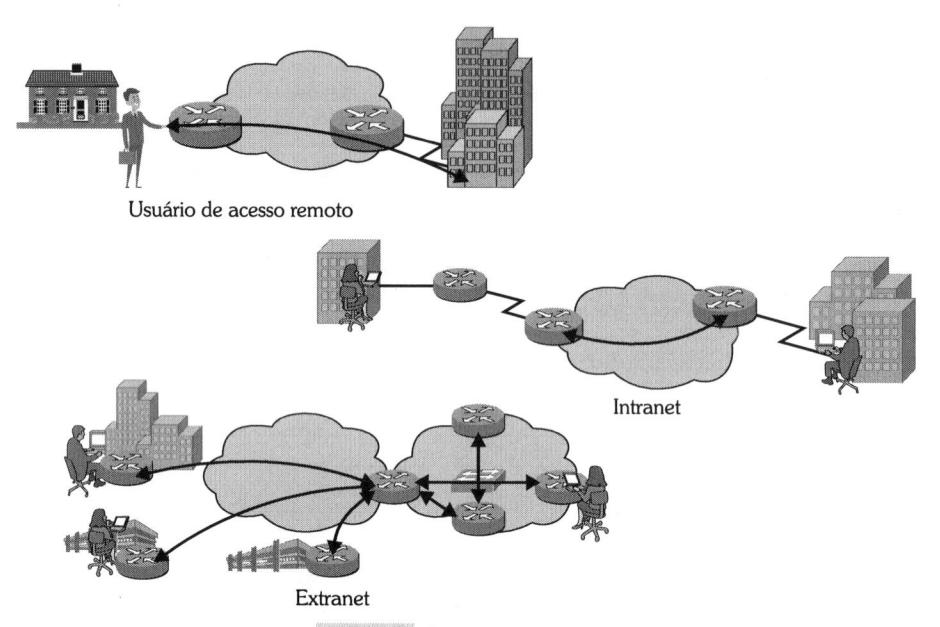

Usuário de acesso remoto

Intranet

Extranet

Figura 9.5 Cenários de uso de VPN.

Os serviços xDSL oferecem banda passante mais do que suficiente para atender à demanda de escritórios remotos individuais e mesmo de escritórios remotos de maior porte. A conexão de usuários móveis e remotos à rede corporativa via VPN evita o gasto com tarifas de acesso 0800 para o RAS corporativo, como ADSL.

As conexões LAN para LAN, através da internet, permitem que as organizações não usem mais frame relay ou linhas privativas para conexões privativas. Além disso, permitem conexões seguras com empresas parceiras (Extranet).

Assim, podemos listar algumas vantagens do uso da VPN:

▸ menor custo (relativo à linha privativa) – mais de 50% de redução;

▸ solução escalável;

▸ menor chance de falha;

▸ facilidade de gerenciamento;

▸ em algumas modalidades paga apenas o uso;

▸ utiliza menos equipamentos.

As VPNs podem ser usadas para substituir ou ampliar redes privadas, acrescentar novas aplicações sem interromper as atuais e incluir novas unidades. Os ganhos são maiores quanto mais geograficamente espalhada estiver a empresa. Contudo, as VPNs não são recomendadas quando a performance não é tão vital ao negócio, para tráfego de voz, vídeo ou outro tráfego isócrono e quando existem aplicações não IP na rede que não podem ser tuneladas.

O problema com as aplicações isócronas é que não existe controle de congestão e acesso. Além disso, a latência, o jitter (variância da latência), a perda de pacotes e a vazão (especialmente em uma rede IP/frame relay) são muito grandes, afetando diretamente a qualidade do serviço. Outro ponto importante a ser observado é a segurança.

Algumas características presentes na VPN são:

▷ **Autenticação:** identificar com quem está se comunicando.

▷ **Tunelamento:** encapsular dados roteados por meio da rede pública.

▷ **Criptografia:** garantir segurança.

As VPNs podem ser implementadas por hardware ou software. Todas as soluções de VPN envolvem a aplicação de diversos algoritmos e nenhum deles é interoperável.

As vantagens da implementação por hardware são:

▷ rapidez;

▷ o uso de hardware criptográfico com chips dedicados também torna a VPN muito rápida;

▷ não sobrecarrega CPU de roteadores, firewalls ou gateways.

Essas soluções são do tipo black box, ou seja, um hardware dedicado. Existem vários applian-ces com essa finalidade. Diversos fabricantes fornecem esses tipos de solução, como Cisco, Nortel Networks, Lucent, Sonicwall, entre outros.

Já as vantagens da implementação por software são:

▷ fácil implementação;

▷ implementação em massa;

▷ updates e patches são de fácil distribuição por e-mail e web;

▷ gerência centralizada;

▷ menor possibilidade de erro.

O software depende muito do sistema operacional em que será instalado. Existem soluções de implementação de VPN usando sistema operacional Linux, com o FreeSwan e com o Windows.

A implementação da VPN usando a internet preocupa quanto à segurança. Os mecanismos de autenticação (que permitem saber com quem estamos nos comunicando), de integridade (os dados não são alterados no trânsito) e de acesso (confiança de que pessoas estranhas não possam acessar sistemas, softwares e dados) devem ser implementados.

9.5.1 Protocolos

Existem algumas maneiras de implementar uma VPN. Cada uma delas faz uso de diferentes protocolos em várias camadas do modelo OSI. Existem os seguintes tipos de VPN:

▷ **Camada 2 ou enlace:** fazem parte desse grupo os seguintes protocolos: L2TP (Layer 2 Tunneling Protocol), PPTP (Point-to-Point Tunneling Protocol), L2F (Layer 2 Forwarding), além das VPNs criadas com o frame relay e o ATM.

▷ **Camada 3 ou rede:** fazem parte desse grupo os protocolos IPSec (Internet Protocol Security) e MPLS (Multi Protocol Label Switching).

▸ **Camada 4 a 7:** as VPNs formadas por protocolos que trabalham na camada transporte à aplicação. São eles SSL/TLS (Secure Socket Layer/Transport Layer Security), S/MIME (Secure/ Multipurpose Internet Mail Extensions) e SSH (Secure Shell).

Existem ainda as VPNs discadas, também conhecidas como VPDNs (Virtual Private Dial Network).

9.5.1.1 PPTP (Point-to-Point Tunneling Protocol)

O PPTP foi o primeiro protocolo usado para tunelamento. Ele é utilizado em máquinas NT e permite a implementação de criptografia na camada enlace com o protocolo RC4 – RSA. Esse protocolo também permite VPN nó a nó e fim a fim. Necessita de servidores NT para implementar os túneis e encapsula NetBEUI, IPX e AppleTalk. Basicamente, o PPTP é uma extensão do PPP.

A integridade do PPTP é baseada no algoritmo MD4 (Message Digest 4), que é fraca. Existem programas de hackers que conseguem descobrir o tráfego de uma VPN PPTP.

Apesar de ser um dos tipos mais difundidos, há algumas restrições quanto ao PPTP:

▸ o protocolo não especifica técnicas de gerenciamento de chaves;

▸ é proprietário;

▸ não existe criptografia quando usado em acesso remoto;

▸ permite uma única conexão no túnel – solução para acesso remoto.

9.5.1.2 L2F (Layer 2 Forwarding)

É um protocolo proprietário Cisco. Sua implementação baseou-se no uso do PPP como o PPTP para a autenticação do usuário. Assim, o L2F trabalha com Radius e TACACS+. Não suporta criptografia, entretanto, é mais poderoso do que o PPTP, pois permite várias conexões no mesmo túnel.

9.5.1.3 L2TP (Layer 2 Tunneling Protocol)

O L2TP combina o protocolo Cisco Layer-Two Forwarding L2F com PPTP, e é uma extensão do PPP. Só pode ser usado em VPN nó a nó por conta da aplicação na camada enlace. Para funcionar fim a fim, todos os nós da rede (roteadores) precisam suportar L2TP.

Ele também funciona com redes fundamentadas em quadros, como frame relay e X.25. Também encapsula protocolos como NETBEUI, IPX e AppleTalk. A autenticação é garantida por meio do PPP – PAP CHAP e suporte ao Radius e TACACS.

O L2TP trabalha e interopera com IPSec, garantindo confidencialidade com a criptografia e tornando-se a melhor solução para acesso remoto.

9.5.1.4 VPN frame relay

Na VPN frame relay, existe uma separação de tráfego por circuitos virtuais, os chamados DLCIs. Nesse tipo de VPN não há encriptação; na verdade, não é necessário, pois o protocolo atua apenas na camada dois do modelo OSI, sendo uma solução segura para o acesso. O frame relay é suportado para velocidades baixas. A Figura 9.6 apresenta uma VPN frame relay.

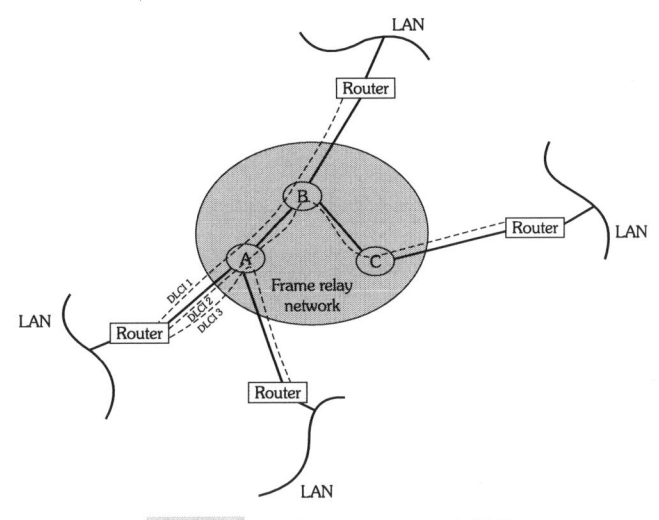

Figura 9.6 VPN frame relay através de DLCIs.

9.5.1.5 VPN MPLS (Multi Protocol Label Switching)

As VPNs MPLS são uma novidade no mercado e prometem, além de uma infraestrutura de VPN segura, a garantia da Qualidade de Serviço, propondo-se a resolver os problemas como congestionamentos, atrasos e jitters encontrados nas VPNs tradicionais.

Uma rede MPLS comuta pacotes com base no Label e não no endereço IP. São flexíveis, pois não exigem provisionamento complexo de PVC ou gestão dos túneis. Os problemas encontrados nas VPNs MPLS estão relacionados a não padronização e baixa interoperabilidade entre diferentes fabricantes. A Figura 9.7 exibe a arquitetura da VPN MPLS.

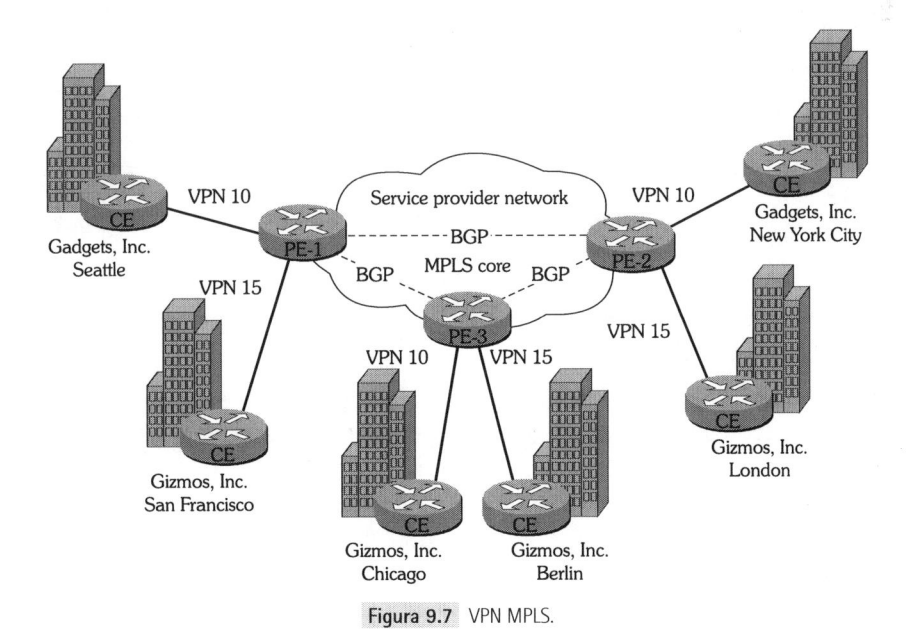

Figura 9.7 VPN MPLS.

9.5.1.6 VPN IPSec

As VPNS IPSec são fundamentadas no padrão aberto proposto pelo IETF. Elas provêem controle de acesso, integridade, confidencialidade e autenticação em rede por meio de criptografia.

A principal vantagem do IPSec é que ele pode ser aplicado de forma transparente na infraestrutura de rede existente, ou seja, as aplicações nem precisam saber que estão trabalhando com criptografia, tornando-se uma solução de segurança fim a fim entre roteadores, firewalls, estações de trabalho e servidores.

O IPSec foi especificado nas RFCs 1825 a 1829 e trabalha com dois protocolos:

▸ **AH (Authentication Header):** garante a autenticação do tráfego, mas sem criptografar os dados.

▸ **ESP (Encapsulating Security Payload):** garante a autenticação e encriptação dos dados.

O IPSec nasceu dentro do projeto do IP versão 6.0, sendo compatível com o IP versões 4 e 6. Com o IPSEC, podemos implementar recursos avançados, como:

▸ **Criptografia com chave forte:** utiliza, geralmente, DES, 3DES ou AES para criptografia de dados.

▸ **Controle da integridade e autenticidade:** são usados os seguintes algoritmos de hashing: HMAC, MD5 e SHA.

▸ **Gerenciamento e troca automática de chaves:** utiliza o Diffie-Hellman para troca de chaves, usando criptografia de chave pública.

▸ Controles de anti-replay e sequência dos pacotes.

▸ Autenticação usando PAP, CHAP e solução AAA RADIUS ou TACACS.

Atualmente, não existem problemas de interoperabilidade nas implementações dos principais fabricantes de IPSec, principalmente com o cliente da Microsoft. É aconselhável a implementação de certificados digitais para aumentar a segurança da VPN IPSec. A empresa necessita estabelecer uma política de segurança (Servidor de Políticas de Acesso), especificando os tipos de tráfego acessados pela VPN. Essa recomendação é ainda mais crítica para VPN com fornecedores.

Onde criptografar os dados?

Existem alguns cenários que devem ser analisados antes de respondermos a esta questão. Podemos fazer uma VPN fim a fim, que é o caso de quando implementamos uma VPN entre duas máquinas em redes distintas. O túnel encriptado ocorre em todo o caminho.

O segundo cenário é o fim intermediário, que ocorre quando uma estação com um cliente de VPN IPSec estabelece um túnel entre a estação e um servidor de VPN. Nesse caso, vamos considerar um roteador com esse fim.

O terceiro cenário é o intermediário a intermediário, no qual fechamos uma VPN entre os servidores de VPN e criamos uma solução Lan para Lan para substituir linhas privativas. A Figura 9.8 mostra os cenários.

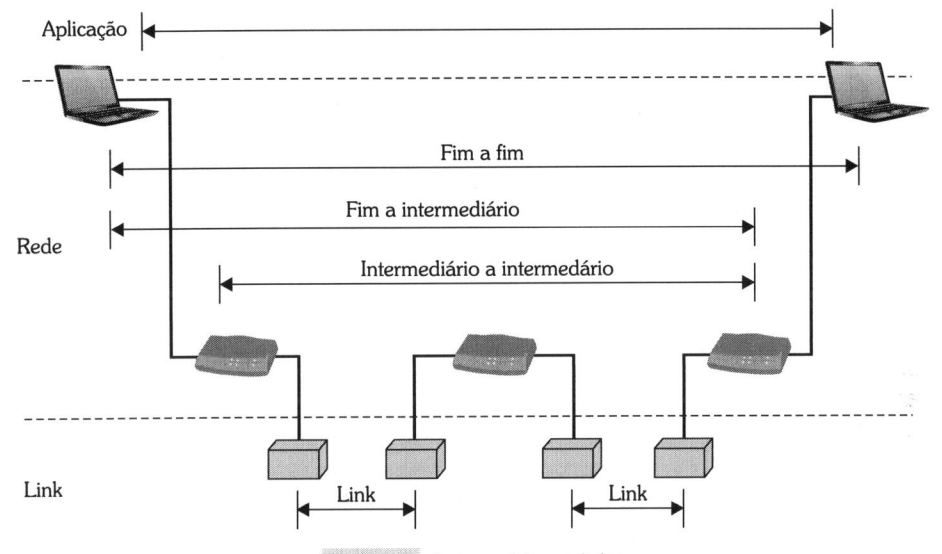

Figura 9.8 Onde encriptar os dados.

A Figura 9.9 mostra a implementação de VPNs intermediário a intermediário e fim a intermediário (usuário remoto). Observe que as conexões mais grossas representam túneis de VPN encriptados com IPSec.

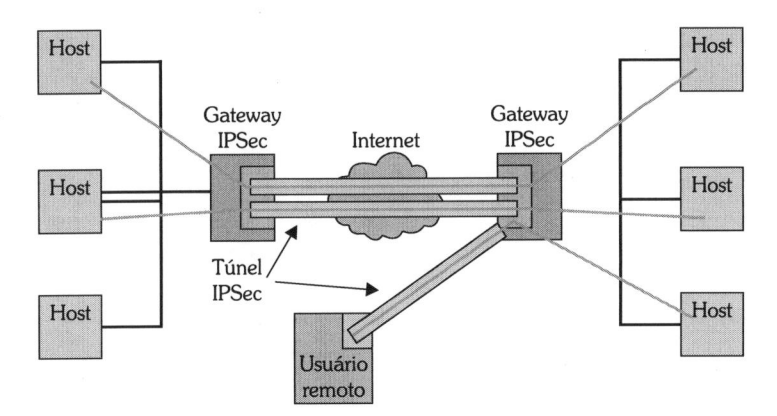

Figura 9.9 VPN intermediário a intermediário e intermediário a fim.

A Figura 9.10 exibe a implementação de VPNs fim a fim. Observe que o túnel encriptado é estabelecido entre as estações pela rede.

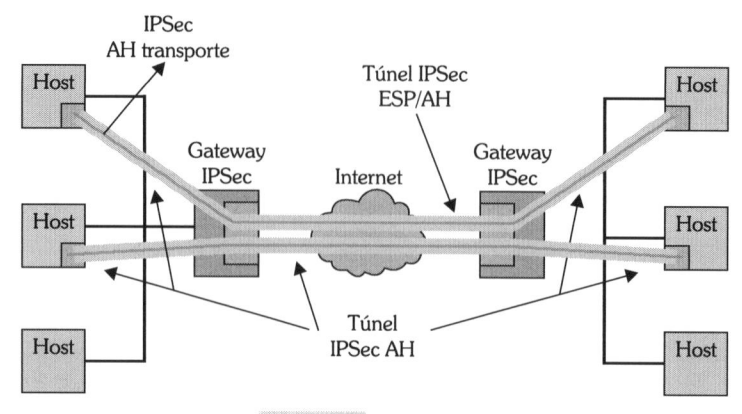

Figura 9.10 VPN fim a fim.

Considerações finais

Este capítulo detalhou os serviços de acesso remoto, abordando telecommuters e os principais equipamentos envolvidos na solução RAS, modem e sistemas de autenticação. Foram apresentados também os princípios básicos de uma VPN.

Atividades

1. Para a empresa, quais são as vantagens de utilizar telecommuters?

2. Quais são os recursos tecnológicos mínimos para a implantação de telecommuters nas empresas?

3. Qual éa função do servidor Radius?

4. Identifique qual dos protocolos a seguir não é de autenticação:

    a) PAP.

    b) Chap.

    c) Radius.

    d) Kerberos.

    e) SAP.

5. Qual é a importância do processo de autorização?

6. Qual é a importância do processo de bilhetagem?

7. A afirmativa "O endereço atribuído à estação que realiza a conexão remota à rede é definido pelo RAS" é verdadeira ou falsa?

8. A afirmativa "Um sistema composto de servidor de acesso remoto mais as estações dos usuários fazendo acesso à rede da empresa por linha discada pode ser facilmente substituído por um acesso dedicado, usando ADSL com um gateway de VPN e a internet para estabelecer a comunicação" é verdadeira ou falsa?

9. Coloque (V) verdadeiro ou (F) valso:

( ) A VPN é uma solução que dispensa o uso de linhas privadas.

( ) A VPN sempre implica em redução dos custos de Telecom.

( ) A definição de política de segurança entre as organizações não é necessária especificamente para a VPN, pois existe uma política de confiança mútua.

( ) Em geral, os direitos de acesso de um usuário via VPN são os mesmos de um usuário conectado na rede da empresa.

( ) A performance não é um ponto crítico da VPN.

10. Relacione as colunas:

a) Protocolo de VPN em aplicação. ( ) IPSEC.

b) Protocolo de VPN em enlace. ( ) L2F.

c) Protocolo de VPN em rede. ( ) GRE.

( ) L2TP.

( ) PPTP.

11. Cite três diferenças entre a VPN frame relay e a VPN IPSec.

12. Que critérios você usaria para escolher entre implementar uma VPN por hardware ou software?

13. Associe as colunas:

a) PPTP. ( ) Primeira solução de tunelamento.

b) L2F. ( ) Permite uma única conexão por túnel.

c) L2. ( ) Protocolo padrão de mercado para tunelamento.

( ) Protocolo usado para tunelamento a um servidor NAT.

( ) Implementação e padrão Cisco para tunelamento L2.

Redes Wireless (WiFi)

10.1 Introdução

As redes wireless (sem fio) são um sistema de comunicação de dados extremamente flexível, que pode ser usado como uma extensão ou uma alternativa a redes locais (LANs cabeadas). É uma tecnologia que combina conectividade de dados com mobilidade por meio de tecnologia de radio-frequência (RF).

As redes sem fio são, nos dias de hoje, largamente utilizadas por conta da facilidade de uso e de instalação. Se considerarmos o WiFi dentro da categoria de dispositivos IoT (Internet das Coisas), teremos até 2020 cerca de 20 bilhões de dispositivos conectados, a maioria deles com suporte a WiFi.

A tecnologia wireless vai ao encontro das necessidades que os usuários possuem de mobilidade. Apenas nos Estados Unidos por volta de um terço da força de trabalho fica 20% do tempo longe do escritório. Além disso, é crescente a utilização de equipamentos de computação móveis como notebooks e PDAs.

Por que wireless?

A resposta a esta pergunta está amparada nos seguintes fundamentos:

▶ quando existe a necessidade de mobilidade;

▶ quando não é possível instalar os cabos tradicionais;

▶ quando não existe viabilidade na instalação dos cabos.

10.2 Benefícios

As redes wireless apresentam uma série de benefícios se comparadas às redes tradicionais, entre eles: mobilidade; agilidade e simplicidade de instalação; escalabilidade; redução de custo na instalação; e ser uma solução completa para grandes, médias e pequenas empresas.

Essa tecnologia possui um leque de aplicações em quase todos os mercados:

▶ hospitais e consultórios médicos;

▶ universidades e escolas;

▶ fábricas, armazéns e centros de distribuição;

▶ lojas e comércio em geral;

▶ bancos, instituições financeiras e seguradoras;

▶ ambiente de escritório e indústrias;

▶ conferências e reuniões de negócio;

▶ emergências/desastres, entre outros.

Alguns fatores críticos devem ser analisados ao se escolher uma rede wireless. São eles:

▶ **Imunidade a interferências:** o ambiente possui fontes de interferência na faixa de operação do wireless?

▶ **Segurança dos dados:** estamos implementando os mecanismos de segurança necessários?

▶ **Conectividade com redes locais existentes:** existe uma rede cabeada para fazermos a integração?

▶ **Mobilidade/portabilidade/compatibilidade:** a nova rede é compatível com as aplicações existentes?

▶ **Performance:** o desempenho é adequado às aplicações?

▶ **Gerenciamento de redes:** posso gerenciar a rede wireless com a minha plataforma gerencial?

▶ **Sistemas para desktops e laptops:** existem placas para desktops e notebooks?

▶ **Facilidade de instalação:** é fácil instalar a rede?

▶ **Custo acessível:** qual é o custo?

10.3 Tipos de redes sem fio

Existem três tipos de redes sem fio, que são baseadas em:

▶ infravermelho;

▶ radiofrequência (WiFi e Bluetooth);

▶ laser.

10.3.1 Infravermelho

As redes wireless em infravermelho possuem como característica a não necessidade de licença para operação. Os produtos possuem cobertura mundial, portanto, sem requerimentos específicos de cada país. Em geral, são equipamentos de baixo custo e usam a mesma tecnologia que os sistemas de controle remoto que temos em casa, com baixa taxa de erros.

O infravermelho pode ser em visada, emitindo o sinal do infravermelho em uma faixa relativamente estreita, ou difuso, quando o sinal é transmitido em uma faixa maior, não necessitando de visada entre os equipamentos. A Figura 10.1 apresenta as formas de transmissão do infravermelho.

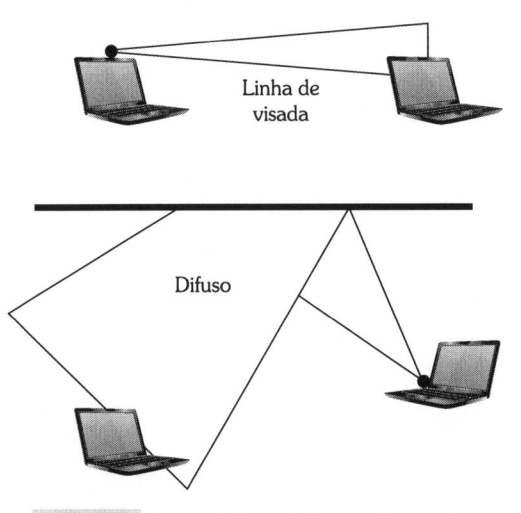

Figura 10.1 Formas de transmissão do infravermelho.

É uma solução tipicamente indoor, para uso interno. Devido à faixa de frequência em que opera não ultrapassar paredes, ele não pode ser usado como solução outdoor, uma vez que não existe visada entre os elementos.

O alcance do infravermelho em visada vai de 5 a 30 metros. Em uma rede interna, a capacidade é pequena de 5 a 15 participantes.

O infravermelho trabalha em uma frequência acima das micro-ondas e abaixo da luz visível. As transmissões com infravermelho são padronizadas pelo Infrared Data Association (IrDA) e a comunicação é muito semelhante à serial.

10.3.2 Radiofrequência (micro-ondas)

Os sistemas com base em radiofrequência utilizam micro-ondas para transmitir o sinal pelo ar. Geralmente, eles utilizam faixas de frequências conhecidas como ISM (Industrial Scientific Medical), que são abertas porque não há a necessidade de autorização para transmitir sinais nessas frequências.

O ISM foi padronizado na maioria dos países em três faixas de frequência, sendo 900 MHz, 2.4 GHz e 5 GHz. A Figura 10.2 exibe o ISM dentro do espectro de frequências.

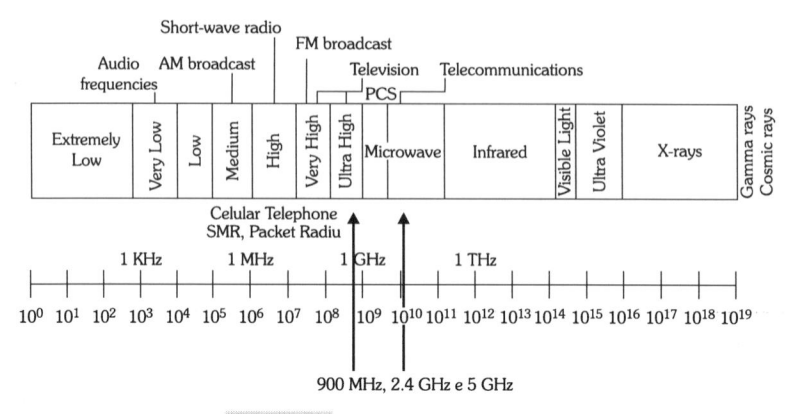

Figura 10.2 Espectro de frequências ISM.

No caso de wireless Lan, na frequência de 2.4 GHz foram especificados 13 canais. Em alguns países, no entanto, alguns desses canais não são liberados. No Brasil, por exemplo, está permitido o uso de 11 canais. A Figura 10.3 apresenta os canais da faixa de 2.4 GHz.

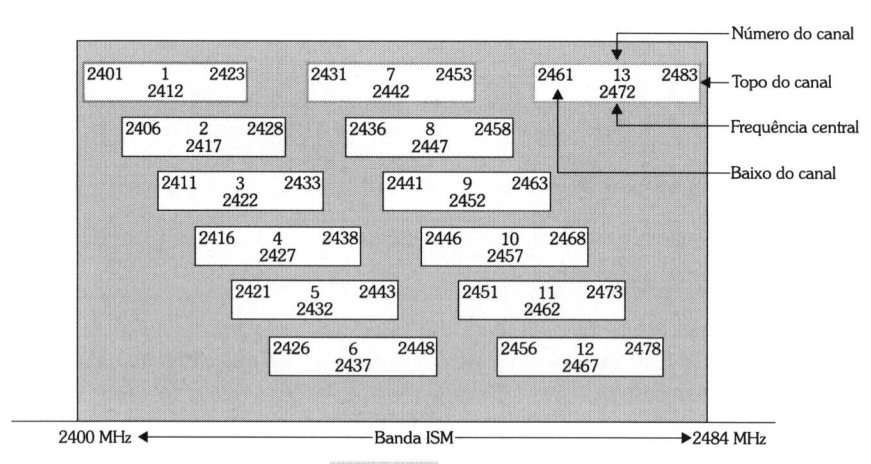

Figura 10.3 Banda ISM.

São fatores que afetam a propagação dos sinais:

▸ **Frequência:** as características de propagação podem variar muito com a frequência, entretanto, algumas frequências são melhores do que outras. A frequência de 2.4 GHz apresenta um bom nível de propagação. Geralmente, quanto maior é a frequência, maior é o consumo de energia e menor é o alcance.

▸ **Potência de transmissão:** o alcance de um sinal pode ser estendido se for transmitido com uma potência maior (limitada à regulamentação do país); caso contrário, estaríamos poluindo o espectro. Um ponto que deve ser lembrado é que quanto maior é a potência, maior é o consumo da bateria.

▸ **Antenas:** o tipo e a orientação das antenas são críticos. É comum a existência de problemas em uma rede wireless pelo mau posicionamento da antena ou pelo uso de uma antena errada.

▶ **Tipo de construção:** dependendo do tipo da construção, ele pode afetar diretamente a propagação do sinal. Por exemplo, o excesso de ferro e de outros metais afeta diretamente a propagação do sinal, demandando, em muitos casos, a colocação de mais rádios.

▶ **Sinais refletidos:** um sinal de rádio pode tomar vários caminhos do transmissor ao receptor (multipath). Sinais refletidos podem tornar o sinal fraco e com interferência dele mesmo. Na Figura 10.4, podemos observar o problema dos sinais refletidos.

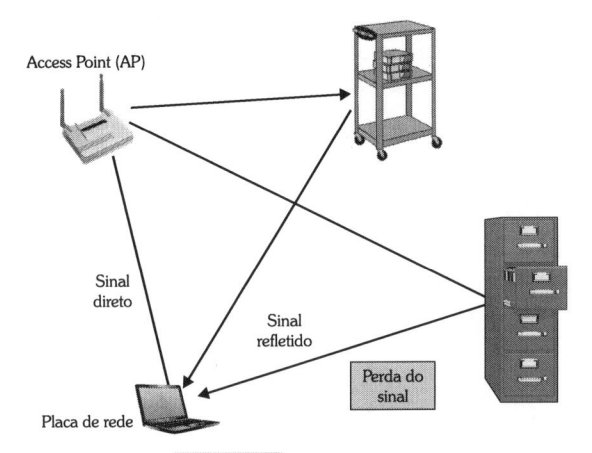

Figura 10.4 Sinais refletidos.

10.3.3 Sistemas com base em laser

Os sistemas com base em laser utilizam a luz para a transmissão do sinal digital e não precisam de nenhum tipo de outorga ou autorização para o uso. Esses sistemas trabalham com alta largura de banda, chegando, em alguns casos, a até 2.5 Gigabits por segundo e um alcance médio de dez quilômetros.

Normalmente, essas tecnologias normalmente com dois feixes de lasers direcionais, de modo a possibilitar redundância. Por utilizar a luz para propagação, o laser exige que exista visada entre os dois pontos que estão interconectados. Outra característica importante é que, quando se utiliza essa tecnologia, os enlaces são sempre ponto a ponto, não existindo a topologia ponto multiponto.

A Figura 10.5 mostra um enlace ponto a ponto utilizando a tecnologia de laser.

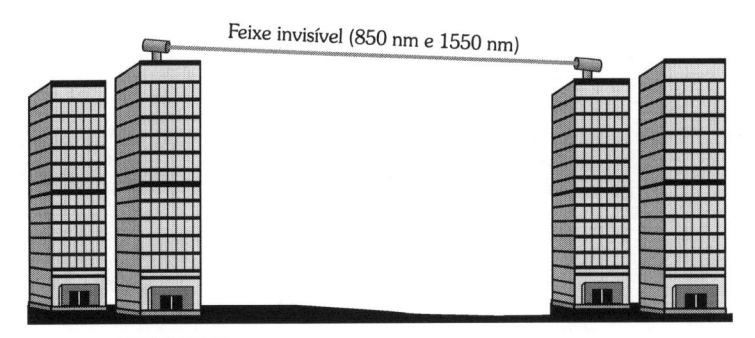

Figura 10.5 Enlace ponto a ponto utilizando tecnologia de laser.

Essa tecnologia é afetada por condições atmosféricas como neblina, chuvas torrenciais e neve, e pode causar a interrupção do sinal. Nos sistemas abalizados em dois feixes, caso o feixe principal seja interrompido por um obstáculo, como um pássaro, o sinal é transmitido pelo feixe secundário.

Uma das mais significativas vantagens dessa tecnologia é a segurança, uma vez que o sinal de laser é praticamente impossível de ser interceptado. Em 2017, quadrilhas de hackers que realizavam fraudes bancárias foram presas no Brasil. Foi descoberto que eles usavam equipamentos com essa tecnologia, o que dificultava inclusive localizar a posição exata desses criminosos.

Essa tecnologia ainda é pouco utilizada, principalmente em razão dos altos custos dos dispositivos (lasers) e de sua manutenção. No Brasil, existem poucas operadoras e empresas que adotaram essa tecnologia.

10.4 Métodos de acesso

As redes wireless LAN geralmente utilizam o spread spectrum (SS – espalhamento espectral) como tecnologia de acesso. O SS garante a segurança na comunicação, trabalhando com baixa relação sinal/ruído e com a utilização de uma banda maior do que a necessária.

O spread spectrum possui dois modos de operação:

▸ Frequence Hopping;

▸ Direct Sequence.

10.4.1 Frequency Hopping

O FHSS (Frequency Hopping Spread Spectrum) utiliza múltiplas frequências de forma pseudo-aleatória, dificultando a sintonização do sinal. Ele usa uma portadora de banda estreita, que muda a frequência, acompanhando uma sequência conhecida tanto pelo transmissor quanto pelo receptor. Sincronizado corretamente, o objetivo é manter um único canal lógico. Para um receptor não conhecido, o FHSS aparece como um ruído de pulso de curta duração. A norma IEEE 802.11 padroniza a velocidade de 2 Mbps para o Frequency Hopping.

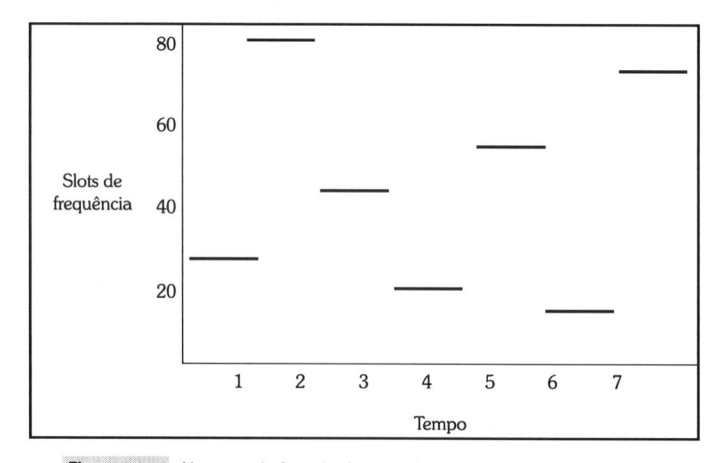

Figura 10.6 Alocação de frequências pseudoaleatórias Frequence Hopping.

10.4.2 Direct Sequence

O DSSS (Direct Sequence Spread Spectrum) gera um bit redundante para cada um transmitido. Esse bit é chamado chip. Mesmo que um ou mais bits em um chip sejam danificados durante a transmissão, as técnicas estatísticas do rádio podem recuperar os dados originais sem a necessidade de retransmissão. O dígito 1, ao ser transformado em um chip, pode ser explodido por um fator de 16 (exemplo: 1100110010101010).

Para um receptor não intencional, o sinal do DSSS aparece como uma fonte de ruído de baixa potência e é descartado pela maioria dos receptores de banda curta.

Essa tecnologia é muito eficiente. Tem pouco overhead e garante maior velocidade quando comparada ao Frequency Hopping a uma mesma distância. O sistema permite a utilização de uma grande quantidade de canais.

O IEEE 802.11 DSSS é padronizado para 2 Mbps; já o 802.11b trabalha com velocidade de 11 Mbps.

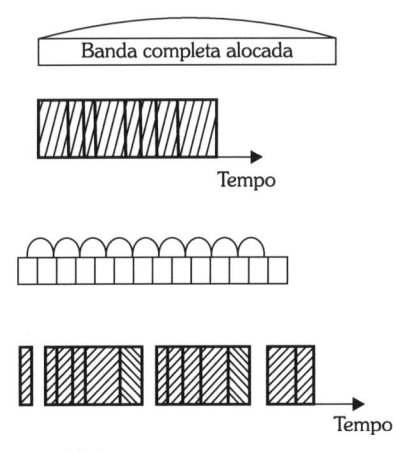

Figura 10.7 Alocação de banda no Direct Sequence.

10.5 Alcance

A distância com que as ondas RF podem se comunicar está relacionada com a potência de transmissão, a sensibilidade do receptor e o caminho por onde a onda se propaga, especialmente em ambientes indoor. O tipo do material de construção, paredes, metal e, principalmente,e as pessoas podem afetar diretamente a propagação do sinal e, consequentemente, o alcance.

A vantagem do uso da radiofrequência é que ela pode penetrar em paredes e obstáculos. O alcance, ou seja, o raio de cobertura de um sistema wireless LAN em ambiente indoor vai de 35 a 100 metros e pode ser estendido via roaming.

Interferências e antenas inadequadas são outros fatores que afetam a transmissão. Os sistemas wireless LAN trabalham com o conceito de fall back, da mesma maneira que ocorre nos modems.

Quando o sinal fica fraco em determinado local, a placa wireless baixa o sinal para uma velocidade menor; o inverso também ocorre. Caso o sinal se restabeleça, a placa pode, então, trabalhar com velocidade maior. Podemos observar esse efeito na Figura 10.8. Quanto mais longe do ponto de acesso, menor é a velocidade de transmissão.

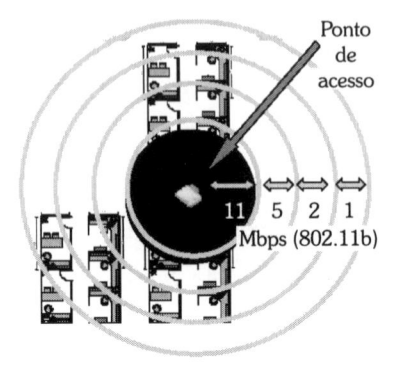

Figura 10.8 Alcance do sinal wireless.

10.6 Performance

Os sistemas wireless LAN trabalham com base no conceito de uma rede Ethernet. Na verdade, o ar acaba sendo o hub em que as estações encontram-se conectadas. Vários fatores afetam a performance desse sistema, entre eles:

▶ número de usuários na mesma célula;

▶ volume de dados trafegado;

▶ taxa de erro do rádio (por isso a diferença entre fabricantes de rádio).

Algumas medições empíricas de uma rede wireless a 11 Mbps, com 14 estações usando as aplicações comuns de e-mail, internet etc., apresentaram uma banda nominal entre 4 Mbps e 6 Mbps. Isso ocorre devido aos overheads dos protocolos e das colisões.

10.7 Elementos da solução

Os elementos da solução de wireless LAN incluem:

▶ **Placas de rede wireless:** são os adaptadores usados nas estações, os quais possuem barramento PCI, PCMCIA e USB, podendo ser instalados em notebooks ou em computadores desktops.

Sergpet/Getty Images

Figura 10.9 Placa wireless.

▸ **Access point/ponto de acesso:** é uma estação na rede wireless responsável por gerenciar as conexões entre usuários e a rede, além de ser o ponto de conexão da rede wireless com a rede cabeada. Cada access point pode atender a vários usuários na mesma rede. Sua área de cobertura fica em torno de 100 metros de raio. Para atender aos usuários que se deslocam mais do que 100 metros, é necessária a colocação de mais access point no mesmo escritório.

Figura 10.10 Access point.

▸ **Antenas:** são um ponto primordial para o bom funcionamento do sistema de redes sem fio. Elas irradiam os sinais da rede sem fio. Existem, basicamente, antenas internas e externas, dos tipos direcional e omnidirecional. As antenas direcionais concentram e irradiam o sinal em uma única posição. São exemplos: Yagi, Grade e semiparabólica. A Figura 10.11 exibe antenas direcionais. As antenas omnidirecionais propagam ao longo do eixo em um ângulo de 360 graus. Na Figura 10.12 podemos observar uma antena omnidirecional.

Figura 10.11 Antenas direcionais.

Figura 10.12 Antenas omnidirecionais.

10.8 Topologias da rede sem fio

As redes sem fio podem trabalhar nas seguintes topologias:

▶ estruturada;

▶ ad hoc.

10.8.1 Topologia estruturada

Nessa topologia, as estações estão dispostas em uma célula, as quais são controladas por um access point. Os limites da célula são definidos pelo alcance do access point. Nessa arquitetura, a rede possui uma topologia fixa definida pelo posicionamento do access point, que é responsável por alocar os recursos e gerenciar o consumo de energia das estações.

10.8.2 Topologia ad hoc

Nessa topologia, vários dispositivos móveis estão interconectados entre si, formando uma rede. Não existe uma topologia predefinida, uma vez que os participantes podem se mover, alterando a topologia da rede. Também não existe um ponto central de controle, portanto os serviços são gerenciados e oferecidos pelos participantes. Na Figura 10.13, podemos observar as topologias.

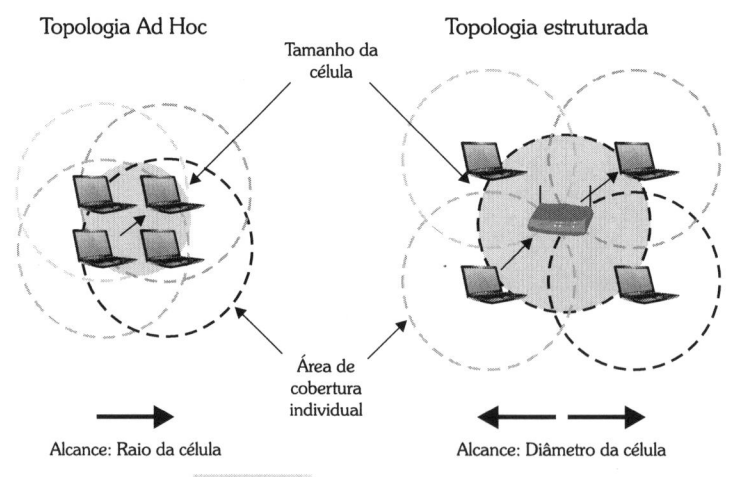

Figura 10.13 Topologias de redes sem fio.

10.9 Padronização de redes sem fio

10.9.1 IEEE 802.11

O primeiro padrão de redes sem fio nasceu com o IEEE 802.11 e estabelece tanto os protocolos de acesso ao meio (MAC) quanto os protocolos da camada física (PHY). Esse padrão definiu como tecnologia de transmissão o FHSS (Frequency Hopping Spread Spectrum), o DSSS (Direct Sequence Spread Spectrum) e o infravermelho.

O IEEE 802.11 trabalha nas velocidades de 1 ou 2 Mbps, na frequência ISM de 2.4 GHz. Os canais alocados são os apresentados na Figura 10.3. Esse padrão especificou, ainda, o protocolo de acesso ao meio, o CSMA/CA, que é muito parecido com o CSMA/CD da Ethernet, sujeito inclusive à colisão.

No caso da existência de uma rede com vários access points, devemos levar em consideração que cada um deles deve estar trabalhando em um canal distinto, o que evita problemas como a sobrecarga dos canais. Para que isso ocorra, é necessário reaproveitar os canais e, portanto, geralmente escolhem-se os canais 1, 6 e 11. As escolhas ocorrem porque esses canais não sofrem sobreposição (overlay). A Figura 10.14 apresenta o reaproveitamento dos canais no Brasil e Estados Unidos.

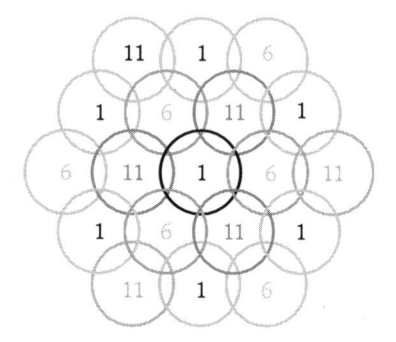

Figura 10.14 Reaproveitamento dos canais.

10.9.2 Roaming

É o 'processo pelo qual conseguimos aumentar a abrangência da rede wireless LAN. Permite que múltiplas redes coexistam na mesma área física. Os canais de RF mudam durante o processo, devido a múltiplos canais permitirem mais banda. Quando um usuário móvel passa por um processo de roaming de uma AP para outra, a interface de rede automaticamente reassocia o usuário à AP com melhor performance.

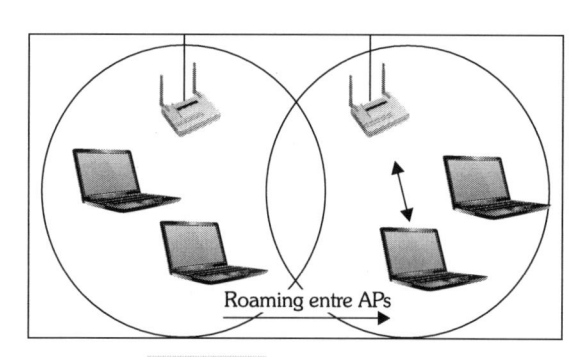

Figura 10.15 Processo de roaming.

10.9.3 IEEE 802.11b

O padrão IEEE 802.11b foi criado em julho de 1998 e aprovado em setembro de 1999. Ele trabalha com o DSSS com taxas de até 11 Mbps. O padrão especifica, aind,a taxas de fall back em 5.5 Mbps, 2 Mbps e 1 Mbps. As redes 802.11 b também trabalham na faixa de ISM de 2.4 GHz.

O consórcio criado por fabricantes, conhecido como WiFi, testa e realiza testes de confiabilidade e interoperabilidade com dispositivos aderentes a esse padrão.

10.9.4 IEEE 802.11a

O padrão IEEE 802.11a foi aprovado em conjunto com o 802.11b, permitindo a operação em faixas de até 54 Mbps. Ele não trabalha com o Spread Spectrum, mas com o OFDM (Orthogonal Frequency Division Multiplexing), que é outra técnica de transporte. Como o OFDM é mais eficiente que o Spread Spectrum, as redes 802.11a trabalham com taxas de até 54 Mbps. Esses equipamentos fazem fall back nas taxas de 48 Mbps, 36 Mbps, 24 Mbps, 18 Mbps, 12 Mbps, 9 Mbps e 6 Mbps.

Os equipamentos 802.11a trabalham na faixa de frequência ISM 5 GHz, não sendo seu uso liberado sem licença em alguns países. Em 2009, a Agência Nacional de Telecomunicações (Anatel) padronizou o uso da frequência de 5 GHz no Brasil, uma vez que ela já vinha sendo utilizada por alguns sistemas militares. Por trabalhar nessa faixa de frequência, está menos sujeita à interferência e não sofre com o congestionamento da banda 2.4 GHz (telefone sem fio, micro-ondas, Bluetooth). Além disso, coexiste com sistemas 2.4 GHz.

Por trabalhar com a frequência maior com o mesmo nível de potência de um dispositivo 802.11 b, o alcance do 802.11a acaba sendo 50% menor. Além disso, o consumo de energia é maior, o que para dispositivos móveis não é muito adequado.

Tabela 10.1 Diferenças entre o 802.11a e o 802.11b

	802.11a	802.11b
Banda	Até 54 Mbps (54, 48, 36, 24, 18, 12 e 6 Mbps)	Até 11 Mbps (11, 5.5, 2 e 1 Mbps)
Alcance	50 metros	100 metros
Frequência	UNII e ISM (5 GHz range)	ISM (2.4000 - 2.4835 GHz range)
Modulação	OFDM	DSSS

10.9.5 IEEE 802.11g

O padrão IEEE 802.11g é uma extensão do IEEE 802.11b. Na verdade, existe uma compatibilidade entre os padrões, porque os dois trabalham na mesma faixa de frequência. Basicamente, o que diferencia um do outro é o fato de o 802.11g trabalhar com OFDM e não com SS. Como o OFDM é mais eficiente no que diz respeito à utilização de banda passante, chegamos nas mesmas velocidades encontradas no 802.11a, só que agora atingindo o mesmo alcance do IEEE 802.11b por trabalhar em faixa de frequência idêntica.

O IEEE 802.11g atinge a velocidade de 54 Mbps com o fall back definido em 54 Mbps, 48 Mbps, 36 Mbps, 24 Mbps, 18 Mbps, 12 Mbps e 6 Mbps.

Ainda, se compararmos o consumo, uma rede com IEEE 802.11g gasta menos energia que a IEEE 802.11a, o que representa uma economia de bateria para dispositivos móveis.

Tabela 10.2 Comparação entre o IEEE 802.11a e o IEEE 802.11g

IEEE 802.11a	IEEE 802.11g
5 GHz, 54 Mbps	2,4 GHz, 54 Mbps
Não é compatível com 802.11b	Compatível com 802.11b
Necessita de mais APs para cobrir a mesma área (25% a mais)	Mesma cobertura do 802.11b
802.11b e 802.11a podem ser usados juntos	802.11g opera na mesma frequência do 802.11b

10.9.6 IEEE 802.11e

O IEEE 802.11e, também conhecido como P802.11 TGe, tem o objetivo de melhorar a camada MAC (Medium Access Control) do IEEE 802.11, de modo a incorporar QoS. Essa tecnologia não é suportada por todos os fabricantes, uma vez que o padrão ainda não está fechado. Hoje, alguns fabricantes suportam um nível básico de priorização, mas trabalhando com tecnologias proprietárias.

10.9.7 IEEE 802.1f – Inter-Access Point Protocol

Esse padrão é também conhecido como P802.11 TGf, e tem como objetivo desenvolver um conjunto de requisitos para IAPP (Inter-Access Point Protocol), incluindo aspectos operacionais e de gerenciamento.

O objetivo desse padrão é criar um subset mínimo, que permita aos APs interoperarem entre si e serem capazes de ser gerenciados de uma maneira centralizada. Algumas características que estão sendo avaliadas vão desde técnicas de roaming avançado até o gerenciamento de energia entre APs.

10.9.8 IEEE 802.11 i – Security

As redes wireless IEEE 802.11 baseiam sua segurança no uso de alguns mecanismos considerados fracos. Além disso, boa parte das redes wireless não adotam esses mecanismos. Os mecanismos de segurança disponíveis e estabelecidos são:

- ▸ **SSID:** é o nome de uma rede sem fio, usado para identificar a rede. É necessário para acessar o AP. Em redes sem o mínimo de segurança, é comum observarmos produtos WLAN com o SSID default como 101 para 3COM e tsunami para Cisco. Quanto mais pessoas conhecerem o SSID, maior é a chance de ser mal utilizado. A mudança do SSID requer a mudança em todos os usuários da rede.

- ▸ **WEP (Wire Equivalent Privacy):** usado para criptografia dos dados, o WEP criptografa o tráfego entre o cliente e o access point. A criptografia é realizada na camada enlace, usando o algoritmo criptográfico RC4 da RSA (40 bits secret key + 24 bits Vetor Inicialização). A chave criptográfica do WEP pode ser quebrada em questão de minutos. Além disso, todos os usuários de um mesmo access point compartilham a mesma chave de criptografia.

▶ **Padrão 802.1x:** pode ser usado tanto em redes cabeadas quanto em redes sem fio. Utiliza o protocolo EAP (Extensible Authentication Protocol – RFC 2284), que tem por base a autenticação do usuário pelo endereço MAC do seu adaptador wireless. Utiliza, ainda, Radius e autenticação forte. O EAP também pode prover troca dinâmica de chaves, eliminando alguns dos problemas do WEP.

▶ **WPA:** elimina as vulnerabilidades do WEP e estende o algoritmo RC4 do WEP em quatro novos algoritmos:

▶ aumento da quantidade de bits do vetor de inicialização IV para 48 bits, o que equivale a mais de 500 trilhões de chaves;

▶ MIC (Message Integrity Code), chamado Michael, empregado via hardware troca de números iniciais aleatórios para anular ataque man-in-the middle;

▶ derivação e distribuição de chaves.

▶ TKIP (Temporal Key Integrity Protocol) gerando chaves por pacote.

O padrão IEEE 802.11i adicionou a esses mecanismos o uso de um algoritmo de criptografia seguro conhecido como AES (Advanced Encryption Standard). Esse algoritmo é fundamentado em uma cifra simétrica segura de 256 bits, inviolável com os sistemas computacionais existentes hoje.

Uma rede wireless aberta é vulnerável a uma série de ataques. Entre esses ataques, podemos destacar:

▶ **Sniffing:** um usuário da rede wireless escuta o tráfego que está passando por ela.

▶ **DoS, negação de serviço:** o hacker gera interferências nas faixas de frequência da rede wireless para derrubar o serviço.

▶ **Rogue Access Point:** o hacker coloca um AP falso na rede e o usuário, por não saber, conecta-se a ele, pensando ser sua rede tradicional.

▶ **Wardriving/Warchalking:** consiste em dirigir ou andar pela cidade e fazer o acesso a redes sem fio. A instalação default de placas de rede já permite acesso à rede sem fio. Quando o acesso ocorre, já estamos dentro da rede, ou seja, atrás do firewall. Muitas vezes, não é preciso estar próximos da rede invadida. Existem relatos de ataques a redes com distâncias de até oito quilômetros.

O IEEE 802.11i permite aumentar a segurança com mecanismos que melhoram a autenticação, encriptação e integridade das mensagens. Outra possível solução caso o IEEE 802.11i não seja suportado pelos equipamentos de rede sem fio é o estabelecimento de uma VPN entre as estações wireless e o AP usando o IP Seguro (IPSec). Além disso, é aconselhável ligar o access point em uma porta do firewall, permitindo que se monitore tráfego malicioso proveniente de ataques por estações wireless.

10.9.9 IEEE 802.11n – Alta velocidade

Está em fase final de padronização e vem atender à demanda de redes sem fio de alta velocidade para sistemas de TV de Alta Definição (HDTV). Opera nas faixas de frequência ISM (sem requerer licença de 2,4 Ghz e 5 Ghz), com base no princípio de usar uma tecnologia conhecida como

MIMO (Múltiplas Entradas e Múltiplas Saídas), ou seja, o uso simultâneo de múltiplos canais. Essa tecnologia permite alcançar taxas de até 300 Mbps, com uma cobertura de até 400 metros.

A técnica de modulação é baseada no OFDM utilizando-se de múltiplos canais. Existe compatibilidade entre os sistemas baseados em IEEE 802.11n e os sistemas legados 802.11 a/b/g.

10.9.10 IEEE 802.11ax

O padrão 802.11ax aumenta a velocidade suportada nas frequências 2.4 Ghz, 5 Ghz e 6 Ghz, aumentando a eficiência. Esse padrão foi criado pensando em locais com alta densidade de usuários, e consegue aumentar a eficiência nesses cenários em até 4 vezes o padrão 802.11n, chegando à velocidade teórica de 11 Gbps.

A eficiência é aumentada usando-se múltiplos canais MIMO e multiplexação de frequência OFDMA.

10.9.11 IEEE 802.11 ac

O padrão IEEE 802.11ac faz uso de um conjunto de protocolos para transmissão de sinais wireless na banda de 5 Ghz. Esse padrão foi publicado em 2013 e estabelece velocidades de 1 Gbps usando até 8 canais MIMO e modulação 256-QAM.

10.9.12 IEEE 802.11 ad

Estabelecido em dezembro de 2012, o padrão 802.11ad, também conhecido como Wireless Gigabit, traz como diferencial o uso de faixas de frequência fora do ISM, trabalhando na faixa de 60 Ghz. A faixa de 60 Ghz também é não licenciada na maioria dos países.

Esse padrão permite alcançar velocidades de até 8 Gbps, mas, em curtas distâncias, não superiores a 10 metros.

10.9.13 IEEE 802.11 af

O padrão 802.11af, também conhecido como Super WiFi, é abalizado em frequências de UHF entre 54 Mhz e 790 Mhz. Esse padrão foi lançado em 2014 e seu objetivo é transmitir em porções dessas frequências não alocadas para transmissão de TV analógica e digital. Porém, a questão das frequências pode ser um limitador do uso dessa tecnologia em muitos países. Ela utiliza a mesma multiplexação do 802.11ac o OFDM, porém, como a frequência é mais alta, acaba sendo menos susceptível à atenuação por paredes de concreto e, portanto, consegue um alcance superior as bandas 2.4 Ghz e 5 Ghz.

As velocidades máximas alcançadas pelo 802.11af com canais de 6 Mhz e 7 Mhz é de 568.9 Mbit/s.

10.10 Internet das Coisas (IoT)

As redes IoT (Internet das Coisas), normalmente, fazem uso de tecnologias de rede sem fio, uma vez que os dispositivos precisam estar conectados de maneira fácil e descomplicada.

Figura 10.16 Internet das Coisas.

Os dispositivos IoT são pequenos computadores ou microcomputadores que se encontram conectados à internet, ao cloud, buscando facilitar ou complicar ainda mais as nossas vidas.

Existem milhares de aplicações a IoT, desde carros inteligentes, casas automatizadas, marca-passos e monitoração de estado de saúde, eletrodomésticos inteligentes, ou seja, há um imenso leque de possibilidades e espera-se que, para 2020, cerca de 30 bilhões de dispositivos estejam conectados.

Considerações finais

Neste capítulo estudamos as redes sem fio, que são uma importante tendência tecnológica, os benefícios da mobilidade, a rápida implantação da rede e sua flexibilidade. Vimos ainda os padrões IEEE 802.11a e 802.11g.

Atividades

1. Qual das seguintes não é uma boa aplicação para redes sem fio?

   a) Supermercados e cadeias varejistas.

   b) Universidades e escolas.

   c) Redes temporárias.

   d) Backbone corporativo.

   e) Reuniões e eventos.

2. Qual é o tipo de sistema wireless que não é capaz de atravessar paredes?

3. Qual é a diferença entre um sistema wireless difuso e um direcional?

4. Associe:

   a) 802.11

   b) 802.11a

   c) 802.11b

   d) 802.11g

   e) 802.11i

   f) 802.11n

   g) 802.11ac

   h) 801.11 af

   (   ) Pode alcançar até 1 Gbps.

   (   ) Especificação de segurança para redes sem fio.

   (   ) Trabalha na frequência de 5 GHz.

   (   ) Trabalha na frequência de 2,4 GHz e 5 GHz.

   (   ) Usa faixas de frequência do UHF.

   (   ) Especifica redes na velocidade de 1 Mbps a 2 Mbps.

   (   ) Utiliza OFDM na faixa de 2.4 GHz.

   (   ) Trabalha com velocidade máxima de 11 Mbps.

5. O que é o roaming? Exemplifique.

6. Qual é a diferença entre a topologia estruturada e a ad hoc?

7. O que muda do IEEE 802.11b se comparado com o IEEE 802.11g?

8. Por que o WEP é vulnerável?

9. Quais são os principais ataques a redes sem fio?

10. Explique a reutilização de canais.

Convergência de Redes e VoIP (Voz sobre IP)

11.1 Introdução

Em Tecnologia da Informação, convergência é um termo usado para a combinação de computadores pessoais, telecomunicações e televisão acessível a qualquer um. Podemos definir convergência de rede como a integração de voz, vídeo e redes de dados.

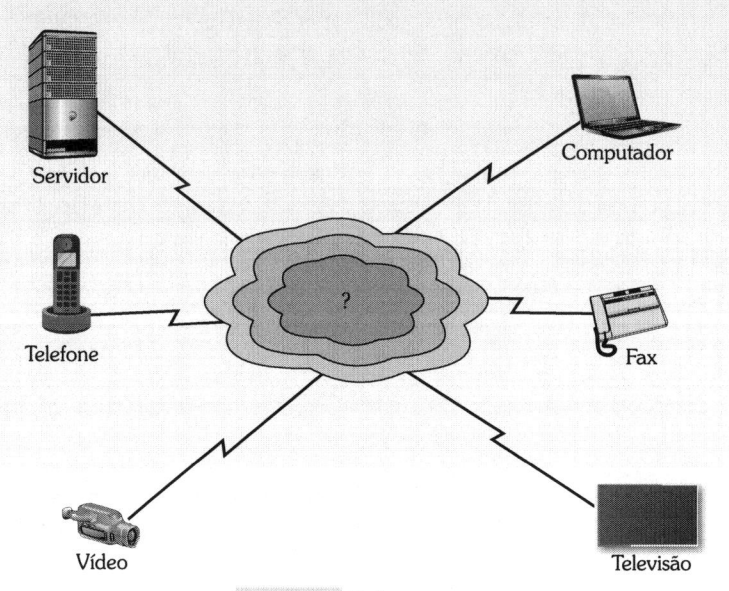

Figura 11.1 Rede convergente.

11.2 VoIP

VoIP é um termo usado para telefonia IP, ou seja, um conjunto de facilidades que permite gerenciar o envio de voz digitalizada sobre pacotes IP. Em geral, significa que a informação de voz é transmitida por pacotes discretos na forma digital ao invés das técnicas tradicionais de comutação de circuitos da rede telefônica, tendo como principal vantagem a não bilhetagem da chamada pelo sistema tradicional.

Algumas vantagens do VoIP sobre o sistema de telefonia tradicional são:

- redução de custo;
- aumento da flexibilidade;
- novas aplicações, convergindo imagem, vídeo, dados e voz;
- aumento da produtividade das empresas;
- melhoria da imagem;
- consolidação de equipe – uma única equipe cuida de voz e dados;
- consolidação de infraestrutura única e convergente;
- economia de banda;
- simplificação da rede;
- aumento de gerenciamento.

Nas redes com VoIP, existem quatro tipos de chamadas possíveis, que são:

- um computador com outro computador, usando um software específico, conhecido como PC Phones;
- um computador fazendo uma chamada para um telefone IP, que aparentemente trabalha como um telefone tradicional, entretanto, envia pacotes de VoIP e não sinais analógicos como um telefone tradicional;
- um telefone VoIP fazendo uma chamada para outro telefone VoIP, usando uma rede IP;
- um telefone tradicional fazendo uma chamada para uma rede VoIp usando um Media Gateway, ou um conversor de mídias, que será responsável por converter os sinais analógicos em pacotes IP. Na Figura 11.2 podemos observar essa topologia.

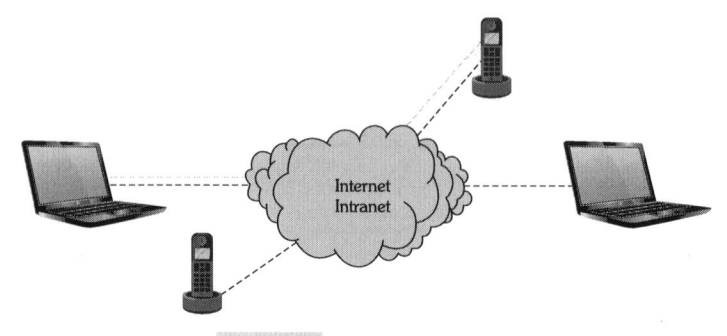

Figura 11.2 Topologia da rede VoIP.

O VoIP é uma das tecnologias que mais crescem no mercado mundial. Após o estouro da bolha de tecnologia em 2000, as empresas passaram a buscar constantemente a redução de custos. Como os custos com telecomunicações chegam a representar a quinta maior despesa dentro das organizações, a aplicação de redes com voz sobre IP é cada vez maior, representando redução substancial no custo das chamadas, principalmente as de longa distância.

11.3 Elementos da solução

Os elementos da solução são:

- terminal;
- Media Gateway;
- Media Gateway Controller.

11.3.1 Terminal

O terminal é o cliente final que provê comunicação bidirecional realtime com outros terminais IP ou terminais de telefonia tradicional. Os terminais podem ser softfones, quando se trata de um computador usado para esse fim, com um software instalado. Nesse caso, o cliente pode suportar voz, dados e imagem.

11.3.2 Media Gateway

É o conjunto de processadores que realizam a adaptação do modelo de telefonia tradicional para a telefonia na internet. Ele é composto por DSP (Digital Signal Processors, processadores que são responsáveis por converter o sinal analógico em digital e que fazem compressão de voz, detecção e geração de tom telefônico, cancelamento de eco e supressão de silêncio.

Além do DSP, o Media Gateway possui um microprocessador que processa os protocolos de telefonia, de rede, de gerenciamento, roteamento e billing.

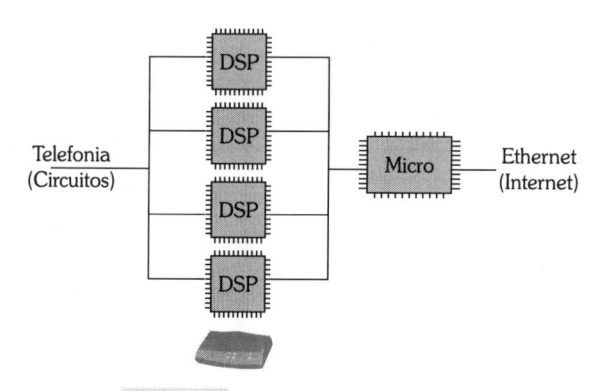

Figura 11.3 Arquitetura do Media Gateway.

11.3.3 Media Gateway Controler ou Gatekeeper

Esse elemento é responsável pelo processamento das chamadas, controle dos Media Gateways e por fazer a interface entre os elementos de acesso da rede VoIP. O Media Gateway Controler também é responsável por manter toda a sinalização com o sistema de telefonia tradicional (SS7), centralizar e fazer toda a interface para o billing, ou seja, a contabilização das chamadas.

O Media Gateway Controler deve manter uma base de dados dos assinantes, de forma que seja possível converter números telefônicos tradicionais, como 99834343, em endereços IP (220.10.6.7).

Ele é encontrado em sistemas de telefonia IP para operadoras, os quais geralmente trabalham com o protocolo SIP (Session Initiation Protocol).

Já nos sistemas voltados à telefonia IP em redes corporativas, o Gatekeeper desenvolve esse papel. Nesses sistemas, é comum o uso de um protocolo mais antigo, conhecido como H.323.

O Gatekeeper pode ser considerado o cérebro da rede H.323. Suas principais funções são:

▶ conversão de endereço, de um número telefônico em um endereço IP;

▶ controle de autenticação e autorização dos usuários;

▶ controle da banda para permitir conexões simultâneas;

▶ gerenciamento de banda;

▶ controle da sinalização para recursos como conferência;

▶ realização da parte da autorização com outros gateways;

▶ gerenciamento da banda durante chamadas;

▶ indicação de terminal ocupado.

11.4 Funcionamento do VoIP

O funcionamento do VoIP inclui a conversão dos sinais analógicos em digitais, montagem dos frames ou quadros de transmissão e transmissão até o terminal destino.

11.4.1 Conversão do sinal

Um sinal analógico de voz deve ser convertido em uma sequência digital, conhecida como PCM (Pulse Code Modulation). Nesse fluxo digital, o sinal deve ser processado e analisado, procurando remover o eco e implementar o VAD (Voice Activation Detection). Esse recurso evita o desperdício de banda na rede, ou seja, quando o usuário não está falando nada, nenhum pacote é transmitido, entretanto, existe a necessidade da geração de um ruído branco na outra ponta para que o usuário destino não ache que a chamada foi interrompida. Na Figura 11.4 podemos observar a conversão dos sinais.

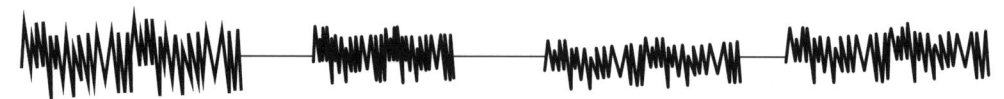

00111100 10010011 11100001 00100100 00111100 10010011 10110101 11010011 11001001 00100100 00111100 10010011 11100001 00100100

Figura 11.4 Conversão do sinal analógico em pulso PCM.

11.4.2 Montagem dos frames

O fluxo PCM é montado em frames no CODEC, que codifica o pulso PCM das amostras de voz em pequenos quadros, de modo que eles possam ser encaminhados de forma robusta, com baixa taxa de erros, em redes sujeitas a jitters (variação do atraso) e burst (picos de utilização). No recebimento de frames, são decodificados no PCM e convertidos na forma da onda. A Figura 11.5 mostra o processo de montagem dos frames pelo CODEC.

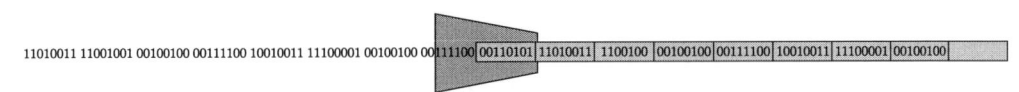

11010011 11001001 00100100 00111100 10010011 11100001 00100100 00111100 00110101 11010011 1100100 00100100 00111100 10010011 11100001 00100100

Figura 11.5 Montagem do frame de voz pelo CODEC.

A maior parte dos CODECs também comprime o streaming PCM. Na verdade, a compressão é uma das maiores vantagens do VoIP, uma vez que possibilita a economia de banda na transmissão da voz. Existem várias formas de compressão. Podemos compará-las segundo bit rate, atraso, complexidade do algoritmo e qualidade de voz. A Tabela 11.1 mostra um comparativo entre as principais técnicas de compressão. O MOS é uma medida empírica da qualidade realizada por usuários que testaram o sistema.

Tabela 11.1 Principais técnicas de compressão

Algoritmo	G.723.1	G.729	G.728	G.726	G.711
Taxa (bps)	5,3 – 6,3	8	16	32	64
Qualidade (MOS)	3,98	4,2	4,2	4,2	4,4
Complexidade	Altíssima	Alta	Baixa	Muito baixa	Mais baixa
Atraso (ms)	30	10	3 a 5	1	0,75

11.4.3 Frames para pacotes

Os frames criados pelo CODEC devem ser amostrados em pacotes. Alguns frames podem ser combinados em um único pacote. Após essa etapa, um cabeçalho de 12 bytes, RTP (Real Time Protocol), é adicionado, disponibilizando número de sequência e time stamp para o pacote, que é encaminhado ao gateway para a entrega ao destinatário da chamada. Para que isso ocorra, ainda são necessárias as seguintes etapas:

▶ O número discado por tons no DSP deve ser usado para identificar o endereço IP destino (para isso, ocorre uma comunicação com o Gatekeeper ou Softswitch).

▶ O cabeçalho IP de 20 bytes é adicionado contendo:

▶ o endereço IP do terminal origem;

▶ o endereço IP do terminal destino.

▶ Oito bytes do cabeçalho UDP contendo socket origem e destino são adicionados.

| IP | UDP | RTP | 10110101 | 10110101 | 10110101 | 10110101 |

Figura 11.6 Pacote IP VoIP montado.

Esse pacote será, então, encaminhado e roteado até o terminal destino.

11.4.4 Terminal destino

Quando o pacote chega, os cabeçalhos IP e UDP são removidos do pacote no microprocessador e o pacote é encaminhado ao DSP, no qual o cabeçalho RTP é removido. Finalmente, o pacote é desmontado nos quadros de voz e, em seguida, apresentado ao terminal destino.

11.5 Principais problemas encontrados

A seguir, apresentaremos os principais problemas encontrados com o uso da tecnologia de Voz sobre IP.

11.5.1 Atraso

O atraso é um dos maiores problemas para sistemas de telefonia IP, uma vez que os gateways, o processo de amostragem, a digitalização, a compressão e a própria transmissão do pacote pela rede geram atrasos. Nossos ouvidos conseguem detectar que uma ligação está com atraso, ou seja, com pouca qualidade, quando o atraso total for superior a 250 ms. Um exemplo é quando realizamos uma ligação via satélite, cujos atrasos são maiores que estes. Na Figura 11.7 podemos observar algumas taxas reais de atraso.

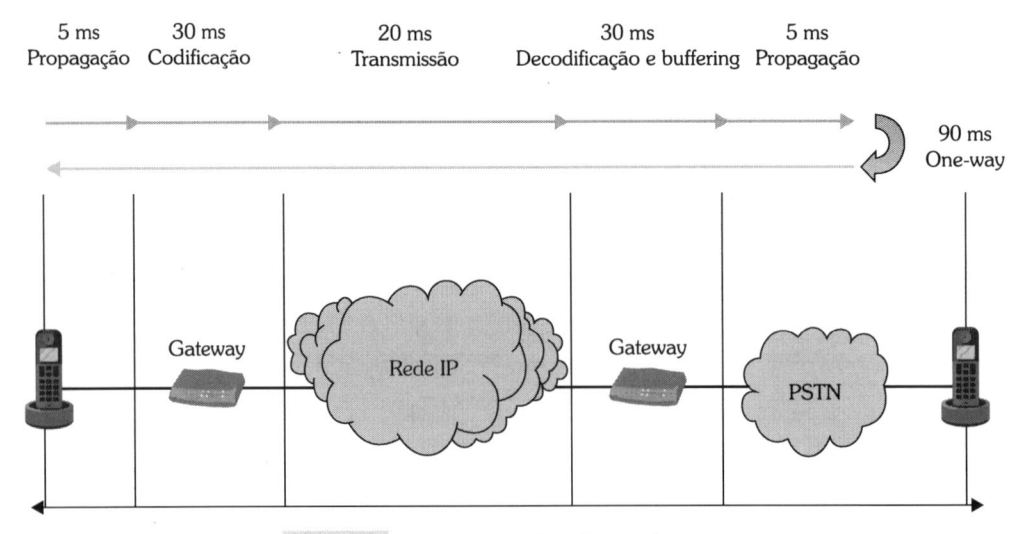

Figura 11.7 Atraso na transmissão da voz sobre pacotes.

11.5.2 Eco

É o reflexo e o retorno do sinal transmitido. Os sistemas tradicionais de VoIp são capazes de detectar o eco e cancelá-lo. Na Figura 11.8, podemos observar um caso em que o eco foi detectado próximo do gateway final (10 ms), depois de ser originalmente transmitido do gateway (10 ms echo tail) e cancelado.

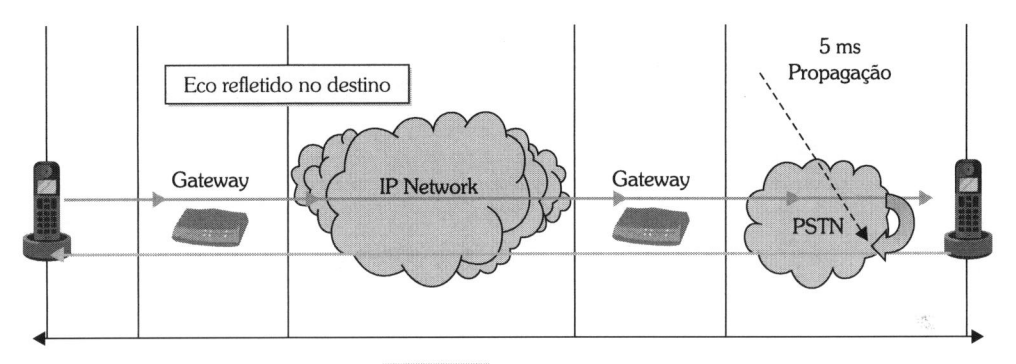

Figura 11.8 Detecção do eco.

11.5.3 Jitter

Pacotes de voz devem ser gerados a taxa constante. Enquanto as pessoas estão falando, não pode existir gap entre pacotes. Dispositivos na rede causam um atraso não previsível entre pacotes. Esses gaps, conhecidos como jitter, devem ser removidos pelo gateway que recebe, para reproduzir de forma precisa a voz original.

11.5.4 Pacotes perdidos

Congestionamentos na rede podem fazer com que os pacotes sejam descartados. O terminal destino pode ouvir alguns chiados. O algoritmo do DSP detecta os pacotes perdidos e replica os últimos pacotes recebidos com sucesso, com um volume inferior para cobrir os gaps. A Figura 11.9 apresenta esse processo.

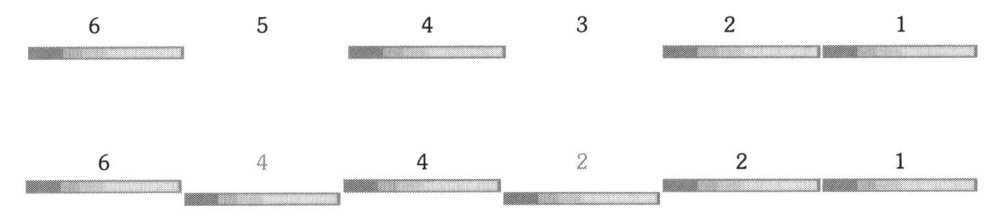

Figura 11.9 Tratamento de pacotes perdidos.

11.5.5 Pacotes fora da sequência

Pacotes podem vir por diferentes rotas e chegar fora de sequência. Com isso, eles não são reproduzidos no destino na ordem que chegam. Quando são detectados pacotes fora de sequência, eles são substituídos pelo predecessor, se não foi perdido. Quando o pacote atrasado chega, ele é descartado. A Figura 11.10 apresenta o tratamento de pacotes fora da sequência.

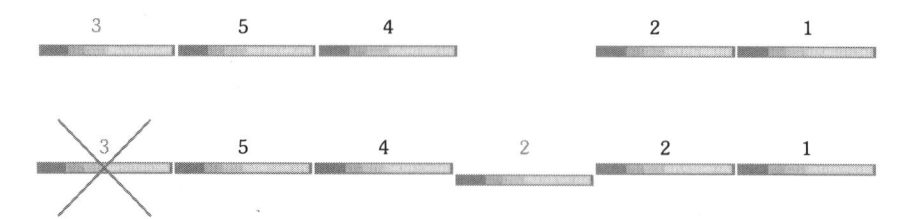

Figura 11.10 Pacotes fora da sequência.

11.6 Protocolos de comunicação VoIP

Existe uma série de protocolos usados para comunicação entre os elementos da rede. Os protocolos de sinalização são usados para todo o processo de sinalização das chamadas:

- H.323;
- Megaco H.248 Gateway Control Protocol/MGCP;
- SIP (Session Initiation Protocol).

Os protocolos para transferência de pacotes VoIP (dados) são:

- RTCP (RTP Control Protocol);
- RTP (Real-Time Transport);
- DVB (Digital Video Broadcasting);
- H.261 (video stream for transport using the real-time transport);
- H.263 (bitstream in the Real-time Transport Protocol).

11.6.1 H.323

O H.323 é um protocolo de comunicação padrão, aprovado pelo ITU-T em 1996, que permite a transmissão de sistemas de videoconferência sobre redes IP. O objetivo inicial do H.323 era agregar informações de áudio, vídeo e pacotes de dados por meio de uma rede LAN, não provendo garantia de Qualidade de Serviço (QoS).

Embora o H.323 tenha sido criado para sistemas de videoconferência, hoje em dia, sua maior aplicação é para sistemas de telefonia em internet e VoIP, devido, principalmente, à sua capacidade de endereçar controle de chamadas para conferências ponto a ponto e ponto multiponto, além de administrar os usuários e banda.

O H.323 é um grande guarda-chuva de recomendações da ITU, que trata as comunicações multimídia. A recomendação mais recente é o H.248, que especifica a comunicação entre gateways H.323 com a rede pública de telefonia, além de terminais locais.

Alguns benefícios do H.323 são:

- ter por base nas camadas 3 e 4 do TCP/IP;
- usar CODEC padrão para diferentes fabricantes;
- interoperabilidade dos dispositivos;

▶ independente da topologia de rede e aplicações;

▶ gerenciamento de banda para áudio e vídeo;

▶ suporta multicast.

Em uma rede com base em IP, o H.323 possui quatro componentes:

▶ terminal;

▶ cliente final, que provê comunicação bidirecional realtime com outras entidades H.323 entities. Suporta áudio, vídeo ou dados;

▶ Media Gateway, que provê a conexão entre a rede telefônica comutada (PSTN) e a rede de pacotes;

▶ Gatekeeper.

O Gatekeeper pode ser considerado o cérebro da rede H.323. Ele faz conversão de endereço de um número telefônico em um endereço IP e controla a autenticação e a autorização dos usuários, bem como controla e gerencia a banda para permitir conexões simultâneas. A sinalização para os recursos (conferência, sinal de ocupado, sinal de ring) e a autorização entre os terminais também são executadas pelo Gatekeeper.

Tabela 11.2 Atividades do protocolo

Atividades do Protocolo	Significado
Register	Quem eu sou.
Admision Request	Este é o meu PIN. Posso fazer a chamada?
Call Setup	Este é para quem eu quero ligar.
Call Negotiation	Capacidade.
Media Channel Setup	Abrir canal de áudio.
Media Transport	Envia áudio.
Call Termination	Chamada concluída.

Protocolos presentes no padrão H.323 são:

▶ H.323 (Conjunto de protocolos);

▶ H.225 (Cobre sistemas de video em baixa velocidade);

▶ H.225 (Anexo G);

▶ H.235 (segurança e autenticação);

▶ H.245 (negocia o canal, uso e capacidades);

▶ H.450.1 (define serviços adicionais do H.323);

▶ H.450.2 (Transferência de chamada no H.323);

▶ H.450.3 (redirecionamento de chamadas no H.323);

▶ H.450.4 (chamada em espera);

▶ H.450.5 (serviço de chamada em espera e uso de outra chamada simultaneo);

▸ H.450.6 (serviço de chamada em espera adicional);

▸ H.450.7 (serviço adicional de notificação de chamada);

▸ H.450.8 (serviço de conferência a 3);

▸ H.450.9 (serviço adicional de chamada ocupada);

▸ H.450.10 (serviço suplementar);

▸ H.450.11 (serviço suplementar de agregar a chamada em linha);

▸ H.450.12 (serviço ANF-CMN suplementar);

▸ RAS (gerencia registro, admissão e status);

▸ T.38 (serviço de Fax sobre IP);

▸ T.125 (MCS – Serviço de controle de comunicação Multiponto).

11.6.2 SIP

O SIP (Session Initiation Protocol) é um protocolo padrão IETF (Internet Engineering Task Force) usado para iniciar sessões de usuário multimídia, podendo ser utilizado para vídeo, voz, chat, jogos e realidade virtual.

Ele trabalha na camada de aplicação, como HTTP, FTP e Telnet. A partir do SIP podemos iniciar uma chamada telefônica na rede IP, monitorar ou terminar. O SIP também trabalha com sessões unicast e multicast, possibilitando recursos de conferência de voz.

O SIP provê alguns serviços, como:

▸ User Location (localização do usuário);

▸ User Capabilities (capacidades do usuário);

▸ User Availability (disponibilidade do usuário);

▸ Call Setup (negociação de chamada);

▸ Call Handling (desvio de chamada).

O SIP é muito simples e similar aos protocolos de dados. Os participantes se identificam por user@hostname URLs.

 Exemplo de mensagem SIP

sip:alexandre.moraes@editoraerica.com.br

sip:+55 11 32103888 :1234@gatewayvoip.com

sip:1234@gatewayvoip.com

sip:alfredo@192.168.2.3

Esse protocolo é embasado em um modelo cliente/servidor e usa a maior parte dos cabeçalhos do HTTP. É um protocolo confiável, independentemente do TCP. Seus componentes são:

▶ **Agentes (usuários):** sistemas finais atuando como usuários (User Agent Client); inicia a requisição SIP.

▶ **Servidores (gateways):** recebe as requisições e envia respostas.

Os principais servidores do protocolo SIP são:

▶ **Registration Server:** recebe updates e localização de usuários.

▶ **Proxy Server:** recebe requisições e envia para próximo hop.

▶ **Redirect Server:** retorna o endereço do próximo servidor para quem pediu.

11.6.3 Comparação de H.323 com SIP

A Tabela 11.3 apresenta um quadro comparativo entre o H.323 e o protocolo SIP.

Tabela 11.3 Comparação entre H.323 e SIP

H.323	SIP
Protocolo completo	Protocolo simples
Representação binária das mensagens	Representação em texto
Não é modular	Muito modular
Não é escalável	Altamente escalável
Sinalização complexa	Sinalização simples
Uso originalmente em rede local	Usado em LANs e em backbone de operadoras
Centenas de elementos	Apenas 37 headers
Difícil detectar loop	Detecção de loop simples

11.6.4 Megaco H.248

Megaco H.248, também conhecido como MGCP (Media Gateway Control Protocol), é um protocolo padrão para sinalização e gerenciamento de chamada durante uma sessão de videoconferência. O protocolo define o modo de comunicação entre o Media Gateway (que converte a voz digitalizada em pacotes IP no formato da rede telefônica, com base em comutação de circuitos) e o Media Gateway Controller.

O MGCP pode ser usado para estabelecer, manter e terminar chamadas entre múltiplos pontos. O Megaco e o H.248 são uma versão mais avançada do MGCP. Este foi padronizado pelo IETF, enquanto o Megaco, pela ITU-T. O H.248 foi criado em conjunto com o H.323 para aplicação em rede local, mas foi remodelado para suportar múltiplos gateways.

O MGCP foi originalmente criado a partir de dois outros protocolos, o IPDC (Internet Protocol Device Control) e o SGCP (Simple Gateway Control Protocol). Definido na RFC 2705, o MGCP é um protocolo na camada de aplicação que usa o modelo de mestre e escravo, no qual o Media Gateway Controller é o mestre. O MGCP permite ao controller determinar a localização de cada terminal VoIP na rede, de modo que um serviço possa ser escolhido entre os participantes.

11.6.5 RTP

O RTP (Real-Time Transport Protocol) é um protocolo padrão de internet, usado para gerenciar e transmitir dados em multimídia na modalidade unicast e multicast. O protocolo foi originalmente criado pelo IETF (Internet Engineering Task Force) para suportar videoconferência entre participantes dispersos. O RTP é muito utilizado em aplicações de telefonia via internet.

Ele combina o transporte de dados com um protocolo de controle RTCP, que torna possível monitorar o envio de pacotes de dados para grandes redes em multicast. O monitoramento permite ao receptor detectar se houve pacotes perdidos e compensá-los por qualquer atraso ou jitter gerado. Ambos os protocolos trabalham de modo independente da camada de transporte e dos protocolos de rede. As informações do cabeçalho do RTP dizem ao receptor como reconstruir os dados gerados pelo CODEC (fluxo de bits de voz) quando foram empacotados.

O RTP roda sobre UDP (User Datagram Protocol), tanto o H.323 quanto o SIP usam o RTP. O pacote RTP inclui:

- número de sequência, que é usado para detectar pacotes perdidos na rede;
- identificação do payload, que descreve o tipo de mídia que está sendo transmitido;
- indicação do frame, que marca o início do frame;
- identificação da origem;
- sincronização, sendo incluídos carimbos de tempo nos pacotes para detectar atraso e jitter e compensá-los.

O RTPC controla também parâmetros de QoS, que incluem a quantidade de pacotes perdidos, round-trip time e jitter. Assim, as pontas podem ajustar as taxas de transmissão de acordo com o controle da sessão, usando pacotes RTCP BYE para que os participantes deixem a sessão.

O RTP comprimido, também chamado de CRTP (Compressed RTP), especificado na RFC 2509, foi criado para reduzir o tamanho do cabeçalho IP, UDP e RTP. O protocolo comprime essas informações de modo que o pacote possa ser transmitido com o menor atraso. Em alguns casos críticos, em que os atrasos são muito grandes, existe muita perda de pacote, e com pacotes fora de sequência não é recomendado comprimir o cabeçalho.

11.7 Asterisk

O Asterisk é um PABX VoIP, ou seja, um SIP server com base em uma plataforma de software livre em Linux. Essa solução tem conquistado grande parcela do mercado, principalmente pela facilidade de uso e configuração. O Asterisk disponibiliza recursos avançados como:

- URA (Unidade de Resposta Audível);
- Call Center (Automatic Call Distribution);
- música em espera;
- text to speech;
- gera Call Detail Record;
- suporta conferência;
- discagem automática;

▸ chamada com cartão;

▸ Unified Messaging (sistemas de mensagens unificadas).

11.8 Skype

Criado em 2003, o Skype é um aplicativo desenvolvido com o princípio de permitir ligações de áudio e vídeo pela internet.

A ideia de oferecer uma solução capaz de fazer ligações gratuitas pela internet teve muito sucesso pela Skype (empresa) e um dos fatores principais para isso foi a capacidade do protocolo proprietário do Skype se adaptar à qualidade da conexão de internet.

Antes de sua criação já existiam algumas soluções de telefonia IP via internet, mas nenhuma alcançava a qualidade das chamadas obtidas pelo protocolo do Skype. O aplicativo rapidamente ganhou muito mercado em nível mundial, chegando à marca de 320 milhões de usuários.

O Skype faz parte do grupo de empresas da Microsoft Corporation, e teve sua tecnologia incorporada a outros produtos da empresa, embora o aplicativo de uso livre continue sendo utilizado por todo o mundo para a chamadas entre dois usuários.

O aplicativo oferece alguns serviços agregados, como permitir que o usuário compre um número de telefone fixo em vários países do mundo para receber e realizar chamadas pelo Skype, além de oferecer pacotes de créditos que também permitam realizar chamadas a telefones fixos tarifadas em qualquer lugar do mundo.

Além de permitir chamadas de voz e vídeo, o Skype possui um sistema de mensagens instantâneas muito utilizado por seus usuários.

O uso massivo do Skype gerou grande perda para operadoras de telecomunicações baseadas em telefonia tradicional, em especial as chamadas de longa distância e internacionais, que possuem custo mais elevado.

11.9 WhatsApp

O WhatsApp foi lançado em 2009, com foco no uso de telefones móveis. Esse comunicador teve muito sucesso como um aplicativo que permite a troca de mensagens instantâneas entre usuários e grupos. Somente no Brasil, 83,33% de todos os smartphones utilizados possuem WhatsApp instalado, tendo um uso massificado por todas as classes sociais.

A aplicação pode ser considerada uma das mais utilizadas no mundo, com mais de 1 bilhão de usuários. A empresa, que hoje pertence ao Facebook, revolucionou o mercado quando lançou em 2015 a opção de chamadas entre usuários. Houve uma migração massiva de chamadas, que antes eram realizadas pela telefonia celular, para chamadas via aplicativo WhatsApp, resultando em uma redução significativa de receita para as operadoras de telefonia.

Ainda em 2015, foi lançado a versão do aplicativo para uso via navegador Chrome, mas sua utilização em computadores ainda é muito limitado se comparado ao uso em smartphones.

Atualmente, o aplicativo possui recursos integrados de criptografia das mensagens, a utilização de grupos de usuários e a possibilidade de compartilhamento da localização com outros usuários.

11.10 Segurança em redes VoIP

A segurança em redes VoIP é um assunto polêmico, uma vez que os pacotes de voz não são encriptados na transmissão. Isso significa que se um hacker ou alguém mal-intencionado capturar os pacotes da sessão de voz, conseguirá ouvir as vozes na chamada. Quando falamos em usar a internet para enviar esses pacotes, a situação torna-se ainda mais crítica, devido a todos os problemas que já conhecemos sobre a falta de segurança.

As soluções de VoIP apresentam uma série de vulnerabilidades que podem ser exploradas por hackers, dentre as quais podemos destacar:

▷ vulnerabilidades do próprio protocolo IP;

▷ necessidades de QoS (delay, jitter, perda de pacote, bandwidth), que podem ser diretamente afetados por ataques de negação de serviço, os chamados DoS;

▷ método de autenticação com o gateway fraco. O processo de autenticação com o gateway é muito fraco, o que pode permitir que usuários falsos, ou se fazendo passar por outros, consigam estabelecer chamadas telefônicas;

▷ senhas e autorizações podem ser roubadas;

▷ a inserção, a remoção ou a modificação do streaming de áudio é algo possível de ocorrer.

Já dentre as ameaças, as principais são:

▷ session hijacking (roubo da sessão de voz);

▷ monitoramento (eavesdropping);

▷ interrupção do serviço;

▷ fraude (roubo do serviço);

▷ exploração das vulnerabilidades por hacker interno.

Na Figura 11.11, podemos observar um hacker atacando um sistema de telefonia IP, monitorando as chamadas e fraudando o sistema, ao fazer chamadas grátis.

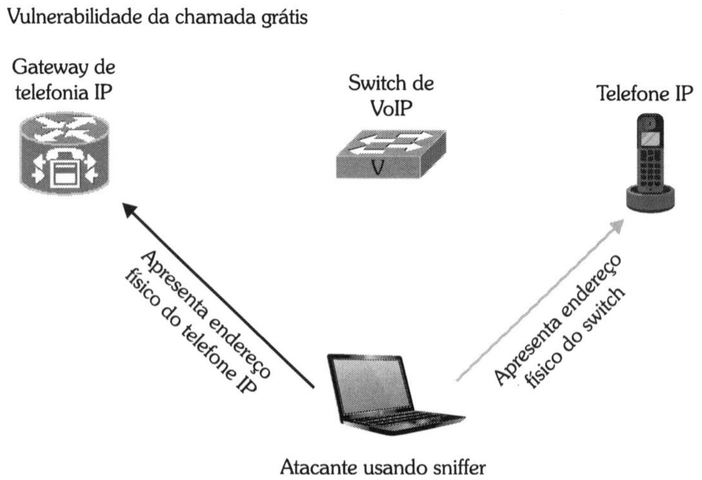

Figura 11.11 Atuação de hacker fraudando o sistema.

11.10.1 Negação de serviço (Denied of Service)

Os principais alvos dos ataques de negação de serviço são telefones IP, roteadores, switches e gateways de sinalização (Media Gateway Controller, Media Gateway ou Gatekeeper). O objetivo dos hackers é causar indisponibilidade na rede, derrubando esses serviços de sinalização.

11.10.2 Ataque de QoS (Qualidade de Serviço)

Esses ataques se caracterizam pelo envio de muitos pacotes na rede VoIP, causando indisponibilidade e problemas de banda, que acabam prejudicando a QoS da rede. Existem outros ataques nos quais o hacker faz uma chamada falsa no Media Gateway Controller, fazendo se passar por um usuário autorizado, solicitando a troca da codificação de áudio durante a sessão.

11.10.3 Algumas técnicas de proteção

Existem algumas atitudes que dificultam a ação do hacker e deixam a rede mais protegida. Inicialmente, podemos citar:

- ▷ criar e estabelecer uma política de segurança para o uso dos serviços VoIP, criando regras e políticas de segurança e autenticação para o uso;

- ▷ analisar diariamente o log e os registros de billing do Media Gateway Controller para identificar ações maliciosas e fraudes;

- ▷ controlar e auditar o serviço;

- ▷ usar senhas fortes para os usuários ou um token de autenticação;

- ▷ usar dois DHCPs, sendo um para voz (telefones IPs) e outro para dados (PCSs);

- ▷ desabilitar o registro dos aparelhos;

- ▷ monitorar o MAC Address das estações VoIP;

- ▷ implementar filtros de dispositivos no PABX IP.

Considerações finais

Este capítulo apresentou, de modo resumido, os principais conceitos, protocolos e funcionamento da telefonia sobre IP, destacando as técnicas de codificação, compressão, os protocolos H.323 e SIP e os principais elementos da arquitetura VoIP. O assunto ainda é algo novo nas principais corporações e espera-se grande crescimento da adoção dessas tecnologias nos próximos anos.

Atividades

1. Classifique as afirmativas em verdadeiras (V) ou falsas (F):

   ( ) O VoIP trabalha sobre o protocolo de transporte TCP, pois precisa de um protocolo confiável de transporte.

   ( ) O Media Gateway Controller executa na rede VoIP com SIP o mesmo papel do Gatekeeper na rede com H.323.

   ( ) O H.323 é um protocolo mais antigo que o SIP e, portanto, mais simples.

2. Qual não é uma finalidade do Gatekeeper?

   a) Controlar e enviar a sinalização de chamada ocupada entre as partes.

   b) Resolver números telefônicos em endereços IP.

   c) Garantir o QoS da chamada trabalhando com IntServ.

   d) Registrar os usuários pertencentes à rede de VoIP.

   e) Verificar e sinalizar o final da chamada.

3. O MGCP é um protocolo para:

   a) Comunicação entre os terminais e o Media Gateway Controller.

   b) Comunicação entre o Media Gateway e o Media Gateway Controller.

   c) Comunicação entre o Gatekeeper e o telefone IP.

   d) Comunicação entre o telefone IP e o terminal SS&.

   e) Comunicação entre VOiP e telefonia tradicional.

4. Quais são os ataques mais frequentes em uma rede com VoIP?

   a) Back Oriffice e DoS.

   b) Key Logger e QoS.

   c) DoS e QoS.

   d) Syn Flood e Trojan.

   e) Nenhuma das alternativas anteriores.

5. Qual é o protocolo usado para comunicação entre os terminais VoIP?

   a) TCP com RTP.

   b) UDP com TCP.

   c) RTP com UDP.

   d) IPTelephony com UDP.

   e) TCP com IPTelephony.

Segurança de Redes

12.1 Introdução

Inicialmente, vamos verificar algumas definições do termo segurança. De acordo com o dicionário Aurélio, segurança é "estado, qualidade ou condição de seguro. Condição daquele ou daquilo em que se pode confiar. Certeza, firmeza, convicção."

▶ Um sistema é seguro se ele se comporta da forma que você espera que ele o faça.

▶ Um computador é seguro se você pode depender dele e o software possui o comportamento que você espera dele.

▶ Segurança em computadores é uma série de soluções técnicas para problemas não técnicos.

▶ Segurança de computadores é prevenir ataques com objetivos definidos através de acessos não autorizados ou usos não autorizados de computadores e redes.

12.2 Hackers e crackers

Hacker é uma pessoa interessada em conhecer informações confidenciais de um sistema, de computadores e de redes em particular. Já um cracker é uma pessoa que quebra um sistema de segurança com o objetivo de roubar ou destruir informações.

12.3 Serviços de segurança

Os principais serviços de segurança são:

▷ integridade;
▷ confidencialidade;
▷ disponibilidade.

12.3.1 Integridade

A integridade consiste na garantia de que a informação permaneceu íntegra, ou seja, ela não sofreu nenhuma espécie de modificação durante sua transmissão ou seu armazenamento, sem a autorização do autor da mensagem.

Por exemplo, quando realizamos uma transação bancária pela internet, devemos garantir que os dados cheguem íntegros até o destino (banco). Se fizermos, por exemplo, uma transferência de R$ 100,00 e, por algum motivo ilícito, a mensagem perder a integridade, o responsável pela ação pode alterar tanto a conta de crédito como colocar um zero a mais, e uma transação de R$ 100,00 poderia se transformar em outra de R$ 1.000,00. Portanto, em aplicações bancárias, a integridade das informações é essencial.

12.3.2 Confidencialidade

A confidencialidade é o processo no qual a mensagem permanece protegida, de modo que usuários não autorizados não possam ter acesso a ela, permitindo que somente o originador da mensagem e os destinatários autorizados possam conhecer seu conteúdo.

Esse é um dos serviços de segurança mais importantes e que é implementado na maioria das vezes por sistemas e técnicas de criptografia.

12.3.3 Disponibilidade

A disponibilidade de um sistema está relacionada à implementação de mecanismos de segurança que permitam impedir que o sistema "saia do ar". Em geral, para aumentar a disponibilidade de um sistema, utilizamos equipamentos, aplicativos e servidores redundantes, que, no caso de falha do principal, existe um sistema backup que pode atuar.

12.4 Soluções para garantia de segurança

Existem soluções, tecnologias e dispositivos que permitem, a partir do conhecimento adequado e da aplicação correta, garantir um ambiente seguro. Vamos tratar dos seguintes itens:

▷ **Criptografia:** garante confidencialidade, integridade.
▷ **Assinatura digital e certificados digitais:** garantem não repúdio e autenticidade.
▷ **Biometria:** assegura autenticidade.
▷ **Firewalls:** permitem controle de acesso.

12.4.1 Criptografia

Criptografia é a ciência que, por meio da matemática, permite criptografar (cripto = esconder) e descriptografar dados.

Encriptação é um processo de transformação de dados claros em uma forma ilegível, ou seja, encriptados. O propósito dessa ação é garantir privacidade, mantendo a informação "escondida" para qualquer um que não seja o destinatário da mensagem, mesmo que ele possa ter acesso às informações criptografadas. Descriptação é o processo reverso da criptografia; é a transformação dos dados encriptados de volta à forma de texto claro.

Texto claro é a mensagem a ser enviada. Se for interceptada em uma comunicação, pode ser compreendida pelo interceptador, porque não se encontra criptografada.

Texto cifrado é uma mensagem que passou por um processo de encriptação e, se for interceptada em uma comunicação, não poderá ser compreendida pelo interceptador caso ele não conheça a chave e o algoritmo criptográfico utilizado.

Os governos, as empresas e outras organizações contribuíram para a vasta coleção de padrões de criptografia. Alguns deles são: ISO, ANSI, IEEE, NIST e IETF.

PKCS é uma padronização da indústria, desenvolvida em 1991, pela RSA junto com grandes fabricantes. O padrão contém 12 capítulos, que descrevem processos de encriptação, troca de chaves e certificados digitais.

A criptografia faz uso de algoritmos matemáticos para encriptar dados (texto claro) para uma forma aparentemente não legível (texto cifrado) e recuperá-los (descriptografá-los). É uma ciência que faz com que o custo de tentar descobrir o conteúdo das mensagens cifradas torne-se maior do que o potencial ganho com os dados.

Criptoanálise é a ciência que estuda métodos, algoritmos e dispositivos que tentam quebrar a segurança dos sistemas criptográficos para descobrir o texto claro, a partir do texto cifrado.

Criptologia é a área da matemática que estuda a criptografia e criptoanálise.

12.4.1.1 História

Por ser uma ciência matemática e não computacional, a criptografia é muito anterior aos computadores e, assim, sua aplicação já existe há séculos. Um exemplo foi o modelo criptográfico chamado de Júlio Cypher, criado por Júlio César, na época do Império Romano. Como os meios de comunicação eram muito limitados, naquela época usava-se um cavalo rápido e um mensageiro para o envio de mensagens no campo de batalha. Entretanto, sempre havia o risco de o mensageiro ser interceptado e, com isso, o conteúdo das mensagens, crucial para a batalha, cair nas mãos do inimigo.

Júlio César criou um algoritmo que consistia em deslocar as letras da mensagem três posições para a direita de forma a torná-la sem sentido para quem fosse ler, seguindo a regra apresentada na Figura 12.1. Assim, a mensagem ATACAR ficaria transformada em DWDFDU. A descriptração da mensagem consistia em deslocar novamente para a esquerda as três posições.

Código:
ABCDEFGHIJKLMNOPQRSTUVWXYZ
DEFGHIJKLMNOPQRSTUVWXYZABC

Chave deslocamento de 3
ATACAR
César: DWDFDU

Figura 12.1 Cifragem de Júlio César.

Esse mecanismo, embora muito simples, foi efetivo por algumas décadas nas comunicações do império, principalmente porque poucas pessoas na época sabiam ler.

Outro exemplo de aplicação militar foi durante a Segunda Guerra Mundial. A Alemanha nazista desenvolveu um sistema criptográfico que se baseava em um equipamento mecânico para a criação de mensagens criptografadas, que eram enviadas por ondas de rádio para os U-Boats, submarinos alemães que atuavam no Atlântico Norte. Cada submarino possuía o mesmo equipamento, que utilizavam para descriptografar as mensagens enviadas por rádio. Os aliados só conseguiram interceptar as mensagens quando um dos submarinos alemães foi interceptado com o equipamento intacto. Certamente, esse foi um dos fatos que alteraram o rumo da Segunda Guerra Mundial.

12.4.1.2 Usos

A criptografia pode ser usada para:

▹ garantir a confidencialidade da mensagem para que usuários não autorizados não tenham acesso a ela;

▹ garantir que a mensagem enviada é autêntica;

▹ validar a origem da mensagem;

▹ manter a integridade da mensagem;

▹ garantir que a mensagem não foi modificada no encaminhamento;

▹ certificar-se de que a mensagem não foi repudiada;

▹ provar que ela foi enviada.

Hoje em dia, criptografia é mais do que encriptação e descriptação. Autenticação é uma parte fundamental, assim como a privacidade. Em um mundo em que as decisões e os acordos são comunicados eletronicamente, necessitamos de técnicas eletrônicas para prover a autenticação. A criptografia provê mecanismos para esse fim.

A assinatura digital associa um documento com o proprietário de uma chave privada, enquanto a assinatura do tempo associa um documento à data de sua criação. Esses mecanismos criptográficos podem ser usados para controlar o acesso a um disco compartilhado, a uma instalação de alta segurança, ou a um canal de TV pay-per-view.

Uma aplicação que vem sendo muito utilizada é a criptografia para permitir pagamentos a partir de moeda eletrônica.

12.4.1.3 Segurança

Algoritmos criptográficos devem ser razoavelmente eficientes (do ponto de vista de tempo computacional envolvido) com o conhecimento da chave. Ou seja, deve ser computacionalmente fácil executar as funções de encriptação e descriptação desde que as chaves sejam conhecidas.

Para que um algoritmo criptográfico seja seguro, deve ser praticamente impossível descobrir a chave utilizada ou calcular o texto claro a partir do texto cifrado sem o conhecimento da chave.

A encriptação é computacionalmente segura, o que significa que os dados só estão seguros se não existir poder de computação de alta capacidade para quebrar a cifragem.

Esses sistemas são fundamentados no conceito de que é impossível quebrar a chave secreta, embora isso ainda não tenha sido provado. Muitos desses sistemas perderiam seu uso se alguém conseguisse reverter o algoritmo usado. A questão da reversão de algoritmos criptográficos está associada a tempo e esforço necessários para isso.

12.4.1.4 Sistemas criptográficos

Todas as informações reservadas, que possuam algum valor para a atividade econômica das empresas e que possam ser transportadas em um meio inseguro, devem ser criptografadas.

Existem três sistemas criptográficos:

▶ sistema de chave secreta;

▶ sistema de chave pública;

▶ sistema com base em função de hashing.

Os algoritmos criptográficos públicos são geralmente considerados mais seguros, embora a engenharia reversa possa ser usada em todos os casos.

Sistema de chave secreta

É fundamentado no conhecimento das partes da comunicação de uma chave secreta, geralmente utilizado quando existe grande quantidade de dados a ser criptografada.

Esse sistema não é capaz de prover o não repúdio, porque ambas as partes são conhecedores da chave secreta. A segurança desse sistema está na chave que deve ser mantida em segredo.

Sistema de chave pública

Esse sistema utiliza uma chave pública conhecida por ambas as partes e uma chave privada, que é mantida em segredo para encriptar os dados, ou seja, cada um dos interlocutores necessita gerar um par de chaves pública e privada.

 Exemplo

---

Fernando quer mandar uma mensagem criptografada para Paula. Ela deve previamente conhecer a chave pública de Fernando, pois somente ela será capaz de descriptografar a mensagem que foi criptografada com a chave privada de Fernando. Para descriptografar as mensagens enviadas por Paula, Fernando deve ser conhecedor da chave pública de Paula.

Esses sistemas exigem mais recursos computacionais, e em geral são utilizados para distribuir chaves secretas ou enviar pequenas mensagens.

Implementação dos sistemas criptográficos

A implementação via software em geral é mais barata, entretanto, o resultado é mais lento e menos seguro, visto que o software é mais fácil de ser modificado e forjado.

Esse tipo de implementação é feito em chips e microprocessadores dedicados à criptografia. São mais rápidos que os controlados por software, entretanto, menos flexíveis.

12.4.1.5 Chaves criptográficas

O processo de encriptação e descriptação requer o uso de informações secretas, normalmente conhecidas como chaves. Uma chave é um número, em geral primo, utilizado em conjunto com um algoritmo criptográfico na criação do texto cifrado. Alguns atributos da chave são:

- **Tamanho:** número de bits/bytes da chave.
- **Espaço:** coleção de combinações matemáticas que possuem o mesmo tamanho da chave.
- **Exemplo:** uma chave de dois bits pode ter um espaço de 4 (00, 01, 10 e 11).

Gerenciamento de chaves

O gerenciamento das chaves criptográficas deve definir mecanismos para:

- geração;
- distribuição;
- entrada e saída;
- armazenamento;
- arquivamento de chaves;
- geração de chaves.

A geração de chaves deve obrigatoriamente fazer uso de um algoritmo devidamente testado. O gerador de números aleatórios deve garantir que todos os valores dos bits sejam gerados igualmente. Uma semente deve ser entrada no sistema da mesma maneira que uma chave criptográfica. Os valores da semente não devem ser conhecidos por quem não gerou a chave. Resumindo, o padrão de geração de chaves não pode ser de conhecimento público, portanto, é preciso usar algoritmos randômicos que gerem números aleatórios.

Distribuição da chave

A distribuição da chave pode ser manual, automática ou uma combinação. A entrada da chave ainda pode ser feita pelo teclado ou automaticamente, utilizando smart cards.

O canal utilizado para o envio e a troca de chaves criptográficas deve ser seguro. Um exemplo muito usado é dividir a chave em dois ou mais pedaços, utilizando diferentes meios para o envio da chave, como telefone, fax etc.

Armazenamento da chave

As chaves não devem ser acessíveis, entretanto, é muito útil armazenar as chaves criptográficas em um arquivo para o caso de perda, permitindo sua recuperação. Esse arquivo deve estar localizado em um computador que esteja em um ambiente seguro e controlado.

Troca de chaves

Consiste na definição de mecanismos a serem usados para que as duas partes envolvidas na comunicação tenham conhecimento das chaves criptográficas.

O que se busca é um dispositivo que permita a troca de chaves de maneira segura, sem que seja necessário o estabelecimento de uma chave compartilhada anteriormente.

No algoritmo criptográfico do Diffie-Hellman, a chave pode ser trocada quando necessário, utilizando envelopes digitais.

Um envelope digital é um processo no qual uma chave de criptografia simétrica é criptografada e enviada utilizando criptografia assimétrica (algoritmos de chave pública). A Figura 12.2 mostra como funciona esse mecanismo.

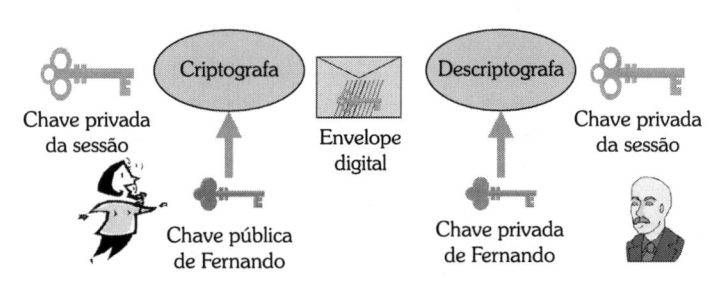

Figura 12.2 Funcionamento do envelope digital.

Os passos do funcionamento do mecanismo de envelope digital são os seguintes:

▶ **1º passo:** Paula cria uma chave, que será utilizada no processo de criptografia simétrica.

▶ **2º passo:** Paula prepara uma mensagem para enviar a chave criptográfica (criptografia simétrica) a Fernando. Para ilucidar, chamaremos de MENSAGEM CHAVE.

▶ **3º passo:** essa mensagem é criptografada por um método de criptografia assimétrica. Paula usa, portanto, a chave pública de Fernando para criptografar a MENSAGEM CHAVE.

▶ **4º passo:** a MENSAGEM CHAVE, devidamente criptografada, é enviada no meio de transmissão.

▶ **5º passo:** Fernando recebe a MENSAGEM CHAVE criptografada.

▶ **6º passo:** utilizando sua chave privada e a criptografia assimétrica, Fernando descriptografa a MENSAGEM CHAVE.

▶ **7º passo:** com a MENSAGEM CHAVE descriptografada, Fernando retira a chave de criptografia simétrica, criada por Paula, e inicia uma sessão de criptografia simétrica com Paula.

As vantagem desse mecanismo é que as chaves podem ser frequentemente alteradas pelo sistema. Além disso, é muito mais rápido o processo de criptografia simétrico (chave privada) do que o assimétrico (chave pública), o que aumenta o desempenho dos sistemas criptográficos.

12.4.2 Tipos de criptografia

Nos tópicos a seguir, explicaremos os tipos de criptografia.

12.4.2.1 Criptografia simétrica

Nesses algoritmos de chave simétrica, quem envia e quem recebe a mensagem devem possuir a mesma chave. Esses algoritmos são muito rápidos, mas existe o problema da necessidade de um canal seguro para enviar a chave secreta, uma vez que há o risco de que quem descobrir a chave secreta descriptografar a mensagem.

Não é possível garantir o não repúdio da mensagem com a criptografia simétrica.

A Figura 12.3 apresenta a criptografia simétrica ilustrando a chave única nas operações. O texto claro é passado pelo processo de encriptação com o uso da chave secreta, compartilhada pelas partes. O texto cifrado é, então, enviado pelo canal de comunicação e descriptado no destino, usando novamente a mesma chave secreta.

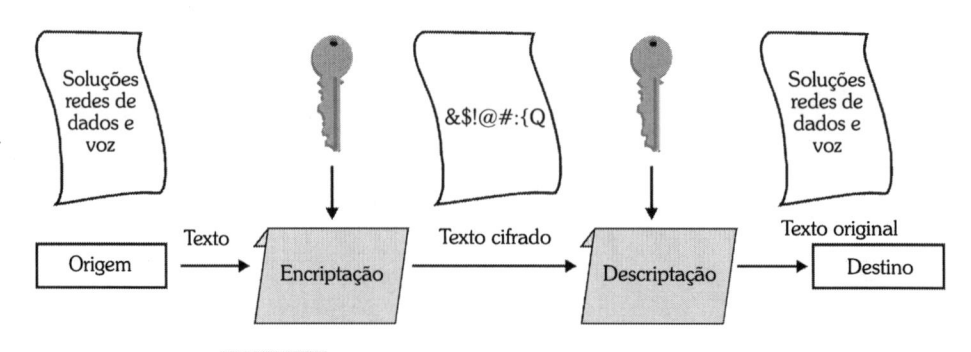

Figura 12.3 Criptografia simétrica com o uso de uma única chave.

Principais algoritmos de criptografia simétrica

- **DES e 3DES:** o DES (Data Encryption Standard) é um algoritmo criptográfico padrão, desenvolvido na década de 1970 pelo National Institute of Standards and Technologies (NIST – Instituto Nacional de Padrões e Tecnologias), em conjunto com a IBM. A chave tem 56 bits. No 3DES, o algoritmo DES é aplicado três vezes com três chaves distintas de 168 bits ou duas distintas de 112 bits.

O DES substitui os bits da mensagem clara pelos bits da mensagem criptografada. Como o processo é simples, os algoritmos possuem rápida execução.

- **RC2:** o RC2 foi desenvolvido por um dos fundadores da RSA, Ronald Rivest, e permite o uso de chaves criptográficas de até 2048 bits.

- **RC4:** o RC4 é uma evolução do RC2, mais rápido e é um produto da RSA. Trabalha com chaves de até 2048 bits.

- **RC5:** o RC5 foi publicado em 1994 e permite o uso de chaves de tamanho a ser definido pelo usuário.

- **IDEA:** o IDEA (International Data Encryption Algorithm) foi desenvolvido por James Massey e Xuejia Lai. Ele usa uma chave de 128 bits e a patente pertence à empresa suíça ASCOM TECH AG.

- **AES:** o AES (Advanced Encrypt Standard) foi fruto de um concurso realizado em 1998 e trabalha com chaves simétricas de até 256 bits. Com base em uma cifra de bloco, é considerado a evolução do 3DES.

Métodos de encriptação

A encriptação pode ser feita com base em uma operação de fluxo de dados ou blocos. É feita uma operação binária em um fluxo de dados. Em geral, os algoritmos que trabalham com fluxo são muito mais rápidos do que os que encriptam bloco por bloco.

Na encriptação por bloco, um bloco inteiro de texto claro de tamanho fixo é transformado em um bloco de texto cifrado. Na encriptação por fluxo, é realizada uma operação binária e cada bit de texto claro é transformado em um bit de texto cifrado.

A Tabela 12.1 apresenta os principais algoritmos de criptografia simétricos e o método de encriptação utilizada.

Tabela 12.1 Principais algoritmos criptográficos

Nome do algoritmo	Tipo de encriptação	Tamanho da chave
DES	Por bloco	56 ou 64
IDEA	Por bloco	128
RC2-RC5	Por bloco	1 a 2048
3DES	Por bloco	56 ou 112
AES	Por Bloco	128, 192 e 256

12.4.2.2 Criptografia assimétrica

Criada em 1976, por Whitfield Diffie e Martin Hellman, esse modo de criptografia baseia-se na utilização de duas chaves, sendo uma mantida secreta e a outra divulgada publicamente.

Enquanto uma chave é utilizada para encriptação, outra é usada para descriptação. Esse modo, por ser mais complexo, é muito mais lento do que a criptografia simétrica, algo em torno de 100 a 1.000 vezes mais lento.

Ela resolve o problema do gerenciamento de chaves. A criptografia assimétrica é também chamada de criptografia de chave pública. Um requisito básico desse método criptográfico é que as chaves públicas sejam armazenadas de modo seguro e autenticado.

Em alguns casos, a criptografia de chave pública (assimétrica) não é necessária e apenas a privada (simétrica) é suficiente. Em geral, isso é possível quando existe um meio seguro para enviar a chave privada, como em uma reunião particular.

A criptografia de chave pública (assimétrica), além de proteger as informações, fornece um mecanismo eficiente para a assinatura e o certificado digitais.

Funções matemáticas unidirecionais

A criptografia assimétrica é interessante, pois utiliza funções matemáticas unidirecionais, com as quais não é possível chegar ao valor inicial da função se a invertermos. A única forma de realizar uma inversão é possuir o conhecimento de parte do conteúdo da mensagem que foi criptografada, porém, computacionalmente falando, essa inversão é muito difícil.

Na Figura 12.4, podemos observar um exemplo de criptografia assimétrica.

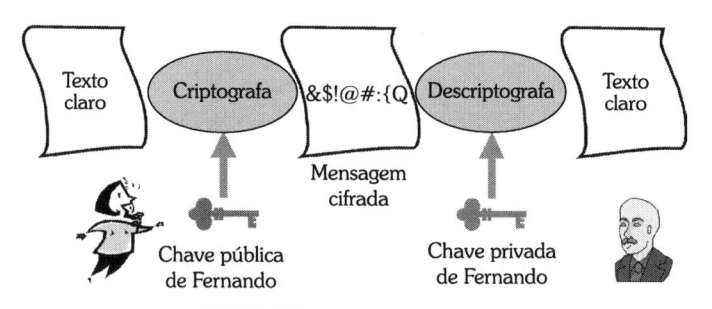

Figura 12.4 Criptografia assimétrica.

Paula criptografa a mensagem (texto claro) utilizando a chave pública de Fernando. A mensagem cifrada é, então, enviada a Fernando, que a descriptografa com sua chave privada. Como a criptografia assimétrica trabalha com funções unidirecionais, Fernando não conseguiria descriptografar a mensagem usando sua chave pública, pois apenas a chave privada permite a descriptografia.

A Tabela 12.2 apresenta os principais algoritmos criptográficos assimétricos.

Tabela 12.2 Algoritmos criptográficos assimétricos

Algoritmo	Tipo	Fundamento matemático
DSA	Assinatura digital	Logaritmos discretos
RSA	Confidencialidade, assinatura digital e troca de chaves	Fatorização
Diffie-Hellman	Troca de chaves	Logaritmos discretos
Curvas elípticas	Confidencialidade, assinatura digital e troca de chaves	Uso de pontos de curvas elípticas

▸ **RSA:** o algoritmo criptográfico RSA foi inventado em 1977 por Ron Rivest, Adi Shamir e Leonard Adleman, e hoje é considerado já um padrão de fato. O RSA é utilizado para garantir confidencialidade e autenticidade.

Sua segurança está diretamente relacionada à dificuldade de realizar fatorações. As chaves pública e privada são números primos grandes (100 a 200 dígitos ou mais).

É muito mais lento do que algoritmos simétricos, como DES ou IDEA, portanto, não é utilizado para a encriptação de grandes blocos de dados. O algoritmo é patenteado nos Estados Unidos, mas pode ser utilizado sem uma licença em outros países.

▸ **Diffie Hellman:** foi o primeiro algoritmo de chave pública criado em 1975 e leva o nome dos inventores Whitfield Diffie e Martin Hellman. É baseado no uso de chaves logarítmicas discretas. O Diffie Hellman é utilizado pelos algoritmos criptográficos para a troca de uma chave pública compartilhada por meio de um canal público (não seguro) de comunicação.

▸ **SSL (Security Socker Layer):** é uma camada que fica entre a interface Socket do TCP e a aplicação. Os principais benefícios do SSL são:

▸ criptografia dos dados;

▸ os dois lados podem verificar as identidades, pois um lado apresenta um certificado para o outro;

▸ a integridade dos dados é garantida, e qualquer alteração em um byte invalida o checksum.

O SSL é uma poderosa ferramenta utilizada pela maioria dos sistemas de home banking. A peça crucial desse sistema é o certificado digital que prova que você é o dono da chave privada. O SSL é muito bom para resolver o problema de autenticação e privacidade entre dois sites usando TCP.

▸ **PGP (Pretty Good Privacy):** é uma aplicação criptográfica de alta segurança, na qual os usuários trocam mensagens com privacidade e autenticação. As implementações comerciais e livres do PGP disponibilizam métodos para encriptação de arquivos, criação de chaves públicas e privadas, gerenciamento de troca de chaves e uso de assinaturas digitais.

A troca de chaves públicas e privadas permite a autenticação de ambas as partes na transação. A transmissão de dados é protegida por encriptação. Tipicamente, no processo de inicialização da conexão PGP, uma chave pública é utilizada para transmitir uma chave que será utilizada em uma criptografia simétrica, utilizando um mecanismo de envelope digital.

Qual modelo devemos usar? Criptografia simétrica ou assimétrica? Existem algumas razões para utilizarmos os dois modelos. Os sistemas de criptografia simétrica são rápidos e a inicialização também. Já os sistemas de criptografia assimétrica possuem um bom esquema de gerenciamento de chaves. Uma solução híbrida combina o melhor dos dois mundos. Os sistemas de criptografia assimétrica podem ser utilizados para transmitir as chaves a serem utilizadas pelos sistemas de criptografia simétrica.

Em algumas situações, a criptografia assimétrica não é necessária e a simétrica apenas é suficiente. Isso inclui soluções em que a troca da chave não é crítica, como usuários em uma reunião privada. Inclui também ambientes em que uma autoridade única conhece e gerencia as chaves. Além disso, a criptografia assimétrica usualmente não é necessária em um ambiente monousuário. Por exemplo, se utilizamos a criptografia para proteger os dados armazenados em um disco, uma única senha (chave privada) é suficiente.

12.4.3 Sistemas biométricos

Biometria é a ciência que estuda características físicas ou de comportamento de cada indivíduo. A tecnologia biométrica estuda e verifica se o indivíduo é quem ele diz ser.

Algumas considerações de sistemas biométricos:

▶ Qual é a parte do corpo que pode ser utilizada?

▶ Qual a precisão e a velocidade que podem ser alcançadas?

A precisão é uma das características mais críticas e é medida pela taxa de rejeição falsa, aceitação falsa, aceitação cruzada e velocidade. O problema da maioria desses sistemas é que a velocidade de autenticação é baixa, o que diminui a aceitação pelo usuário, entretanto, esses sistemas são muito mais confiáveis e a chance de um usuário não autorizado obter acesso à informação é muito menor.

Em geral, é criado um arquivo com as características do usuário. O tempo de se cadastrar em um sistema biométrico pode ser de até dois minutos e é necessária a presença do usuário no local para registro.

Principais tipos de sistemas biométricos

Existem vários tipos de sistemas biométricos. Os principais são:

▶ **Sistemas com base em impressão digital:** os dedos são pressionados sobre um vidro ou uma placa de policarbonato. A autenticação ainda necessita de um PIN de nove dígitos. A própria pele, óleo e sujeira podem atrapalhar a medida.

▶ **Sistemas com base na geometria das mãos:** esse sistema mede as dimensões dos dedos. Foi utilizado nos Jogos Olímpicos de 1996.

▶ **Sistemas com base no reconhecimento da voz:** no caso de utilização de sistemas telefônicos, o ruído da linha pode afetar a medição. A autenticação pode ser baseada na entonação de letras de palavras.

▶ **Sistemas de reconhecimento de retina:** a autenticação é feita pelo reconhecimento de vasos sanguíneos na retina. Condições médicas podem afetar a taxa de erro.

▶ **Sistemas de reconhecimento de íris:** reconhecem o padrão da íris. A câmara grava a informação e reconhece uma imagem anteriormente gravada. São muito usados em meios militares e terminais de bancos.

▶ **Sistemas de reconhecimento de assinatura:** com uma caneta especial, a direção e a pressão são exercidas quando a assinatura é armazenada. Quando é feito o armazenamento da assinatura, em geral, cinco assinaturas são requeridas. O perfeito funcionamento desse método está intimamente ligado à sensibilidade do sensor.

As principais vantagens dos sistemas biométricos são:

▶ é um dos meios de autenticação mais seguros;

▶ pode ser usado para apenas uma localidade ou remotamente;

▶ erros de usuários são menores; na maioria dos sistemas não é necessário armazenar senhas;

▶ é difícil de quebrar a segurança do sistema.

Entre as principais desvantagens estão:

▶ quanto maior é a sensibilidade, maior é o trabalho de administração e a capacidade de processamento dos equipamentos;

▶ informações dos padrões físicos do indivíduo devem ser bem guardadas para evitar a quebra do sistema;

▶ é mais caro do que os sistemas convencionais.

Os principais pontos que devem ser observados em um determinado produto biométrico são vazão do dispositivo, quantos usuários podem ser cadastrados e integração com outros sistemas de segurança.

12.4.4 Firewalls

O firewall ou "parede de fogo" é um sistema que atua como ponto único de defesa entre a rede privada e a rede pública. Ele pode, ainda, controlar o tráfego entre as sub-redes de uma rede privada. Basicamente, todo o tráfego de entrada e saída da rede deve passar obrigatoriamente por esse sistema de segurança. O firewall pode autorizar, negar e registrar tudo o que está passando por ele.

Embora existam muitos programas que se vendam como firewall, um firewall não é um programa, mas um conjunto de recursos de hardware e software destinados a garantir a segurança da rede.

Suas principais funções são:

▶ estabelecer um perímetro de segurança;

▶ separar as redes e controlar os acessos;

▶ ser um elemento central de controle e aplicação de políticas de segurança;

▶ proteger sistemas vulneráveis na rede;

▶ aumentar a privacidade;

▶ logar e gerar estatísticas do uso da rede e de acessos indevidos.

A funcionalidade do firewall pode ser implementada por um simples roteador, que aplica um filtro de pacotes ou complexo como um gateway, que combina funções de filtros de pacotes e proxy na camada de aplicação. O firewall é sempre proprietário, pois a regra é não seguir padrões para aumentar a segurança.

O firewall controla todas as mensagens que passam por ele. Em geral, é utilizado para interconectar uma rede segura (como a rede interna das empresas) e uma rede insegura como a internet.

Tem como configuração padrão barrar todos os tráfegos que passam por ele. O administrador de segurança, a partir da definição de uma política de segurança, deve configurar regras no firewall que liberem os tráfegos permitidos. Um exemplo é o servidor de e-mail. Caso não se crie uma regra no firewall liberando a porta 25 para o servidor de e-mail, a empresa não poderá receber e-mail, pois o firewall bloqueia esses pacotes.

De modo geral, os firewalls também são configurados para não restringir tráfego de saída, ou seja, dos usuários internos da Internet. Pode, ainda, ser utilizado na proteção de redes internas da mesma empresa. Por exemplo, um banco pode querer isolar a rede da tesouraria do resto da rede do banco, permitindo, com a adoção do firewall, um nível de segurança ainda maior para esses usuários, impedindo que exista um ataque proveniente da rede do banco à rede da tesouraria.

Além de controlar os acessos, o firewall possui recursos para registro detalhado dos usuários e do tráfego que passa por ele.

O processo de avaliação e identificação de protocolos que os roteadores fazem fornece o primeiro tipo de serviço de firewall. Os filtros podem ser fundamentos em:

▸ análise do endereço origem e destino;

▸ análise das portas origem e destino.

As primeiras arquiteturas de firewalls isolavam as redes em nível lógico. Hoje em dia, existem firewalls dos tipos:

▸ **Filtro de pacotes:** verifica todos os pacotes e, de acordo com uma lista chamada ACL (Access List), analisa se o pacote será bloqueado ou permitido.

▸ **Stateful inspection:** examina a aplicação e a identificação do pacote conforme um contexto.

▸ **Circuit level gateways ou gateways de aplicação:** analisa o pacote em detalhes, verificando, inclusive, o conteúdo dos pacotes.

12.4.4.1 Filtro de pacotes

O filtro de pacotes atua na verificação apenas dos endereços IP e das portas TCP/UDP. Esses firewalls trabalham com uma lista de controle de acesso (ACL), verificada antes que um pacote seja encaminhado para a rede interna. A lista relaciona o tráfego que é permitido e o que deve ser bloqueado.

Suas vantagens são:

▸ rapidez e eficiência;

▸ facilidade de compreensão;

▸ transparência;

▸ disponibilidade em diversos dispositivos;

▸ flexibilidade.

Já as desvantagens são:

▸ o tráfego entre as redes não é totalmente isolado;

▸ requer muitos testes para verificar as funcionalidades;

▸ em geral, dificulta a aplicação de políticas;

- sintaxe difícil, pois o controle e a administração das listas de acesso são complexos e trabalhosos;
- o processamento do pacote no filtro de pacotes se restringe à camada de transporte do modelo OSI;
- a inspeção é feita um pacote por vez;
- está sujeito a ataques de fragmentação;
- os recursos de logs e auditoria são mínimos;
- não esconde automaticamente os endereços de rede;
- não avalia o tamanho do cabeçalho IP.

O filtro de pacotes não faz nenhuma alteração no pacote que passa pelo firewall.

A primeira ou a última regra da lista de acesso deve negar todo o tráfego não explicitamente permitido. Como consequência, cada lista necessita de pelo menos uma permissão para liberar o tráfego. Na Tabela 12.3 observamos uma lista de acesso.

Tabela 12.3 Exemplo de lista de acesso

IP da origem	Porta na origem	IP do destino	Porta no destino	Ação	Registro

Os critérios de avaliação se o pacote passará ou será bloqueado são:

- lista de controle de acesso;
- avaliação do ID do protocolo;
- IP de origem;
- porta de origem;
- IP de destino;
- porta de destino.

A Figura 12.5 mostra o funcionamento em camada OSI do filtro de pacotes.

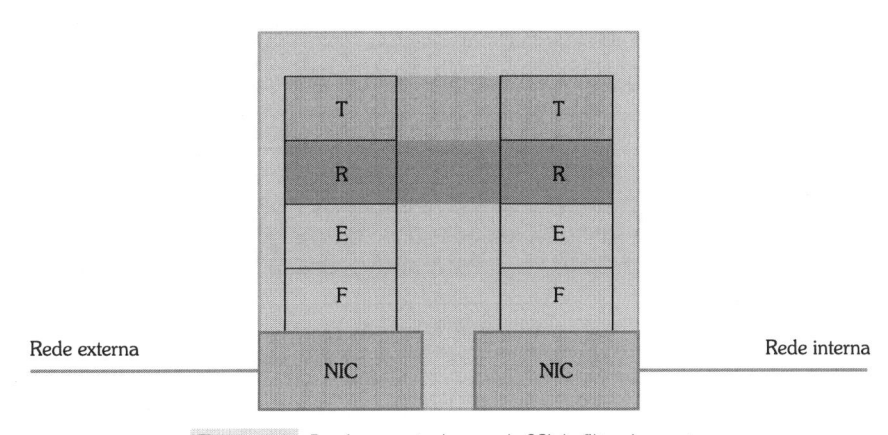

Figura 12.5 Funcionamento de camada OSI do filtro de pacotes.

12.4.4.2 Stateful Inspection – verificação por contexto

Nessa arquitetura, cada pacote é individualmente verificado de acordo com o pacote anterior ou subsequente. Existe, portanto, uma verificação de contexto. Os pacotes são verificados em um fluxo de comunicação.

O Stateful Inspection examina os pacotes com base no estado da sessão da aplicação TCP ACK#, SEQ#, informações de portas etc. Os pacotes são examinados usando informações de dados de comunicações passadas. Esses firewalls têm, ainda, a habilidade de criar sessões de informação virtual para manter a inspeção sobre protocolos não orientados à conexão de pacotes que possam ter conteúdo não legal.

Os principais critérios de avaliação são:

▶ lista de acesso (ACL);

▶ regras de autorização;

▶ verificação de padrões conhecidos de bits ou bytes;

▶ avaliação do cabeçalho;

▶ verificação do endereço IP origem;

▶ tamanho do cabeçalho IP;

▶ indicador do fragmento IP;

▶ avaliação do status da conexão.

12.4.4.3 Características adicionais

Além desses critérios, esse tipo de firewall deve ser capaz de prover serviços de roteamento. A verificação do contexto pode exigir muito da CPU, em um proxy de aplicação, não gerando, muitas vezes, o benefício esperado.

Um firewall stateful apenas envia respostas de DNS se elas estiverem associadas com uma query interna de DNS, ou seja, ele não aceita uma resposta caso não tenha enviado uma requisição. No caso do Telnet, uma sessão em andamento deve ser avaliada com base no fluxo apropriado da sequência de números e ACKs.

A Figura 12.6 mostra as camadas usadas para as decisões de filtragem. O processamento de pacotes por um filtro stateful envolve a verificação nas camadas de transporte e sessão, fazendo a associação da quíntupla Endereço IP Remoto + Endereço IP Local + Porta Remota + Porta Local + Protocolo de Transporte.

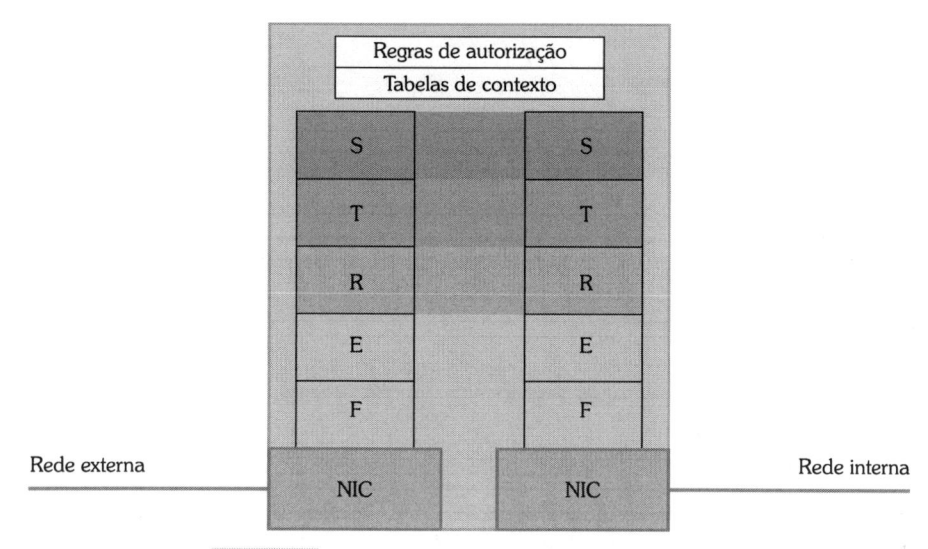

Figura 12.6 Camadas OSI utilizadas na verificação do contexto.

12.4.5 Proxy

O proxy é um servidor que faz a intermediação da comunicação entre um equipamento na rede segura e um equipamento na rede externa. Vamos imaginar que um computador A deseja se comunicar com um computador B e todas as conexões devem ser estabelecidas pelo proxy. O computador A realiza uma conexão com o proxy, que estabelece uma conexão com o computador externo à rede (B), sendo o proxy responsável pela monitoração e controle do tráfego trocado.

Suas vantagens são:

▸ as redes são totalmente isoladas umas das outras;

▸ recursos de log/registro;

▸ recursos de cache;

▸ balanceamento de carga.

Já as desvantagens são:

▸ podem exigir configuração dos clientes;

▸ são mais lentos e menos flexíveis;

▸ existe a necessidade de os proxies sofrerem update para cada novo serviço/aplicação criada e inserida na rede;

▸ os dados são analisados e modificados em protocolo de aplicação, ou seja, o pacote é todo reescrito e remontado pelo proxy.

Os proxies podem ser transparentes. Nesse caso, não existe nenhum tipo de configuração das máquinas clientes ou não transparentes, o que já exige configuração.

Associação A

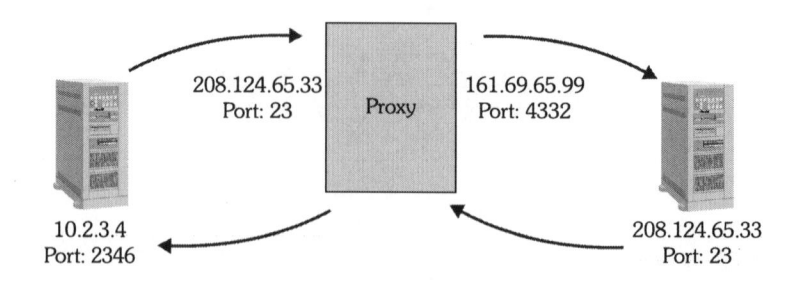

Associação B

Figura 12.7 Funcionamento do proxy.

Na Figura 12.7, a máquina interna inicia uma conexão usando o endereço IP remoto, a porta remota e o protocolo de transporte. O proxy fica posicionado no meio, interceptando a requisição, avaliando e iniciando a conexão com a máquina externa destino. O proxy usa o endereço IP externo próprio como origem, e cria seu próprio número de sequência.

O reply da máquina remota é enviado de volta para o proxy, que casa a resposta com a requisição inicial da máquina interna; então, remonta o pacote enviado com o endereço da máquina interna como destino e com o endereço origem da máquina remota e porta remota.

Se o recurso de transparência não é usado, significa que a máquina interna deve estar configurada para trabalhar com o proxy. Em vez de os pacotes serem direcionados para a máquina remota, eles inicialmente são enviados ao proxy, que efetiva a comunicação e envia a resposta à máquina origem.

Existem proxies que trabalham apenas em circuito, criando associações completas entre o cliente e o servidor, sem a necessidade de interpretação do protocolo de aplicação.

Os pacotes são tratados pelo proxy segundo um critério de avaliação que inclui regras de autorização, tabelas de associação e avaliação do cabeçalho. Quando utilizamos um proxy, as conexões podem apenas ser executadas pelo proxy, que tem a função de separar a rede interna da externa.

12.4.5.1 Proxy na camada de aplicação

Além dos atributos do proxy em circuito, esse tipo de proxy executa o processamento de protocolos na camada de aplicação. Os critérios de avaliação usados para o pacote ser permitido ou negado são:

- autenticação do usuário;
- tabelas de associação;
- regras de autorização;
- regras de aplicação;
- avaliação do cabeçalho;
- auditoria.

Os proxies de aplicação trabalham com dados complexos das camadas de aplicação, detectando tentativas de quebra de segurança. Devido a essas funcionalidades, são mais lentos do que firewalls com base em filtro de pacotes. Em razão da interatividade com as aplicações, esses proxies não estão disponíveis para alguns tipos de serviços de aplicações específicas. A Figura 12.8 apresenta as camadas OSI utilizadas na decisão por um proxy.

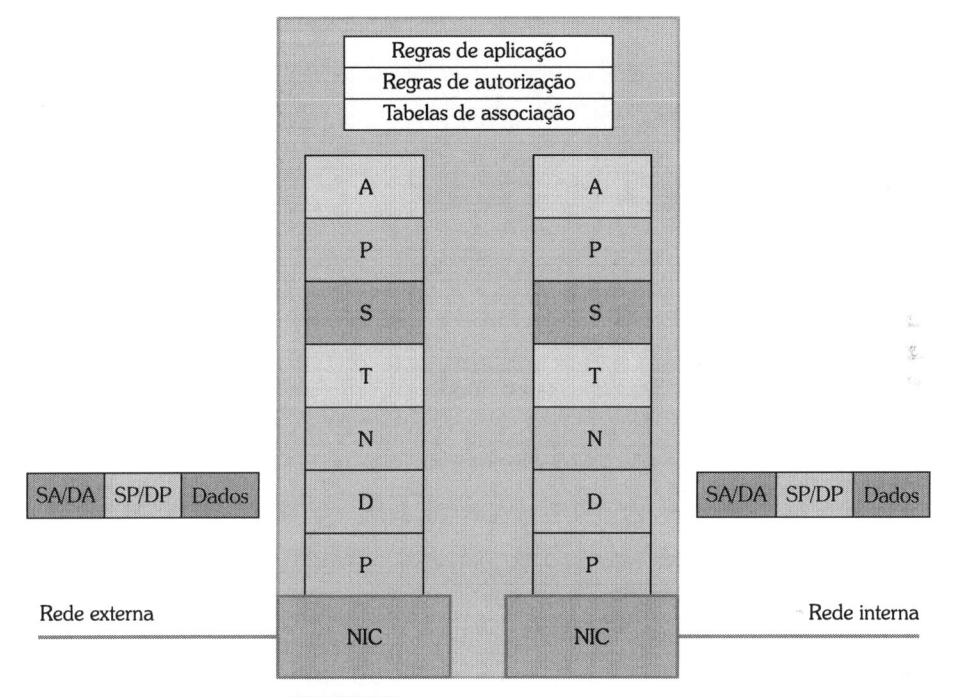

Figura 12.8 Camadas OSI utilizadas no proxy.

12.4.5.2 Passos da política de segurança em um firewall com base em proxy

Os principais passos para configurar uma política de segurança em um firewall são:

▶ determinar os tipos de proxy usados no firewall;

▶ listar as máquinas internas que poderão usar o proxy;

▶ ajustar os requerimentos de permissão ou negação a determinados destinos e os requisitos de autenticação.

O padrão é definir as seguintes permissões:

▶ da rede interna, permitir FTP, TELNET, NNTP, NetShow, Real Audio, HTTP;

▶ da rede externa, permitir POP3 e eventualmente FTP e Telnet;

▶ o endereço de origem ou o nome do host deve ser usado para determinar a política aplicável;

▶ algumas regras podem ser aplicadas a grupos de máquinas, criando políticas gerais de segurança.

Os principais tipos de proxy são:

▷ Proxies de aplicação: WWW, FTP, Telnet, MAIL, NNTP, SQL etc.

▷ Proxies de circuito que estejam em rede (endereços IP e portas TCP/UDP).

▷ Proxies reversos, que trabalham na forma reversa, permitindo o acesso a recursos internos.

▷ Proxies de cache, que retêm os sites mais usados para reúso, sem a necessidade do acesso direto à internet.

Tabela 12.4 Comparativo entre os tipos de firewall

	Autenticação	Autorização	Auditoria
Filtro de pacotes simples	Não	Sim, apenas endereços IP	Não
Filtro de pacotes stateful	Não	Sim	Limitado
Proxy de circuito	Não	Sim	Limitado
Proxy de aplicação	Sim	Sim, endereços IP e ID de usuários	Sim

12.4.5.3 Funções adicionais de um firewall

Além de monitorar o tráfego entre redes, um firewall pode também desempenhar as seguintes funções:

▷ análise de conteúdo (Content Screening);

▷ Gateway de VPN (Virtual Private Network);

▷ tradução de endereços de rede NAT (Network Address Translation);

▷ autenticação de usuários;

▷ balanceamento de carga (Load Balancing).

Análise de conteúdo

Um firewall pode ser usado para bloquear determinadas URLs, como de sites pornográficos, piadas, jogos e sites cujo conteúdo não faça parte da política de segurança da empresa. Essas listas de sites proibidos podem ser inseridas manualmente no firewall a partir de regras, ou dinamicamente, utilizando um software que se agrega à solução de firewall e que recebe diariamente a lista de distribuição de sites não permitidos pela internet.

Gateway de VPN

Um firewall, além de executar as funções de controle de acesso e do tráfego, pode funcionar como um gateway de VPN, realizando conexões criptografadas e toneladas, usando um protocolo como o IPSEC, que implementa algoritmos criptográficos como o 3DES.

NAT

O NAT foi uma solução introduzida pela Cisco Systems, que resolve a maior parte dos problemas relacionados ao esgotamento do número de endereços IP da internet. O firewall que executa

NAT realiza um mapeamento entre endereços válidos na internet e endereços inválidos (que são utilizados pelos computadores da rede interna), tornando-se desnecessário que cada estação possua seu próprio endereço IP válido na internet.

O mapeamento dos endereços válidos e inválidos pode ocorrer da seguinte forma:

▶ **Único:** existe um único endereço inválido mapeado em um endereço válido.

▶ **Um para um:** para cada endereço inválido deve existir um endereço válido.

▶ **Muitos para um:** é a forma mais utilizada, na qual muitos endereços inválidos compartilham o mesmo endereço válido.

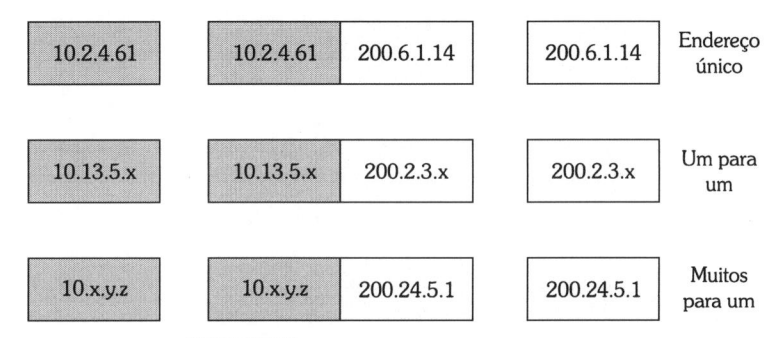

Figura 12.9 Mapeamento dos endereços com NAT.

O uso do NAT aumenta ainda mais a segurança da rede interna, porque os endereços das estações ficam mascarados.

Autenticação de usuários

Os usuários externos à rede podem ser autenticados no firewall para terem acesso a algum servidor ou aplicação. Esse processo, em geral, leva em conta o uso de um servidor de autenticação Radius.

Essa autenticação pode ser configurada para ser solicitada quando do acesso da página html. Nesse caso, é aberto um menu pop up para o usuário ser autenticado, entrando com o login e a senha.

Balanceamento de carga

O firewall pode executar o balanceamento de carga entre servidores, gerenciando, assim, a carga entre eles com base no tempo de resposta de cada servidor.

Limitações de um firewall

O firewall só controla o tráfego que passa por ele, portanto, ataques provenientes de usuários internos à rede cujo tráfego não passa pelo firewall não são impedidos.

Existem alguns ataques que os firewalls não conseguem evitar, como:

▶ trojans e RAT (Remote Access Trojan);

▶ alguns tipos de Denial of Services;

▶ autenticação fraudulenta;

▶ backdoors;

▶ erros humanos;

▶ exploits sobre portas conhecidas, como 80, 25 e 110.

Arquitetura de um firewall

Na Figura 12.10, podemos verificar a arquitetura de uma solução de firewall, que destaca três redes:

▶ **Rede externa:** em geral, os firewalls são alocados para o acesso à internet, portanto, podemos considerar essa rede como a internet. É importante lembrar que todos os endereços dessa rede são válidos, assim, a interface externa do firewall deve possuir um endereço válido na rede.

▶ **Rede interna:** corresponde à rede interna da empresa que desejamos proteger. As máquinas dessa rede trabalham com endereços não registrados ou inválidos, cabendo ao firewall a função de NAT, descrita anteriormente. O tráfego interno dessa rede, ou seja, o que não trafega para a internet, não consegue ser tratado pelo firewall em virtude de não passar por ele.

▶ **DMZ:** também conhecida como zona desmilitarizada, essa sub-rede disponibiliza uma proteção adicional à rede interna. Em geral, os fornecedores de serviços – como web, FTP etc. – são alocados nessa sub-rede. Assim, o tráfego de usuários externos à rede fica permitido apenas a essa sub-rede, não sendo permitido que usuários externos, provenientes da internet, tenham acesso à rede interna da empresa.

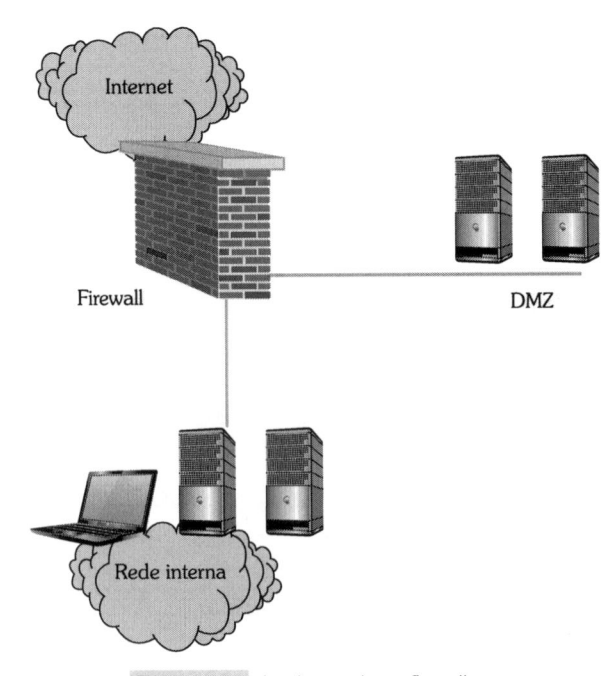

Figura 12.10 Arquitetura de um firewall.

12.4.6 Principais portas TCP/IP

A seguir, relacionaremos as principais portas TCP/IP, que são tratadas por firewalls, e os serviços que se utilizam delas:

- **Chargen (19/TCP, UDP):** essa porta é utilizada basicamente para depuração de aplicativos. Ataques comuns são o envio de caracteres de uma porta origem echo (7/UDP) para provocar uma parada em um servidor. A política básica para o tráfego ingressante nessa porta é BLOQUEAR.

- **Telnet (23/TCP, UDP):** é vulnerável, visto que disponibiliza um console remoto ao sistema.

- **Criação de sessões externas nos servidores:** é preferível utilizar, no seu lugar, SSH (Security Shell) ou shell seguro.

- **SMTP (25/TCP, UDP):** historicamente, a maioria do tráfego entrante é originária dessa porta. Deve-se sempre filtrar essa porta e manter a última versão de qualquer programa de correio com o qual trabalhamos. Especialmente se for baseado no sendmail, bugs nos programas de correios são vulnerabilidades com alto risco para ataques.

- **Time (37/TCP, UDP):** essa porta é usada para troca de informações de horário entre os sistemas e usa um formato legível para as máquinas 4 bytes mais ou menos. Pode ser acessado via ataque NTP (123/TCP, UDP).

- **Finger (79/TCP, UDP):** por meio do finger, podemos obter informações de usuários concretos, as quais podem ser utilizadas para adivinhar senhas de acesso. Essa porta deve ser BLOQUEADA.

- **HTTP (80/TCP, UDP):** os servidores web são cada vez mais complexos e a cada dia permitem novos recursos. É conveniente redirigir o acesso a esses servidores a uma porta não privilegiada em máquinas Unix. Ou seja, na medida do possível, utilize servidores http específicos para o serviço que ela árealizar (servidores de arquivos, acesso a bases de dados etc.).

- **NPP (Network Printing Protocol) (92/TCP, UDP):** a princípio, nenhum usuário deseja imprimir algo em sua rede a partir da internet, então, essa porta deve estar BLOQUEADA.

- **Objcall (Tivoli Object Dispatcher) (94/TCP, UDP):** utilizado pela ferramenta de gestão de redes Tivoli. No caso do uso do Tivoli, devemos aplicar as mesmas precauções usadas no SNMP.

- **Exec (512/TCP):** executa comandos em estações remotas, como rexec, rcp, rlogin. Desde que foram permitidos esses comandos, não existe mais a autenticação baseada no endereço IP e usuário remoto. Assim, é muito perigoso permitir a execução desses comandos remotamente. O certo é BLOQUEAR essa porta.

- **Biff (512/Udp):** a partir dessa porta, é notificada a chegada de um correio. É um bom candidato para um ataque como congestionamento de buffer, ou seja, um usuário pode ser obrigado a abandonar a sessão devido à chegada massiva de mensagens de correio. O certo é BLOQUEAR essa porta.

- **Login (513/Tcp):** como o Exec, deve também ser bloqueado.

Os firewalls são muito eficientes desde que exista uma política de segurança bem trabalhada e eficaz, entretanto, de nada vale uma política de segurança se permitimos que usuários façam conexões por modem à internet. A Figura 12.11 ilustra essa ocorrência.

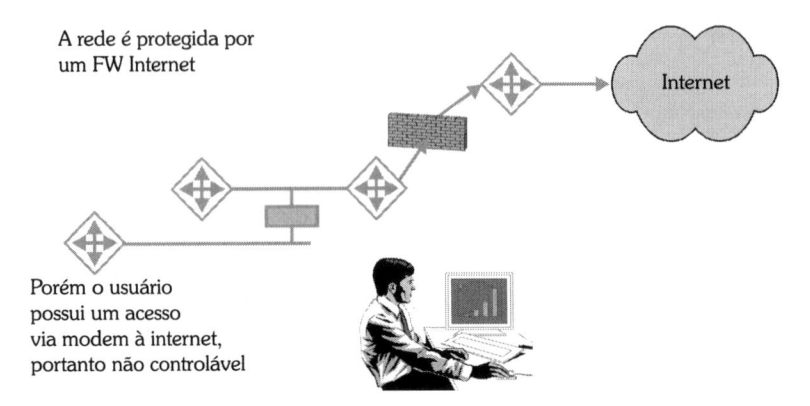

A rede é protegida por um FW Internet

Internet

Porém o usuário possui um acesso via modem à internet, portanto não controlável

Figura 12.11 A quebra da segurança de um firewall.

12.4.7 Detecção e prevenção de intrusão

A tripla que buscamos para garantir a segurança de uma rede é:

▸ **Prevenção:** firewalls, encriptação, autorização, IPS.

▸ **Detecção:** IDS, scanning por antivírus, auditoria.

▸ **Reação:** política, procedimentos e resposta automática.

Os sistemas de detecção e prevenção de intrusão suplementam a proteção quando existe necessidade de deixarmos alguma porta em aberto nos firewalls, como quando existe troca de informação entre uma aplicação externa com uma interna.

Muitas empresas preocupam-se muito em fechar as portas com um firewall, pois assim se sentem seguras, e acabam deixando de lado um investimento em sistemas de detecção de intrusão. Como citado anteriormente, os firewalls não possuem mecanismos de controle de ataques que ocorrem de dentro da rede, ou seja, quando o tráfego não passa por eles. Para esses casos, a detecção e a prevenção de intrusão são extremamente eficientes, sinalizando ao administrador da rede a existência de tentativa de ataques nos servidores e derrubando a conexão do invasor.

12.4.7.1 Modo de operação

Os sistemas de detecção e prevenção de intrusão utilizam os seguintes métodos para a detecção:

▸ **Análise de assinatura de ataques:** esses sistemas já possuem armazenados os principais ataques realizados por hackers. Eles monitoram o comportamento dos servidores para verificar a ocorrência do ataque. Se o hacker utiliza-se de um ataque novo ao qual o sistema de intrusão não possui a assinatura, ele não será reconhecido.

▸ **Análise de protocolos:** esse tipo de análise está sempre verificando os protocolos de aplicação para determinar se existe algo de errado. Por exemplo, um ataque de DNS do tipo overflow do buffer do BIND pode ser detectado pela análise de protocolo, pois inclui alguns bytes no pacote que são identificáveis.

▸ **Detecção de anomalias:** é o método mais complexo de detecção de intrusão. Ele envolve o monitoramento de CPU, logs do sistema operacional, memória e discos dos servidores para verificar se alguma anomalia, que pode ou não ser um ataque, ocorre no servidor. Existem anomalias que podem ser detectadas de aplicações, também como a realização de uma query DNS em um servidor web, que a princípio não deveria ter o DNS rodando.

Muitas pessoas acreditam que os sistemas de detecção e prevenção de intrusão detectam mal-uso da rede ou ataques. O fato é que esses sistemas reconhecem problemas ou anomalias. A função do administrador de rede é determinar se tais problemas ou anomalias correspondem ou não a ataques. Na verdade, as detecções falso positivas são o grande problema dos sistemas de detecção de intrusão. até que existam sistemas que realmente trabalhem com inteligência artificial, que não são capazes de eliminar falso positivos.

O software é capaz apenas de identificar padrões maliciosos ou atividades anormais. Quando um processo é identificado, devem ser definidas prioridades. Esses sistemas trabalham 24 horas por dia, portanto, devem existir administradores de rede de plantão que possam ser acionados quando os sistemas de detecção detectarem ataques.

A detecção de anomalias é a metodologia mais complexa dos sistemas de IDS. Essa detecção, em geral, necessita de intervenção manual para verificar se a anomalia é verdadeira.

Os tipos de sistema de detecção e prevenção de intrusão são:

▸ **Sistemas com base na rede:** trabalham com a análise de pacotes da rede.

▸ **Sistemas com base nas estações:** trabalham com logs e eventos do sistema operacional das estações.

▸ **Sistemas com base na integridade de arquivos:** verificam a integridade dos arquivos utilizando sistemas antivírus e auditoria.

Existem ainda sistemas híbridos que permitem a coleta de informações baseadas na rede e nas estações. Já os sistemas com base na integridade de arquivos são apoiados na criação de um hashing criptografado dos arquivos mais importantes do sistema e alarmam quando ocorre alguma mudança nesses arquivos.

As principais características de um sistema de detecção de intrusão são:

▸ **Execução contínua:** independentemente do horário comercial das empresas, os sistemas de detecção têm de funcionar as 24 horas, como os servidores.

▸ **Tolerante a falhas:** falhas nesse sistema podem facilitar a ocorrência de ataques.

▸ **Mínimo overhead na rede:** devido às suas características de scanning contínuo da rede, devem trabalhar com baixo overhead, de modo a não prejudicar o tráfego de dados normal.

▸ **Dificuldade de ser atacado:** devem ser sistemas nos quais exista uma grande dificuldade de ataque, pois um ataque a um sistema de detecção de intrusão é uma grande vulnerabilidade na rede.

Os principais ataques monitorados por um sistema de detecção de intrusão são:

▸ War Dialer;

▸ Port Scanner;

▸ IP Spoofing;

▸ Fragment Attack;

▸ Session Hijacking;

▸ DNS Cache Poisoning;

▸ Password Cracking;

▸ Denial of Service;

▸ Smurf Attack;

▸ SYN Flood;

▸ Back Orifice.

12.4.7.2 War Dialer

Esse ataque consiste em usar o PC para discar para números telefônicos com o mesmo prefixo, de forma a identificar os telefones conectados a modems ou servidores de acesso remoto. As ferramentas que facilitam a execução desses ataques possuem capacidade de até 125 ligações por hora.

Após um modem atender ao sistema, ele tenta verificar:

▸ se não há senha;

▸ testar combinações de um dicionário de senhas.

As defesas para esse tipo de ataque são baseadas na detecção de chamadas no PABX e, principalmente, em retirar modems das estações internas não controladas.

12.4.7.3 Port Scanning ou varredura de portas

Existem 65.536 diferentes ports TCP e 65.536 ports UDP. O Port Scanner identifica os ports que estão abertos e possibilitam intrusão. Os ports mais conhecidos, como Telnet, SMTP, FTP e HTTP, são os primeiros a serem testados.

Conhecendo os ports abertos e as vulnerabilidades do sistema operacional, o hacker pode retirar facilmente servidores do ar. As defesas para esse ataque são baseadas em fechar todas as portas não utilizadas no firewall. Os sistemas de detecção de intrusão também podem ser utilizados para este fim.

12.4.7.4 IP Address Spoofing

Esse ataque consiste em enviar pacotes com endereços de origem falsos. Existem dois tipos:

▸ **Com base na troca apenas do endereço IP:** uso em ataques do tipo Deny of Service, o hacker não recebe as respostas (não há como rotear o pacote resposta para o endereço de origem falso).

▷ **Com base na troca IP + informações de Source Routing:** o hacker que ataca recebe as respostas, pois as informações da rota são enviadas junto com o pacote, portanto, mesmo com um endereço falso, as respostas são direcionadas ao hacker.

As defesas para esse ataque tornam a sequência inicial dos pacotes randômica, o que dificulta o ataque sem o recebimento da resposta e o uso de filtros anti-spoofing no firewall e no roteador.

12.4.7.5 Fragmentação de pacotes

Esse ataque é fundamentado na fragmentação de pacotes IP, de modo a fragmentar o cabeçalho IP. O fragmento é tão pequeno, que o sistema de IDS não reconhece o port do pacote, pois ele vai no segundo fragmento.

As defesas para esse ataque são baseadas em remontar o pacote antes de fazer filtros ou decisões de Intrusion Detection e fechar todas as portas.

12.4.7.6 Sniffers

Os sniffers capturam o tráfego do segmento Ethernet em que a máquina se encontra instalada. A interface trabalha em modo promíscuo, capturando senhas e login.

As defesas são baseadas em:

▷ colocar todas as estações em portas de switch (tráfego não propagado);

▷ utilizar DMZ nos segmentos críticos;

▷ utilizar infraestrutura de PKI (criptografando o tráfego interno) e anti-sniffing.

12.4.7.7 Session Hijacking

Esse ataque consiste em capturar uma sessão ativa e monitorar o tráfego trocado por essa sessão. As sessões são baseadas em tomar cuidado com as conexões externas, gerenciar sessões e utilizar criptografia e autenticação forte no caminho.

12.4.7.8 DNS Cache Poisoning

Ataque ao DNS redirecionando o endereço da resposta do DNS para o endereço desejado pelo hacker.

As defesas são baseadas em:

▷ usar SSL com autenticação para importantes transações: HTTP;

▷ proteger o servidor DNS criptografando a base de dados.

12.4.7.9 Password Cracking – ataques de senhas

Os ataques de senhas são:

▷ ataque de dicionário de senhas (uso de listas de senhas);

▷ ataque híbrido (uso de listas de senhas concatenando números e letras);

▷ ataque força bruta (tenta todas as combinações de senhas possíveis).

As defesas são relativamente simples e consistem em limitar as tentativas quando do login, bloqueando inclusive o usuário caso o número de tentativas tenha ultrapassado o limite definido. Essas tentativas devem estar em um log para facilitar a administração e verificar as tentativas de intrusão.

12.4.7.10 Denial of Service – negação do serviço

Consiste em derrubar máquinas e sistemas e pode ser realizado com os seguintes ataques:

- ▶ Smurf Attack;
- ▶ SYN Flood.

Smurf Attack

Envia pacotes ICMP para endereços de broadcast realizando spoffing da máquina que deseja atacar. A máquina "spoffada" (destino das mensagens ICMP) recebe as respostas, consumindo recursos resultando em crash.

As defesas são baseadas em:

- ▶ filtrar ICMP;
- ▶ permitir ICMP apenas de alguns hosts;
- ▶ filtrar pacotes de ICMP broadcast no roteador e firewall.

SYN Flood

O hacker envia pacotes SYN à vítima, mas não dá um reply no SYN-ACK. Assim, as sessões vão ficando abertas, consumindo recurso da máquina.

As defesas são baseadas em:

- ▶ aplicação de filtros nos roteadores;
- ▶ fazer controle de tráfego;
- ▶ usar NetStat para monitor as sessões e o tráfego não usual.

12.4.7.11 Back Orifice

Consiste em enviar um arquivo anexado via e-mail, que fica rodando na máquina hospedeira, realizando a conexão a partir da rede interna ao servidor do hacker.

Usualmente, esse aplicativo trabalha com ports, que geralmente estão abertos como o HTTP, Telnet e FTP.

As defesas são baseadas em evitar e executar programas anexados ao e-mail.

12.4.8 Vírus e malware

Um vírus é um código ou programa de computador capaz de afetar os dados de um computador, podendo corrompê-los ou destruí-los. Um vírus consegue fazer cópias de si mesmo em um ritmo muito acelerado, estendendo-se a todas as pastas e dados de um sistema.

O vírus, portanto, pode ser classificado como um malware ou código malicioso, que, ao infectar um sistema, replica-se incorporando a outros programas seu próprio código malicioso.

Os principais tipos de códigos maliciosos são categorizados em:

- **Worms:** são programas que se replicam de maneira automática, sem a necessidade de ser executado para infectar. Normalmente, um worm explora alguma vulnerabilidade do sistema operacional, como o "clássico" Wanna Cry, de 2017.

- **Cavalo de Troia:** são programas que parecem estar sendo executados como um programa normal, mas que, na verdade, possui um código malicioso oculto. Um Cavalo de Troia normalmente não possui capacidade de se duplicar, mas pode possuir um vírus incorporado.

- **Time Bomb (Bomba de Tempo):** é um programa que possui um mecanismo de sincronização, que o faz disparar em determinado dia e horário. Como o código malicioso está escondido, podemos dizer que essa ameaça pode ser considerada uma variação do Cavalo de Troia.

- **Ataques sem arquivos (file less):** são ataques originados de um script malicioso, que se executa na máquina. Na maioria das vezes, ele é executado em powershell ou WMIC. Atualmente, os hackers utilizam muito desse tipo de ameaça, porque é muito mais difícil que um antivírus tradicional consiga interpretar e analisar um script malicioso. Existem soluções avançadas que fazem uso de inteligência artificial.

- **Vírus de Macro:** são vírus com base em macros do Microsoft Office – normalmente são arquivos com extensão vbs. Essas macros podem invocar scripts maliciosos em powershell e WMIC parecidos com o processo de Ataques sem Arquivos.

- **Ransomware:** seu objetivo é cifrar todos os dados de um usuário e, depois, solicitar um resgate com base em Bitcoins. Atualmente, é uma das ameaças que trazem mais perigo na internet, pois na maior parte das vezes não é possível restaurar os dados encriptados. Mesmo que se pague resgate, o pagamento não é considerado uma prática segura e garantia de recuperação dos dados.

- **Backdoor:** é qualquer tipo de aplicação que mantenha um canal de comunicação não seguro, que permita ao desenvolvedor ou o hacker ter acesso a máquina remotamente.

- **Downloader:** é uma aplicação que não parece ser maliciosa, porque, muitas vezes, comporta-se como uma aplicação que está realizando uma atualização do seu próprio código. Contudo, ao invés disso, está descarregando um código malicioso desde um repositório na internet.

12.4.8.1 PUPs

O termo PUP vem do inglês Pontential Unwanted Program (programa potencialmente não desejável) e corresponde a aplicações normalmente não desejáveis dentro de um ambiente corporativo e que podem trazer riscos. Por exemplo: um software pirata pode realizar roubo de informações ou ataques de privacidade.

Os principais tipos de PUPs são:

- **Adwares:** são programas que tem a finalidade de manipular a navegação na internet, de modo a direcionar o usuário a páginas que contenham alguma promoção de produtos ou serviços. É comum instalar um adware em conjunto com um software grátis que pode ser baixado da internet. Muitos deles podem coletar históricos de navegação e coletar o que digitamos.

▶ **Spywares e toolbars:** os spywares são softwares espiões e, como os adwares, permitem coletar dados do usuário, inclusive o que se digita no teclado (keyloggers), extraindo informações digitadas, como números de cartões de crédito digitados no teclado.

▶ **Ferramentas de hacking:** muitas vezes, podemos encontrar ferramentas para realizar hacking espalhadas na rede de uma empresa. Isso pode ser indício de que a rede já tenha sido infectada.

▶ **Geradores de chave:** são usados para ativar versões pirata de sistemas operacionais como o Windows, representando um forte indício de pirataria na máquina em que se encontram esses aplicativos.

▶ **Games:** os jogos podem consumir recursos da rede da empresa e, adicionalmente, representar uma ameaça à sua produtividade, porque atrapalham a rotina de produção.

▶ **Aplicações de múltiplos usos:** são aplicações que podem ser consideradas de uso legítimo ou malicioso, como uma aplicação de controle remoto. Se utilizada para suporte, pode ser considerada legítima, mas se for encontrada em uma máquina qualquer, pode representar um risco.

12.4.8.2 Como funciona um vírus?

O vírus se ativa somente quando é executado, e este, por sua vez, quando se executa, o faz com os recursos e permissões que o usuário que o executou possui. A maneira mais efetiva para se infectar é clicando-se em links que se recebem através de phising. Quando o usuário clica no link, baixa a aplicação maliciosa para sua máquina; outro método é abrir um documento Office, como o Word, ou um PDF infectado.

12.4.8.3 Impacto do vírus

Um vírus geralmente interrompe a funcionalidade normal de um sistema, impactando o uso da rede, modifica as configurações da máquina e pode destruir os dados, inclusive dados confidenciais.

Quando percebemos que a máquina não se comporta da maneira que normalmente deveria, é forte indício de que ela pode estar infectada por um vírus.

12.4.8.4 Antivírus

Um software de antivírus pode facilmente verificar se arquivos ou programas encontram-se infectados. O processo se faz por meio da identificação de um código malicioso por uma assinatura.

Um antivírus, ao analisar um código, compara-o a uma base de dados de arquivos maliciosos (bases de assinaturas). Essas assinaturas são como pegadas (hash), que é único para cada arquivo. Quando se encontra essa evidência no computador, o antivírus costuma bloquear a execução e envia o arquivo para quarentena.

O modelo de assinaturas foi criado em 1990 por John McAfee e Peter Norton. Os dois criaram empresas gigantes no segmento no mercado – McAfee e Symantec.

As assinaturas são boas para identificar códigos já conhecidos e que não tenham sido modificados, porém sempre existe a necessidade de existir um paciente de Dia Zero, que é uma máquina que tenha sido infectada para se analisar o código e criar uma vacina para proteger o resto do mundo.

12.4.8.5 Dia Zero

Um dos maiores problemas que possuímos na internet é que todos os dias são criados milhares de códigos de Dia Zero que os antivírus tradicionais, com base em assinaturas, não conseguem detectar ou bloquear.

Para essas ameaças, sistemas de antivírus que trabalham com aprendizagem de máquina e inteligência artificial acabam sendo mais efetivos.

Concluímos que os ataques, em geral, causam prejuízos às organizações. Os sistemas de detecção de intrusão podem detectar boa parte dos ataques, mas, mesmo assim, a invasão é possível. Os processos e as políticas de segurança são muito importantes. Tecnologias de prevenção como firewalls não são capazes de gerenciar todos os riscos, portanto, a detecção e a reação são necessárias para adequar o gerenciamento de risco.

Considerações finais

Este capítulo apresentou os principais fundamentos de segurança em redes, incluindo criptografia básica, noções de biometria, firewalls e sistemas de detecção e prevenção de invasões. A temática de segurança está cada dia mais presente nas empresas e no dia a dia dos usuários, inclusive usuários domésticos. O conhecimento dessas tecnologias possibilita defender-se das principais ameaças e ataques.

Atividades

1. Assinale a alternativa que não apresenta um serviço de segurança de acordo com o modelo de referência de segurança:

    a) Confidencialidade.

    b) Integridade.

    c) Auditoria.

    d) Veracidade.

    e) Disponibilidade.

2. A afirmativa "Aceitar o risco de perda de uma informação é possível se o custo para proteger a informação for maior que o valor dessa informação" é verdadeira ou falsa?

3. A criptografia é:

    a) Ciência que permite esconder o texto claro.

    b) Ciência que permite, a partir de um texto cifrado, obter o texto claro.

    c) Ciência que permite obter o texto cifrado a partir do texto claro.

    d) Ciência que estudo a criptoanálise.

    e) Ciência que estuda processos matemáticos.

4. Classifique as alternativas em verdadeiras (V) ou falsas (F):

( ) A criptografia simétrica é mais lenta do que a criptografia assimétrica.

( ) A criptografia simétrica é mais eficiente do que a criptografia assimétrica.

( ) Na criptografia simétrica não se processa todo o texto.

5. Indique todos os algoritmos que são criptográficos:

a) DES.

b) 3DES.

c) RC18.

d) IDEA.

e) PQI.

6. A afirmativa "O IPSEC garante confidencialidade e autenticidade" é verdadeira ou falsa?

7. Quais são os tipos de firewall que você conhece?

8. A afirmativa "Um firewall controla todo o tráfego da rede independentemente da arquitetura" é verdadeira ou falsa?

9. Quais são os principais ataques detectáveis por sistemas de IDS?

Sistemas de Cabeamento Estruturado

13.1 Cabeamento

O cabeamento constitui-se de toda a rede de cabos que transporta todos os sistemas que temos na empresa, como dados, voz e sistemas multimídia. É, ainda, responsável por interconectar os dispositivos de redes sem fio. Todas as máquinas, servidores, impressoras e dispositivos em rede fazem uso desse meio físico, que deve ser instalado e implementado seguindo normas e padrões.

No dia a dia, percebe-se a importância de um bom cabeamento. Em empresas que não se preocupam com o cabeamento estruturado, verifica-se que a maior parte dos problemas de rede ocorrem devido a problemas físicos relacionados aos cabos. Apenas como exemplo, ao longo da minha atividade profissional, tive a experiência de conhecer empresas que mantinham um cabeamento estruturado organizado, documentado e seguindo a norma, porém, infelizmente, encontramos aqui no Brasil um conjunto grande de empresas que mantém seu cabeamento em um verdadeiro caos. A Figura 13.1 é um exemplo desse tipo de comportamento.

thexfilephoto/Getty Images

Figura 13.1 Cabeamento desorganizado.

Na Figura 13.1, podemos observar um cabeamento completamente desorganizado. Os cabos não estão identificados e organizados em canaletas; a densidade de cabos na frente do rack é tão grande que não se consegue enxergar os dispositivos de rede que estão atrás dos cabos. Como não se identificam os cabos, é comum que, ao invés de se remanejar um ponto de rede, que se passe um novo cabo, aumentando ainda mais a desordem.

Esse modelo de cabeamento não segue as normas e não deve ser adotado por nenhuma empresa.

Um cabeamento estruturado é essencial para que a empresa funcione de modo eficiente, uma vez que cada vez mais a comunicação é essencial. Quando as máquinas trabalhavam de maneira isolada, em meados dos anos 1980, o cabeamento não tinha a mesma importância de hoje. Contudo, com o advento das redes locais, WANs e redes wireless, as máquinas e as pessoas estão cada vez mais conectadas e o cabeamento acaba se tornando essencial.

Na Figura 13.2, apresentamos um rack com o cabeamento organizado e que segue regras de cabeamento estruturado.

Figura 13.2 Cabeamento organizado.

13.1.1 Planejamento para o cabeamento estruturado

As etapas de planejamento e projeto são fundamentais. Normalmente, um cabeamento estruturado é planejado para um ciclo de vida de 15 a 20 anos. Ele deve ser o elemento da sua rede que tem o maior ciclo – o mínimo que se espera é que o cabeamento tenha um tempo de vida de, pelo menos, 10 anos.

O cabeamento deve ser capaz de suportar as principais aplicações existentes, garantindo a banda e latência para voz, dados e sistemas multimídia.

Um ponto importante no projeto de cabeamento estruturado é o emprego de normas e padrões. O uso destes nos permite ficar livres das amarras de um único fabricante. Um sistema modular, com base em padrões abertos, facilita as mudanças e a expansão sem que haja necessidade de substituição do cabeamento.

No projeto de cabeamento, é importante planejar qual será a necessidade de banda e qual é a expectativa de crescimento desta, bem como quantos usuários esperamos ter na rede nos próximos 15 anos. Esse tipo de preocupação deve ser levada em conta, uma vez que impacta o projeto original de cabeamento.

13.1.2 Como tratar as mudanças?

Devem ser definidos processos de adicionar, remover ou remanejar pontos de rede. A rede de cabeamento deve ser capaz de se adaptar a essas mudanças. A documentação e o uso de uma ferramenta de suporte para manter o desenho da rede, também conhecido como "as built", é fundamental.

A seguir são apresentados alguns fatores importantes que devem ser tratados nos projetos:

▸ **Garantia:** normalmente, o fornecedor dos cabos exige que seja utilizado um instalador certificado e que os cabos sejam devidamente testados para dar a garantia de que pode chegar a 15 anos, dependendo do fornecedor.

▸ **Manutenção:** a manutenção do cabeamento estruturado deve ser uma atividade diária. Qualquer processo de remanejamento deve ser documentado e usar mão de obra qualificada e especializada. Um cabo remanejado e reinstalado de forma incorreta pode gerar novos problemas a rede.

▸ **Novas tecnologias:** deve-se avaliar o uso de novas tecnologias, como Power over Ethernet. Essas tecnologias permitem o envio de energia pelo cabo Ethernet, que é uma tecnologia muito interessante para alimentar alguns dispositivos, como pontos de Acesso Wireless e câmeras. Esse sistema permite enviar até 48 Volts a até 15 Watts de potência.

▸ **Seleção do cabo ideal:** este ponto é fundamental. Por exemplo, existem várias categorias de cabo UTP, cada uma adequada para cada aplicação, cabeamento para estações, servidores e datacenter. É preciso avaliar as demandas do projeto antes de selecionado o cabo mais adequado.

▸ **Condições de ambiente:** devem ser consideradas vários aspectos no projeto, como: presença de cabos elétricos no local, interferências de sistemas de rádio, presença de tubulações de água.

▸ **Utilização de redes sem fio:** é importante definir os locais onde os pontos de acesso da rede sem fio serão instalados. No projeto do cabeamento estruturado, isso deve ser levado em conta.

▸ **Segurança:** um ponto importante é procurar usar cabos apropriados e que não gerem fumos tóxicos em caso de incêndio. Existem vários casos no Brasil de incêndios com vítimas em que estas foram intoxicadas por conta da fumaça gerada por cabos de redes queimados. Eles são conhecidos como cabos plenum. Normalmente, os plenum são mais caros, mas representam uma segurança muito maior para os usuários. Em alguns países da Europa e nos Estados Unidos, sua utilização é obrigatória.

▸ **Localização dos usuários:** quando desenvolvemos o projeto de uma rede, precisamos identificar a localização dos usuários para que os pontos de rede sejam projetados para atender ao layout do escritório. Um pré-requisito básico para qualquer projeto de cabeamento estruturado é uma planta física de como ficará a disposição dos móveis, principalmente das mesas, para definir as posições dos pontos de rede. Essa etapa é também conhecida como "site survey". Nela, fazemos um levantamento fundamentado na planta da localização dos usuários, móveis, máquinas e impressoras para que o cabeamento atenda às necessidades de projeto.

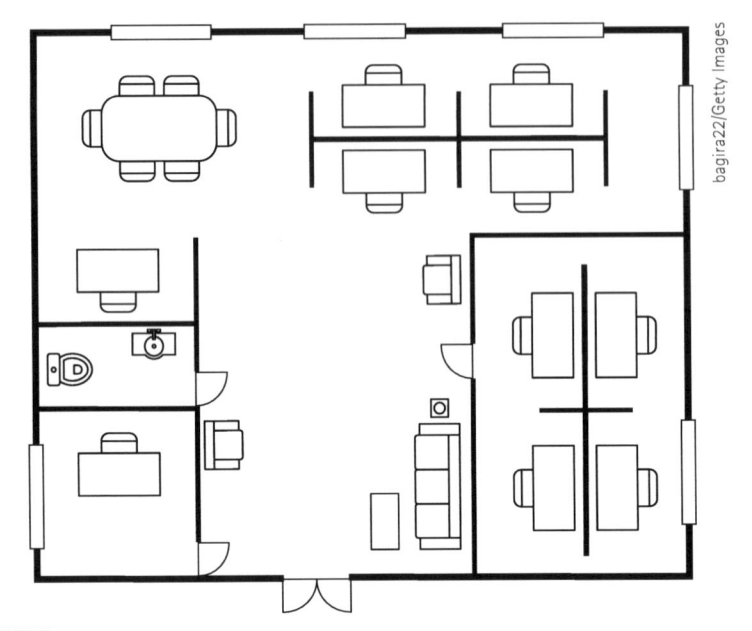

bagira22/Getty Images

Figura 13.3 Exemplo de layout de um escritório no qual, em cada mesa, devemos ter dois pontos de rede.

▸ **Por onde os cabos vão passar:** é muito importante dimensionar as caneletas, esteiras para cabos, armários de cabos (shafts), caixas de passagem, o espaço que esses componentes vão tomar. Esses aspectos são fundamentais. Há casos de edifícios antigos em que o shaft foi adaptado de sistemas telefônicos para rede, no qual não existe espaço para a passagem adicional de cabos. Isso exige, muitas vezes, que seja feita a reconstrução do shaft, fazendo um corte adicional na laje do edifício, ou que alterações de projeto sejam realizadas, como a utilização de enlaces de fibra óptica e a alocação de equipamentos (switches) de distribuição nos andares.

▸ **Redundância de cabeamento:** esse é um ponto importantíssimo, principalmente no backbone de rede. Quando passamos uma fibra óptica para conectarmos um switch de core com um switch de distribuição, é comum passarmos enlaces de fibra óptica redundantes. No caso de rompimento de uma fibra, existe outro cabo conectando os dispositivos. Fibras ópticas são cabos mais sensíveis, principalmente à tração. Esses cabos exigem cuidados especiais na instalação. A manutenção da fibra óptica é feita por técnicas como conectorização ou fusão, que são técnicas complexas e de custo elevado. Por isso, todo o cuidado é pouco na instalação de fibras ópticas.

▸ **Custo:** todo projeto de cabeamento acaba tendo como variável custo – não há como fugir desse ponto. A escolha de materiais, topologias, redundância, espaço, equipamentos de rede, fibra, cabos de cobre, caixas de passagem, tomadas etc. sempre está relacionada ao custo. É recomendável escolher soluções de cabeamento estruturado de fabricantes que forneçam garantia de pelo menos 10 anos. Outro ponto importante para garantir a qualidade é não misturar componentes de cabeamento de diferentes fabricantes na mesma instalação. O custo inicial da implantação de um cabeamento estruturado de qualidade é alto, porém acaba dando muito menos manutenção, o que impacta em custos menores no médio e no longo prazo.

▷ **Quanto custa se sua rede ficar parada?** Muitas vezes, somos movidos apenas por redução de custos e não calculamos o prejuízo que significa a rede parada. A escolha dos materiais corretos e com a qualidade necessária é importantíssima para garantir a menor parada da rede.

▷ **Elétrica preparada e adequada à rede:** todo o projeto de cabeamento estruturado deve envolver um projeto de elétrica. É muito importante que os equipamentos de rede e computadores funcionem de forma adequada. A existência de uma rede de energia estabilizada, bem como o uso de estabilizadores, é importante para garantir que os componentes não queimarão. Esses componentes são muito sensíveis a variações de tensão e corrente. Além da rede estabilizada, outro componente relevante é a disponibilidade; se precisamos de alta disponibilidade na rede, é muito importante adicionarmos no-breaks. Esses equipamentos garantem um fluxo contínuo de energia, que pode ser dimensionado de minutos a até algumas horas no caso de interrupção do sinal de energia pela fornecedora. Normalmente, os servidores de aplicação são os elementos mais críticos e mais susceptíveis à falta de interrupção de energia. Alguns sistemas operacionais, bancos de dados e aplicações podem ser corrompidos no caso da interrupção de energia durante o seu processamento.

Os principais componentes do cabeamento estruturado são:

▷ cabeamento horizontal;

▷ cabeamento vertical ou de backbone;

▷ sala de equipamentos;

▷ área de trabalho;

▷ caixas de passagem.

13.2 Cabeamento horizontal

O cabeamento horizontal é aquele que conecta a área de trabalho com os equipamentos de rede localizados na sala de equipamentos. Esse modelo é definido pela norma EIA/TIA 568-B. Neste tipo de cabeamento, os elementos a serem utilizados são:

▷ tomadas;

▷ conectores;

▷ cabos de interconexão (path cords).

Esse tipo de cabeamento é o que está mais sujeito a mudanças devido às alterações de layout e de usuários. Na medida do possível, deve-se evitar alterar a disposição dos pontos de rede, uma vez que esse cabeamento é o menos acessível. O cabeamento horizontal também não deve estar visível, por isso deve estar posicionado sobre o piso elevado, forro ou em canaletas específicas para isso.

Alguns pré-requisitos do cabeamento horizontal são:

▷ recomenda-se a implantação de pelo menos dois pontos de rede para cada usuário: um ponto de voz e um de dados;

▷ preferencialmente, a sala de equipamentos deve estar no mesmo andar da área de trabalho;

▷ a instalação de rede deve ser realizada na topologia em estrela;

▸ em hipótese alguma podem ser realizadas emendas de cabos;

▸ no caso do cabeamento horizontal, não podemos esquecer da distância máxima de 100 metros do cabo UTP, portanto, recomenda-se que o cabeamento horizontal não possua mais do que 90 metros e que os cabos de interconexão não tomem mais do que 5 metros cada um deles.

O cabeamento normalmente utilizado no horizontal são cabos UTP de 4 pares, entretanto, em muitas instalações de campus, encontramos a utilização de fibra óptica também para interconectar áreas de trabalho a salas de equipamentos.

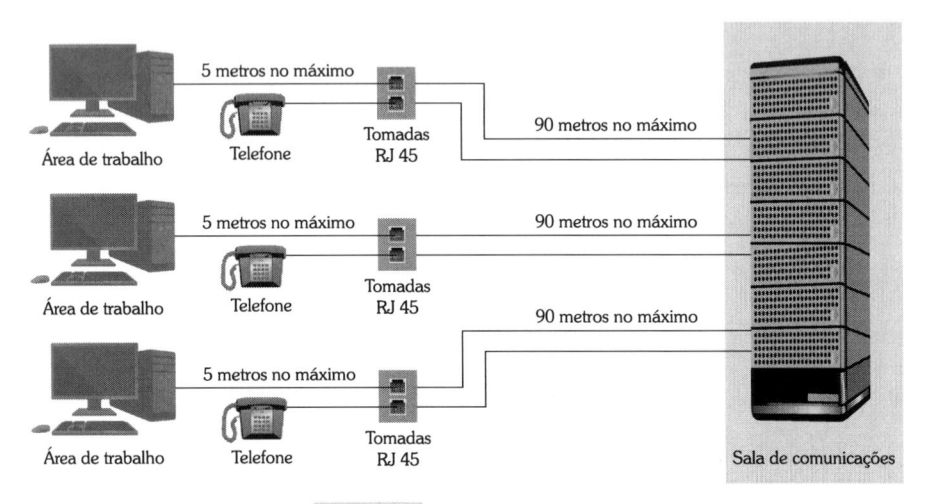

Figura 13.4 Cabeamento horizontal.

Os cabos utilizados no cabeamento horizontal são os de cobre UTP (Unshield Twisted Pair) e os de fibra óptica, conforme podemos observar na Figura 13.5.

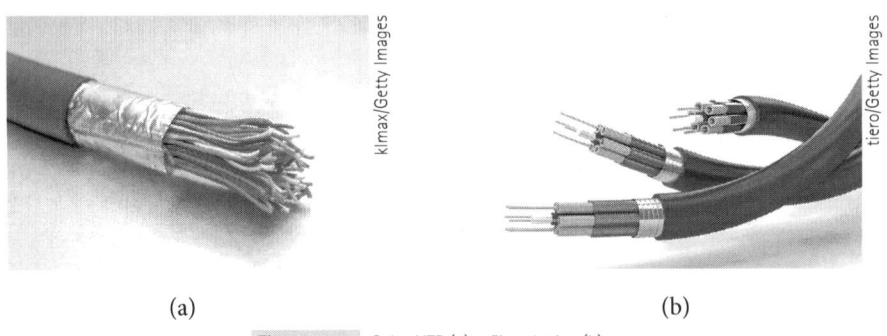

(a)   (b)

Figura 13.5 Cabo UTP (a) e fibra óptica (b).

Os conectores são os elementos que permitem conectar os cabos as máquinas aos painéis de interconexão (path cord) e aos equipamentos de rede. Na Figura 13.6, observamos conectores de fibra SC; na Figura 13.7, o conector ST; na Figura 13.8, o conector LC; e, na Figura 13.9, o cabo de cobre UTP e o RJ 45.

Figura 13.6 Conector SC.

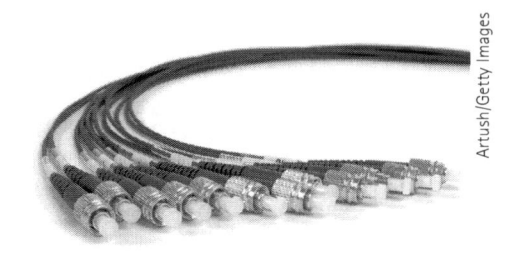

Figura 13.7 Conector ST.

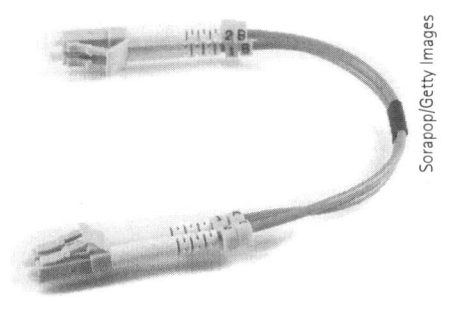

Figura 13.8 Conector LC.

Figura 13.9 Conector UTP.

Os pathcords são cabos normalmente de até 3 metros, utilizados para interconectar máquinas e dispositivos de rede. Na Figura 13.10 podemos observar um patchcord de cobre e, na Figura 13.11, um patchcord de fibra óptica.

Figura 13.10 Patchcord de cabo de cobre UTP.

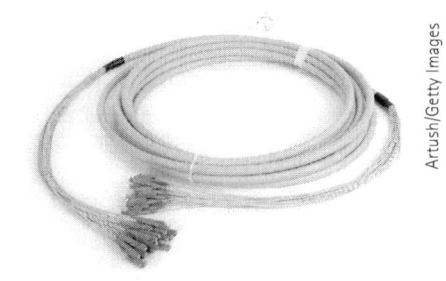

Figura 13.11 Patchcord de fibra óptica.

13.3 Cabeamento vertical

Cabeamento vertical, também conhecido como cabeamento de baackbone, são os caminhos e as canaletas que os cabos devem seguir de um andar até o andar onde está localizada a sala de equipamentos. A norma EIA/TIA-569-B específica o cabeamento vertical.

Nesses caminhos, passam os cabos que interconectam os andares a pontos em que estão os equipamentos de redes ou mesmo pontos de consolidação de cabos. Esses locais são utilizados quando possuimos equipamentos de rede departamentais que se conectam ao core (backbone).

Na Figura 13.12, observamos a aplicação dos switches departamentais.

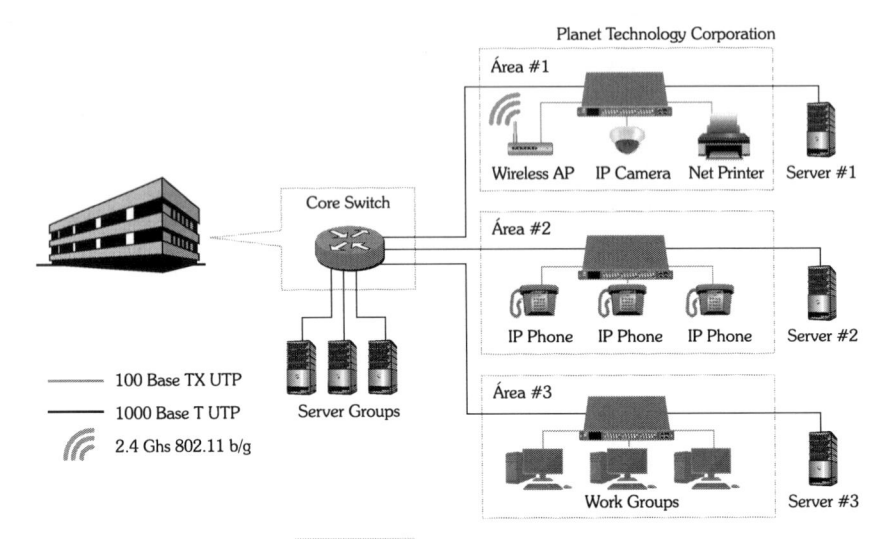

Figura 13.12 Aplicação de switches.

É comum o uso de cabeamento vertical de fibra óptica, uma vez que em um edifício, devido aos caminhos que o cabo deve passar, se ultrapassam os 100 metros, que estabelece a norma de cabeamento de cobre.

Nesse caso, o cabeamento vertical interconectará equipamentos departamentais localizados nos andares com a sala de equipamentos onde está o core da rede. Na Figura 13.13, os switches departamentais estão localizados no Telecom Closet e as fibras ópticas interconectam os closets pelo backbone à sala de equipamentos localizada no térreo.

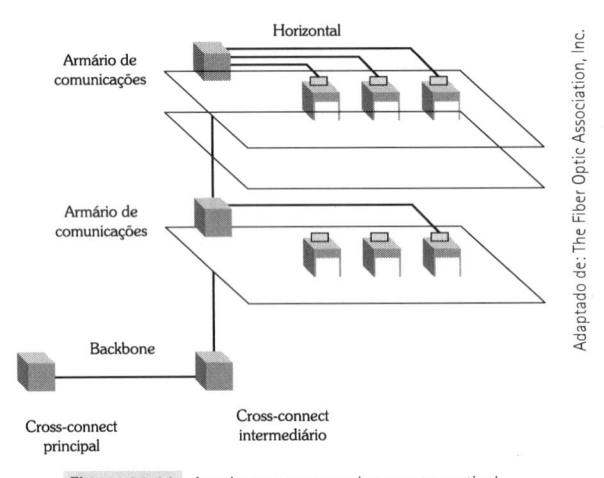

Figura 13.13 Arquitetura com o cabeamento vertical.

O cabeamento vertical não deve estar visível; preferencialmente, deve passar em um shaft fechado, de modo a evitar que ele seja acessado, por questões de segurança. Na Figura 13.14, podemos observar os dutos utilizados para passagem do cabeamento vertical.

Figura 13.14 Duto para cabos.

Na Figura 13.15, temos um exemplo de esteira utilizada para a organização e a passagem dos cabos.

Figura 13.15 Esteira usada para acomodar os cabos de rede.

13.4 Área de trabalho

A área de trabalho consiste nos componentes que estarão conectados. Normalmente, essa área cobre as tomadas, os patchcords, os adaptadores e os equipamentos.

A recomendação da norma EIA/TIA 568-B é que se instale pelo menos dois pontos de rede a cada 10 metros:

▸ **Ponto de dados:** com base em cabos categoria 5 e/ou superior, utilizado para a conexão Ethernet.

▸ **Ponto de telefonia:** esse ponto pode utilizar um cabo inferior como categoria 3, que será utilizado para telefonia.

A norma do cabeamento estruturado exige que as estações se conectem ao cabeamento por meio de uma tomada RJ-45 fêmea. Na Figura 13.16, vemos a tomada RJ-45 fêmea seguindo a recomendação de um ponto de dados e outro de voz.

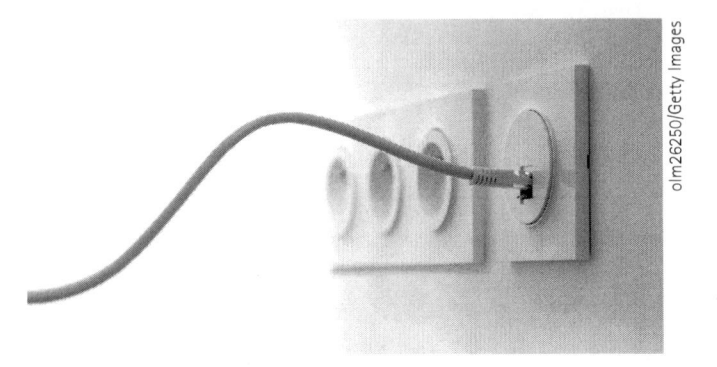

Figura 13.16 Tomada RJ-45 fêmea.

O conector RJ-45 pode ser crimpado segundo duas normas de pinagem T568B ou 5568A. É importante que se adote uma das duas normas em todo o cabeamento estruturado e não se misture componentes que trabalham com a B com os que trabalham com a A.

Na Figura 13.17, observamos o padrão de cores 568A e 568B.

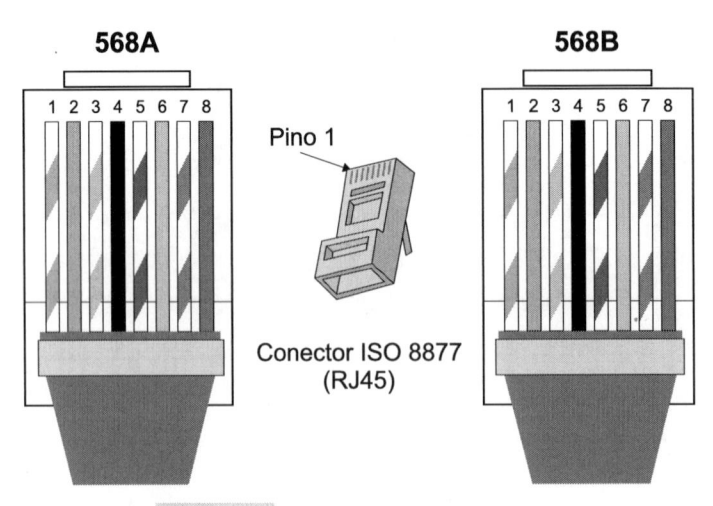

Figura 13.17 Padrão de cores do conector RJ-45.

Na Tabela 13.1, podemos observar a tabela de cores.

Tabela 13.1 Tabela de cores - EIA/TIA 568A e EIA/TIA 568B

Par	EIA/TIA 568A (AT&T 258B) Conectores ISO 8877 (RJ-45)	(AT&T 258A) Conectores ISO 8877 (RJ-45)
1 (azul)	Branco/Azul – Pino 5 Azul – Pino 4	Branco/Azul – Pino 5 Azul – Pino 4
2 (laranja)	Branco/Laranja – Pino 3 Laranja – Pino 6	Branco/Laranja – Pino 1 Laranja – Pino 2
3 (verde)	Branco/Verde – Pino 1 Verde – Pino 2	Branco/Verde – Pino 3 Verde – Pino 6
4 (marrom)	Branco/Marrom – Pino 7 Marrom – Pino 8	Branco/Marrom – Pino 7 Marrom – Pino 8

Para crimpar, é utilizado um alicate especificamente desenhado para esse fim.

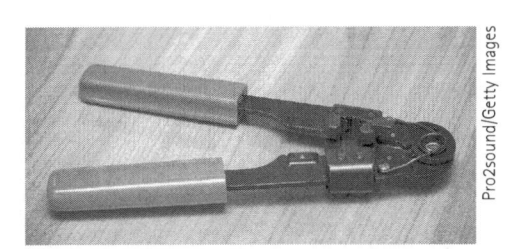

Pro2sound/Getty Images

Figura 13.18 Alicate de crimpar.

13.5 Sala de equipamentos

É na sala de equipamentos que ficam o PABX, os servidores, os roteadores, os switches de core e os demais dispositivos de rede. Nela, também estão os racks principais e os elementos de interconexão, ou cross-connect.

Algumas considerações que devem ser levadas em conta no projeto da sala de equipamentos:

▸ **Refrigeração:** é importante que a sala de equipamentos possua refrigeração adequada, de modo a não causar danos aos equipamentos por excesso de temperatura. O ar-condicionado da sala de equipamentos, preferencialmente, deve ser separado do ar-condicionado que atende ao prédio.

▸ **Sistemas de energia:** as redes de energia devem ser estabilizadas e devem prever o uso de no-break no caso de queda da energia pela operadora.

▸ A sala de equipamentos não deve ficar no subsolo, uma vez que ela pode ser vítima de inundações.

▸ Deve ser colocado piso elevado que suporte o peso dos racks e dos equipamentos a serem instalados

▸ Deve ser previsto espaço para expansão.

▸ Recomenda-se que o local seja restrito e com controle de acesso e, se possível, monitoramento por câmeras.

▸ Na sala de equipamentos, não devem existir mesas e cadeiras, uma vez que ela não é uma área de trabalho.

▸ Deve existir um sistema de detecção e combate a incêndio com base a gás e não água, para não danificar os equipamentos no caso de um incêndio.

13.5.1 Cross connect

O cross connect é formado pelo painel de conexões (patch pannel), que permite interconectar os dispositivos de rede aos pontos de usuários. O objetivo é que o remanejamento de pontos ocorra de maneira simples, sem que seja necessária realizar a manutenção de nenhum cabo. Por exemplo, um usuário que está utilizando o ramal 3040 no ponto de telefonia 10B pode ser remanejado para outro andar onde o ponto de telefonia seja o 20C apenas reconectando o cabo do ponto 20C no cross connect ao PABX, na porta onde está o ramal 3040. As mudanças e as manutenções ficam muito mais simples quando se utiliza o patch pannel. Na Figura 13.19, podemos observar a frente do patch pannel.

Figura 13.19 Patch pannel de 48 portas.

Os cabos são conectados no verso do patch pannel, como observamos na Figura 13.20.

Figura 13.20 Cabos conectados no verso do patch pannel.

Para conectar os cabos na parte traseira do patch pannel, devemos utilizar uma ferramenta chamada punch down, que pode ser observada na Figura 13.21.

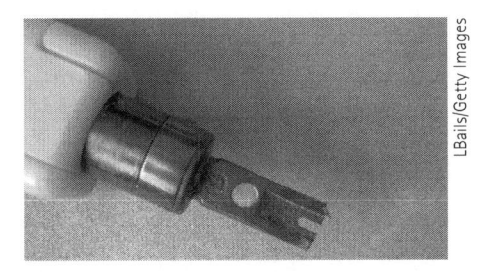

Figura 13.21 Ferramenta de punch down utilizada para conectar os cambos no patch pannel.

Para concluirmos, na Figura 13.22, podemos observar a conexão do patch pannel com o dispositivo de rede.

Figura 13.22 Switch conectado a um patch cord.

13.5.2 Equipamento de testes de cabeamento estruturado

Uma vez que o cabeamento foi instalado, este deve ser testado e certificado. Tais testes buscam verificar se o cabeamento terá a performance adequada. O teste no cabeamento consegue verificar se ele foi instalado e crimpado/conectorizado da maneira correta, se os limites das distâncias dos cabos foram obedecidos e se o cabo está sujeito a fontes de interferência que podem impactar o desempenho.

13.6 Testes em cabos de cobre

A seguir, apresentaremos as ferramentas utilizadas para realizar testes em cabos.

13.6.1 Testes de conexão ou link

Esse é um teste preliminar e mais simples, que analisa se os cabos estão gerando conexão (link) e se a distância de 90 metros do cabeamento horizontal foi respeitada. Para a realização desse teste, coloca-se um dispositivo remoto que emite sinais no cabo para que o instrumento de testes consiga realizar a medição. Na Figura 13.23, podemos observar o conhecimento equipamento de testes de cabos.

As principais características dos cabos testadas são:

▸ distância do cabo (lembrando que o cabeamento horizontal não pode ter mais do que 90 metros);

▸ perda do sinal na inserção;

▸ perda do sinal no retorno;

▸ atraso do sinal;

▸ interferência de um par em outro par (NEXT – Near-end Crosstalk);

▸ desvio do atraso: diferença de velocidade entre os pares;

▸ outros parametros relacionados ao cross talk, como PS-NEXT e EL-FEXT.

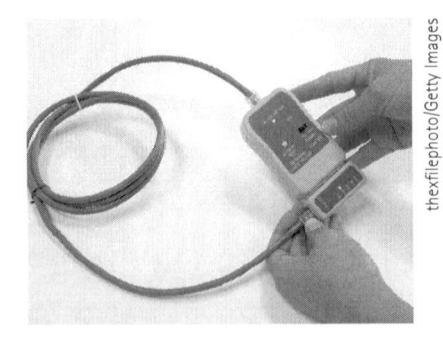

Figura 13.23 Equipamento de testes de cabo de cobre.

13.6.2 Testes do canal

São os testes realizados com o cabeamento já com os elementos ativos de rede conectados. Tais testes são mais amplos, porque, além do cabeamento horizontal, podem ser testados os patch cords, a tomada de conexão e se a distância total do cabo não chegou nos 100 metros, que é o limite da norma.

A norma ETL Semko define os parametros de perda aceitáveis para cada tipo de cabo que devem ser verificados pelos equipamentos de medição.

Tabela 13.2 Performance do canal a 100 Mhz

Parametro	Categoria 5e TIA-568-B.2	Categoria 6 TIA-568-B.2-1	Categoria 6a TIA-568-B.2 draft	ISO classe f (categoria 7) ISSO/IEC
Range de frequência	1 – 100 MHz	1 – 250 MHz	1 – 500 MHz	1 – 600MHz
Atenuação (perda na inserção)	24 dB*	21.3 dB	20.8 dB	20.8 dB
NEXT	30.1 dB	39.9 dB	39.9 dB	62.9 dB
Power sum NEXT	27.1 dB	37.1 dB	37.1 dB	59.9 dB
Power sum ACR	14.4 dB	20.3 dB	20.3 dB	41.4 dB
ELFEXT	17.4 dB	23.3 dB	23.3 dB	44.4 dB
Power sum ELFEXT	14.4 dB	20.3 dB	20.3 dB	41.4 dB
Perda no retorno	10 dB	12.0 dB	14.0 dB	12.0 dB
Atraso de propagação	548 ns	548 ns	548 ns	548 ns
Variação do atraso	50 ns	50 ns	50 ns	50 ns

* Decibéis (dB): unidade utilizada como medida de amplificação ou atenuação. A razão de potências de entrada e de saída de um sistema, ou de fatores individuais que contribuem para tais proporções. O número de decibéis é dez vezes o logaritmo de base 10 da razão entre as duas quantidades de energia.

13.6.3 Teste em cabo de fibra óptica

A fibra óptica é muito simples de se testar; basta inserir um sinal luminoso em uma das pontas e medir como esse sinal chega ao destino. A atenuação é a diferença da potência do sinal luminoso. Normalmente, a atenuação é afetada por instalações inadequadas, que não observaram a norma quanto à curvatura que os cabos devem fazer.

Os elementos testados na instalação de fibra óptica são:

▶ cabos de fibra;

▶ conectores;

▶ tomadas (se for o caso).

Existem equipamentos específicos para os testes de fibra óptica, chamados de OTDR (Pptical Time-Domain Reflectometer).

Os parametros de medição que devem ser verificados na fibra óptica podem ser observados na Tabela 13.3.

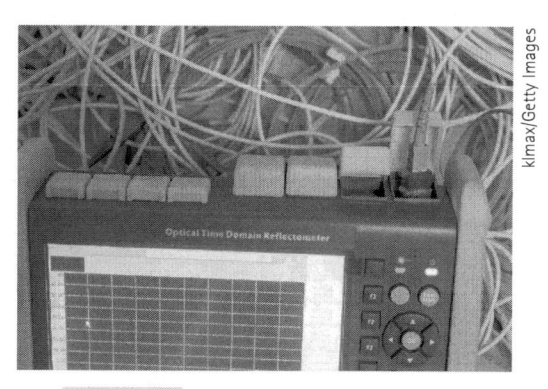

klmax/Getty Images

Figura 13.24 Testador de cabos de fibra da fluke.

Tabela 13.3 Parâmetros de medição

Tipo de fibra	Comprimento de onda (nm)	Coeficiente máximo de atenuação (dB/km)	Largura de banda (mhz/km)
50/125 (OM2, OM3, OM4)	850	3.5	500 (OM2), 2000 (OM3), 3500 (OM4)
62.5/125 (OM1)	850	3.5	160
	1300	1.5	500
Monomodo (OS1, OS2)	1310	1.0	Não Disponível
Escritório (interna)	1550	1.0	Não Disponível
Monomodo (OS1, OS2)	1310	0.5	Não Disponível
Campus (externa)	1550	0.5	Não Disponível

Considerações finais

Neste capítulo, foram apresentados os fundamentos do cabeamento estruturado e da norma EIA-TIA 568 e 569. Também foram explicados conceitos de cabeamento horizontal, vertical, área de trabalho e sala de equipamentos, bem como foram tratados os conceitos e as diretrizes para o teste do cabeamento.

Atividades

1. Qual é a distância máxima do cabeamento horizontal de cobre a 100 Mhz (Cat 5e) estabelecido pela norma?

   a) 100 metros.

   b) 150 metros.

   c) 90 metros.

   d) 95 metros.

   e) 105 metros.

2. Qual é o equipamento utilizado para realizar testes na fibra óptica?

   a) OTTT.

   b) Scanner.

   c) OTDR.

   d) Injetor de sinais.

   e) Modem.

3. Qual é o nível de perda (atenuação) aceitável para um cabo CAT 6?

   a) 24 dB.

   b) 20.8 dB.

   c) 30 dB.

   d) 35 dB.

   e) 21.3 dB.

4. Qual é o papel do patch pannel?

   a) Parallel connect.

   b) Garantir que o cabeamento horizontal não necessite de manutenção ao mover um usuário de ponto.

   c) Minimizar custos com cabos.

   d) Organizar os cabos nos racks.

   e) As alternativas "a" e "d" estão corretas.

5. Quantos pontos de cabeamento são necessários em uma área de 30 metros quadrados?

   a) 3.

   b) 5.

   c) 7.

   d) 8.

   e) 6.

6. Qual é o coeficiente máximo de atenuação db/km de uma fibra campus (monomodo)?

a) 2.

b) 1.

c) 0,5.

d) 0,8.

e) 1,5.

7. A afirmativa "O cabeamento estruturado minimiza os erros lógicos da rede" é verdadeira ou falsa?

8. O cabeamento deve ser projetado para o uso em pelo menos quantos anos?

a) 5 anos.

b) 7 anos.

c) 10 anos.

d) 20 anos.

e) 30 anos.

9. Segundo a norma para áreas de trabalho e salas de equipamentos, qual deve ser o comprimento máximo de um patch cord?

a) 3 metros.

b) 5 metros.

c) 8 metros.

d) 10 metros.

e) 15 metros.

Sistemas em Cloud (Nuvem)

14.1 Conceitos de arquitetura

Sistema em cloud (computação em nuvem) corresponde a uma arquitetura de computação que utiliza a rede – no caso, a internet – para disponibilizar sistemas e aplicações que trabalham de forma integrada. A Figura 14.1 apresenta uma abstração do que é um sistema em nuvem.

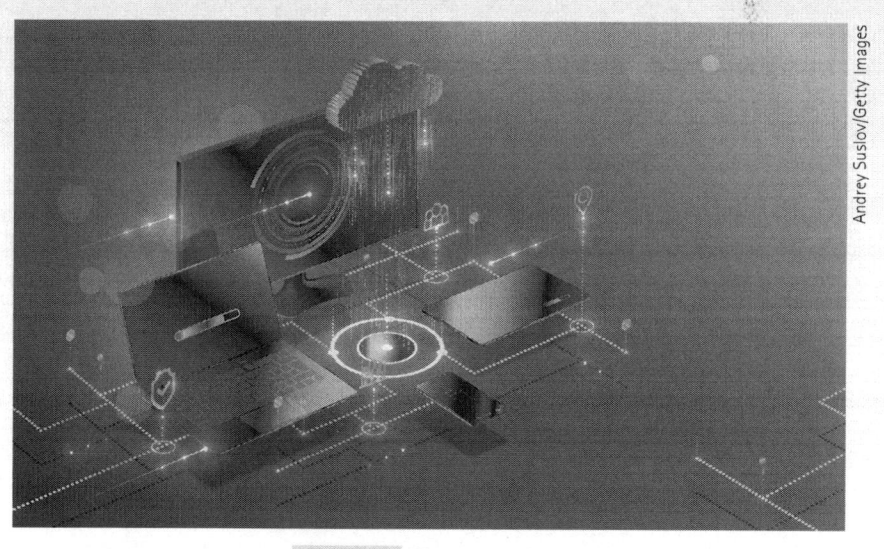

Andrey Suslov/Getty Images

Figura 14.1 Sistemas em cloud.

Essa mistura de infraestrutura de sistemas operacionais, aplicações, infraestrutura de rede e hardware é conhecida como plataforma. Essas plataformas escondem dos usuários a complexidade e os detalhes da infra.

Normalmente, uma oferta de nuvem não inclui apenas a infraestrutura, mas também serviços incorporados, o que facilita o trabalho das equipes de Tecnologia da Informação das empresas. Várias atividades diárias, como backups, manutenções e atualizações de sistemas podem já estar incorporadas aos serviços em nuvem contratados pelas companhias.

Alguns princípios de cloud dependem da aceitação e da adoção de um novo paradigma por parte das empresas, que implica em uma relação forte de confiança, uma vez que as aplicações, os serviços e, principalmente, os dados dessas empresas estarão hospedados remotamente. Ainda é bastante comum encontrarmos empresas brasileiras que ainda tenham algum tipo de restrição ao uso de sistemas em cloud, uma vez que são informações valiosas para o negócio e estão hospedadas em um terceiro.

Uma das principais vantagens desse modelo é que os serviços e os dados podem ser acessados de qualquer lugar, não existindo mais a necessidade de uma VPN ou de estar conectado diretamente a rede da empresa. A ideia é prover tudo como um serviço que o usuário paga de acordo com o uso; é mesmo conceito que temos quando pagamos a conta de água ou de luz, que pagamos de acordo com o que é fornecido/consumido.

Outro detalhe importante é que o usuário da cloud não tem visibilidade sobre os detalhes da infraestrutura que está por trás dela; ele tem acesso comente a uma interface ou API. A infraestrutura acaba sendo flexível – antes, quando tudo ficava local na empresa, se precisássemos de mais espaço de armazenamento, tínhamos de comprá-lo; o mesmo ocorria para memória nas máquinas, e, muitas vezes, éramos obrigados a atualizar o hardware dos servidores por conta de sua obsolescência. Pois bem, isso não ocorre mais no novo conceito de cloud.

A infraestrutura é elástica. A capacidade de processamento, armazenamento e memória pode escalar para mais ou para menos de acordo com a necessidade do usuário, o que é uma vantagem grande, porque a capacidade pode crescer de forma infinita. Tudo depende de quanto o cliente tenha de orçamento para pagar e quais são as suas necessidades.

O princípio do cloud é que ele seja completamente transparente para usuários e aplicações. As máquinas que estão nesse modelo podem usar sistemas operacionais proprietários, como o Windows, ou open source, como o Linux.

A partir do momento que o usuário provisiona uma máquina, ele deve instalar suas aplicações, mas toda a infraestrutura, inclusive os sistemas de bases de dados, pode ser fornecida pela infraestrutura em cloud.

14.2 Nuvens privadas

Uma nuvem privada é uma infraestrutura em nuvem dedicada a um único cliente, portanto, todos os equipamentos e a infraestrutura não são compartilhados. É uma estratégia para se tenha mais controle sobre os dados, com um custo menor do que seria montar sua própria infraestrutura em um datacenter.

As vantagens de uma nuvem privada são:

▶ **Segurança:** normalmente, uma nuvem privada é mais segura e tem menos riscos. Além disso, não apresenta lentidões ou problemas de performance observados em infraestruturas compartilhadas.

▶ **Personalização:** as aplicações podem ser customizadas e personalizadas para atender às demandas específicas da empresa.

▶ **Capacidade elástica:** como outros sistemas em cloud, a nuvem privada também permite que se tenha uma demanda elástica de armazenamento, banda e capacidade de processamento.

Contudo, há algumas desvantagens:

▶ a redução de custos é nula ou muito baixa, uma vez que é necessário manter todo o pessoal para administrar e fazer manutenção, como em datacenters tradicionais;

▶ o gerenciamento da solução é compartilhado entre o provedor e o cliente, o que acaba gerando um grande esforço e tornando os sistemas de nuvem privada bem mais caros do que um sistema público.

A Figura 14.2 representa a segurança da nuvem privada.

Figura 14.2 Nuvem privada segura.

14.3 Nuvens públicas

No modelo de nuvens públicas, a infraestrutura não é dedicada, como uma maneira de otimizar custos, e tudo é gerenciado e mantido pelo provedor em nuvem. É um modelo no qual o cliente paga apenas pelo uso e possui todos os benefícios de redução de custo relacionados a despesas operacionais com funcionários e custos de capital com o investimento na infraestrutura.

Neste capítulo, focaremos em nuvens públicas e os conceitos apresentados são relacionados a esta arquitetura.

Existem algumas siglas relacionadas aos serviços em cloud, que são importantes para você conhecer e, assim, continuarmos nosso estudo:

▸ **SaaS:** do termo em inglês Software as a Service (software como serviço), é uma modalidade em que a aplicação está hospedada em um provedor de serviço no cloud e o serviço é fornecido pela internet. O cliente que compra essa modalidade não precisa se preocupar com a manutenção ou com o suporte da infraestrutura, do software e das atualizações – tudo vem incorporado ao serviço contratado.

▸ **PaaS:** do termo em inglês Plataform as a Service (plataforma como serviço), a ideia é permitir que usuários desenvolvam, executem e gerenciem suas aplicações sem se preocupar diretamente com a manutenção ou a criação de toda a infraestrutura necessária ao desenvolvimento da aplicação. Nesse caso, incorpora-se infraestrutura de hardware e de software necessárias.

▸ **IaaS:** do termo em inglês Infrastructure as a Service (infraestrutura como serviço), nesse modelo, o fornecedor disponibiliza toda a infraestrutura para que o cliente possa subir seus servidores. É o cliente quem instala e mantém as suas aplicações.

14.3.1 Ambientes virtuais

O objetivo é possuir uma infraestrutura de máquinas virtuais na nuvem, que pode ser parametrizada da mesma maneira que uma máquina virtual local, selecionando o tipo de CPU, a capacidade de memória, as interfaces de redes, além da configuração de sistema operacional e de eventuais sistemas adicionais pré-instalados, como sistemas de bases de dados.

As principais vantagens de se utilizar máquinas virtuais são:

▸ permitir a facilidade de backup e restaurar a máquina a um ponto específico;

▸ facilidade de criação de novas máquinas virtuais;

▸ possibilidade de otimizar os recursos de hardware, uma vez que este pode ser compartilhado por várias máquinas virtuais simultaneamente;

▸ possibilidade de criar máquinas virtuais com sistemas operacionais os quais o hardware normalmente não suportaria;

▸ com o uso de virtualização, possibilidade de reduzir sensivelmente as paradas no sistema, permitindo a criação de uma estratégia, inclusive, de recuperação de desastres, com duas ou mais máquinas atuando em modelo standby, ou seja, uma fica parada esperando a máquina principal falhar para entrar em operação;

▸ ambiente de virtualização que facilita o gerenciamento integrado das máquinas, uma vez que existem softwares de gestão desse ambiente.

14.4 Principais benefícios da arquitetura em cloud

A arquitetura em cloud permite a criação de uma infraestrutura independente, usando o conceito de pague o quanto usa. Isso permite transformar o investimento de capital, que normalmente é utilizado para a compra e investimentos de infraestrutura, para capital operacional, ou seja, paga-se mensalmente a quantidade de serviços e recursos como de armazenamento à medida que os utilizamos.

Essa modalidade de arquitetura quebra alguns paradigmas. Na infraestrutura tradicional, o cliente normalmente investe muito dinheiro para manter uma infraestrutura de datacenter, com sistemas de energia, ar-condicionado, controle de acesso, investimento em equipamentos, cabeamento estruturado, racks, energia elétrica, sistemas operacionais, entre outros. No paradigma do cloud, contudo, essa infraestrutura, na maior parte dos casos, torna-se desnecessária, uma vez que os servidores não ficam mais localizados na empresa e, sim, no ambiente em cloud.

Quando se calcula todo o custo, o capital gasto para a criação de toda a infraestrutura, chega--se à conclusão de que é mais econômico o investimento no cloud.

Outro fator positivo para as empresas é a capacidade elástica, uma vez que é possível ajustar a infraestrutura às necessidades específicas que a empresa tenha. Por exemplo, no final do ano, a empresa tem o maior fluxo de negócios e, portanto, precisa de mais capacidade computacional e de infraestrutura. Ela pode apenas ampliar a capacidade do cloud durante esse período de pico de utilização e, após o final do ano, pode reduzir a infraestrutura contratada.

Essa capacidade do cloud é fantástica, pois pode disponibilizar serviços de acordo com a demanda. Teoricamente, a capacidade do cloud é infinita, ou seja, o quanto o cliente necessita, pode ser disponibilizado, desde que o cliente possua orçamento para pagar.

Outro ponto importante é a redução da necessidade de se manter equipes de TI localmente nas empresas, uma vez que uma série de atividades antes executadas localmente podem ser migradas para o provedor da infraestrutura. Isso tem um impacto muito grande, porque o custo do capital humano é um dos mais altos nas empresas. O cloud mantém uma infra de segurança, que normalmente as empresas não teriam orçamento para pagar.

14.4.1 Capacidade Ilimitada de armazenamento

Um dos melhores benefícios de um sistema em nuvem é poder pagar apenas pelo que se usa, ou seja, o armazenamento pode ser otimizado, e à medida que precisamos de mais espaço, pagamos mais, mas o oposto também é verdadeiro – se a empresa precisar desabilitar algum sistema, ela terá um custo mensal menor.

O preço médio cobrado por provedores de nuvem é de 20 centavos de dólar por Gbyte transferido e de 15 centavos de dólar por Gbyte armazenado. Isso significa que 1 TByte transferido em 24 horas tem um custo de 200 dólares.

Os dados e os serviços em nuvem têm a vantagem de serem acessíveis remotamente; em contrapartida, existe a limitação da inovação, uma vez que o cliente acaba ficando focando ao que os grandes provedores de nuvem venham a oferecer.

Uma das vantagens adicionais de se migrar um sistema para o cloud é que a maior parte das aplicações são embasadas em web e, portanto, não é necessária uma máquina com grande poder computacional para acessá-las. Isso implica em redução no investimento de hardware necessário para acessar os sistemas em nuvem. Além disso, o armazenamento dos dados pode estar todo na nuvem, minimizando os custos com discos locais.

Quando usamos uma aplicação baseada em nuvem, acaba sendo ainda mais cômoda a questão da manutenção e das atualizações, pois o usuário não precisa se preocupar com ambas. Todas as vezes que acessamos uma aplicação web, estamos acessando a última versão e, normalmente, não precisamos pagar pelo upgrade.

Além da capacidade de armazenamento quase infinita disponibilizada pela nuvem, não temos que nos preocupar se um disco de armazenamento se danifica, porque os dados certamente estarão armazenados em outra localidade da nuvem e continuarão a ser acessados.

A questão do trabalho colaborativo é outro positivo e facilitado pela nuvem, uma vez que vários membros da equipe podem compartilhar seus arquivos para trabalho em grupo independentemente de onde eles estejam. Dessa maneira, é possível criar grupos de trabalho em empresas multinacionais com participantes localizados em diferentes regiões do mundo, sem a necessidade de enviar documentos por e-mail ou baixá-los nas máquinas. Tudo pode ser realizado através do acesso web às aplicações Microsoft Office ou Google Docs, via navegador de internet.

14.5 Principais problemas da arquitetura em cloud

Embora seja algo bastante positivo, existem algumas das preocupações quanto à adoção de sistemas em nuvem:

▶ **Privacidade:** como manter a privacidade dos dados na nuvem? Esse ponto é fundamental para trazer confiança a um sistema em nuvem. Atualmente, esse tema está muito em voga por conta da Lei Geral de Proteção de Dados, que afirma que um usuário pode solicitar que determinada informação pessoal seja removida da nuvem.

▶ **Controle dos dados:** devem haver processos muito bem estabelecidos para controlar o acesso às informações presentes no cloud, lembramos que, com a nuvem, os dados podem ser acessados em qualquer lugar. A exigência é que os dados sejam acessados apenas dos endereços IP da empresa por questões de segurança.

▶ **Tempos de resposta e SLA:** os sistemas em nuvem devem apresentar a mesma performance e o mesmo tempo de resposta que um sistema local. Isso impacta o acesso à internet, que deve ser de qualidade. Em grandes corporações, justificaria a existência de um link dedicado com a infraestrutura do provedor de cloud.

▶ **Rapidez e estabilidade do acesso à internet:** nos dias de hoje, somente é possível o uso dessa infraestrutura com um sistema estável e com banda suficiente de internet. Problemas de link e muita variação na velocidade de acesso podem prejudicar diretamente o uso desses sistemas e, principalmente, o acesso aos dados.

▶ Mesmo que o link seja de boa qualidade e tenha-se velocidade, ainda assim algumas aplicações podem apresentar uma latência maior hospedadas no cloud se comparadas a serem hospedadas localmente. Isso se deve principalmente ao fato de que ainda é difícil garantir a qualidade de serviço nos enlaces de internet.

▶ **Suporte do provedor:** no caso de ocrrência de alguma indisponibilidade dos sistemas, falha na infraestrutura, na conectividade e nos acessos, o provedor de sistemas em nuvem precisa ter um suporte que atenda rapidamente aos problemas, pois isso impacta diretamente a qualidade dos serviços ofertados.

- **Infraestrutura de segurança:** o provedor de nuvem deve permitir oferecer aos seus clientes uma infraestrutura de segurança superior àquela que o cliente poderia ter se a infraestrutura fosse local. Em outras palavras, deve-se fazer o possível e o necessário para manter um alto grau de integridade aos dados dos clientes deve ser ofertado, incluindo múltiplas camadas de proteção, o que se torna essencial dada aos crescentes ameaças presentes na internet. Existe uma preocupação constante com esse tema, porque, muitas vezes, o provedor não fornece informações a respeito dos sistemas que utiliza e como garante a segurança dos dados.

- **Regulamentações e compliances:** o provedor deve seguir uma série de regulamentações relacionadas a privacidade dos dados e controles. Normalmente, essas regulações são exigidas pelo cliente como parte de um processo de certificação dos serviços prestados.

- **Disponibilidade e recuperação de desastres:** infraestrutura de backup, redundância no caso de falhas, softwares e sistemas podem falhar. Para isso, existem datacenters e backup. Uma das principais vantagens de um sistema em cloud está relacionada à alta disponibilidade que esses sistemas apresentam, por possuir uma infraestrutura com múltiplos datacenters localizados em diversas localidades do mundo.

Muitas vezes, não fica claro para o cliente quais são os procedimentos de segurança e privacidade que o provedor de nuvem pode oferecer, tampouco se os dados são armazenados no país ou fora. Isso pode ter impacto principalmente para o uso em sistemas públicos de governos, uma vez que, muitas vezes, não é possível armazenar informações de cidadãos fora do território nacional (por questões legais). Essa preocupação se dá por conta de cliente não saber exatamente quem pode ter acessado às suas informações e onde.

14.6 O futuro da computação em nuvem

Muitos estudiosos acreditam que o futuro não será formado apenas por sistemas em nuvem, mas por sistemas híbridos, ou seja, parte estará na nuvem e parte estará hospedado localmente nas empresas. Um bom motivo para que isso ocorra é a preocupação com a segurança e a privacidade dos dados.

Tal preocupação é ainda mais forte se considerarmos os novos desafios relacionados à privacidade dos dados impostos pelas novas legislações, como a Lei Geral de Privacidade de Dados (LGPD), que entrou em vigor no Brasil em 2020. Essa lei impõe altas multas a empresas que não mantiverem os dados seguros e que não seguirem as definições da lei, podendo afetar diretamente o negócio de computação em nuvem.

Considerações finais

Neste capítulo, foi apresentada a arquitetura em nuvem, os diferentes tipos, as vantagens e as desvantagens, bem como o novo paradigma criado por essa tecnologia.

Atividades

1. Cite três vantagens da adoção de sistemas em nuvem.

2. Compare nuvem privada com nuvem pública e indique quais são as principais diferenças.

3. Explique o que é SaaS.

4. Cite três desvantagens da utilização de uma infraestrutura em nuvem.

5. Qual das tecnologias a seguir é fundamental para a arquitetura em nuvem?

   a) Roteamento por prioridade.

   b) Virtualização.

   c) Triplo fator de autenticação.

   d) Discos com rotação dinâmica.

   e) Nenhuma das alternativas anteriores.

6. Qual é o custo médio do Gigabyte transmitido ao cloud em dólar?

7. Por que os sistemas em cloud não são tão usados e aplicados em países com pouca infraestrutura?

8. O que é trabalho colaborativo e como os sistemas em nuvem podem ajudar?

Referências Bibliográficas

AGUILERA, P. **802.11ax**: A Hyperconnected World and the Next-Generation WiFi. New York: Galgus Book, 2018.

BENJAMIN, L. **USB**: The Universal Serial Bus. New York: Autor, 2014.

BUYYA, R.; GOSCINSKI, A. **Cloud Computing**: Principles and Paradigms. New York: Wiley, 2011.

CISCO. Disponível em: <http://www.cisco.com>. Acesso em: 24 nov. 2019.

GASPARINI, A. F. L. **Infra-estrutura, Protocolos e Sistemas Operacionais de LANs**: Redes Locais. São Paulo: Érica, 2004.

MAX, H.; RAY, T. **Skype**: The Definitive Guide. Indianapolis: Que, 2005.

MORAES, A. F.; CIRONE, A. **Redes de Computadores**: Da Ethernet à Internet. São Paulo: Érica, 2003.

RICK, G. **IPv6 Fundamentals**: A Straightforward Approach to Understanding IPv6. San Jose: Cisco, 2017.

SEMENOV, A. B.; STRIZHAKOV, S. K. **Structured Cable Systems**: Signals and Communication Technology. Berlin: Springer, 2002.

SIKORSKI, M.; HONIG, A. **Practical Malware Analysis**: The Hands-On Guide to Dissecting Malicious Software. New York: No Starch Press, 2012.

SMC NETWORKS. Disponível em: <http://www.smc.com>. Acesso em: 24 nov. 2019.

SOUSA, L. B. **Redes de Computadores**: Dados, Voz e Imagem. 7. ed. São Paulo: Érica, 2004.

TANEMBAUM, A. S. **Computer Networks**. 4. ed. Amsterdam: Prentice Hall, 2003.

VIEIRA, F. M. **Trabalhando em Redes**. 2. ed. São Paulo: Érica, 2004. (Série Formação Profissional)

WU, C.; BUYYA, R. **Cloud Data Centers and Cost Modeling**: A Complete Guide to Planning, Designing and Building a Cloud Data Center. New York: Morgan Kauffman, 2015.

ZIMMERMAN, J.; SPURGEON, C. **Ethernet**: The Definitive Guide, Second Edition. Sebastopol: O'Relly Media, 2014.

WI-FI ALLIANCE. Disponível em: <http://www.wi-fi.org>. Acesso em: 24 nov. 2019.

WIKIMEDIA. **EIA/TIA-568**. Disponível em: <https://pt.wikipedia.org/wiki/EIA/TIA-568>. Acesso em: 20 dez. 2019.

Marcas Registradas

Apple Talk® é marca registrada Apple.

MAX TNT® e Orinoco® são marcas registradas Lucent Technologies.

IOS® é marca registrada Cisco Systems.

Windows NT® é marca registrada Microsoft.

Netware® é marca registrada Novell.

Lantastic® é marca registrada Converging Technologies.

SNA, Netbios® são marcas registradas IBM.

Decnet® é marca registrada Digital.

Todos os demais nomes registrados, marcas registradas ou direitos de uso citados neste livro pertencem aos seus respectivos proprietários.